1 帝華納科鳥瞰圖。可見亞
帕納金字塔、巨大矩形所圍
的卡拉薩薩雅廣場，以及位
它正前方的地下神廟。

2 帝華納科中的巨大石塊。

3 歐南塔雅坦波的巨大石牆，臨近秘魯庫茲科。是失落文明所遺留下的偉大紀念物。

4 馬丘比丘城，俯瞰中央廢墟。

5 烏斯瑪爾廢墟的魔法師金字塔。

6 帕連克廢墟的「皇宮」。

7 奇琴伊察古城的庫庫爾坎神廟。每年春分和秋分時節，一條大蛇的光影會出現在北面的階梯上。

8 特奧蒂瓦坎鳥瞰圖。沿著亡靈之路眺望東北方，太陽金字塔在右側，月亮金字塔則在高聳的塞羅戈多山山腳下。

9 特奧蒂瓦坎古城。前景是月亮金字塔、太陽金字塔及遠方的奎札科特爾金字塔。

10 猶加敦半島烏斯瑪爾的雙美洲獅雕像。請與下冊彩頁9的埃及「亞克魯」照片相對照。

11 拉文達廢墟中，既奇特又莊嚴的奧梅克藝術。

FINGERPRINTS of The
GODS
THE QUEST CONTINUES

上帝的指紋

暢銷紀念版

上

葛瑞姆・漢卡克
GRAHAM HANCOCK
著

桑莎・法伊亞
SANTHA FAIIA
攝影

李永平
譯

推薦序1

「歷史只不過是人類的罪行、蠢事，與不幸的記錄。」

History⋯is, indeed, little more than the register of the crimes, follies, and misfortunes of mankind.

——愛德華．吉本（Edward Gibbon，一七三七～一七九四，英國歷史學家，著有《羅馬帝國衰亡史》）

浸淫浩瀚史海數十年，除靠販賣歷史知識為生，不得不為五斗米折腰之外，對不食人間煙火的純學術研究甚感興趣。文字的出現堪稱人類歷史上最偉大的發明，因生活的歷程得以記載而傳諸後世。農業革命亦為最重要的革命，因生活的模式走向定居。文明乃閒暇的產物，里程碑式文明的躍昇層出不窮，共創燦爛的現在。

神話與傳說可彌補文字發明以前的空白，「古」字乃十口相傳，雖有誇張之嫌，但亦反映初民真實的面向。神話乃未實現的科學，科學是已實現的神話。學院派雖經嚴格的思維訓練，但自視亦有盲點，半路出家者亦因旁觀者清而獨具慧眼，發現木馬屠城記遺址——特洛伊（Troja, Troy）的施利曼（Heinrich Schliemann，一八二二～一八九〇），原為德裔美籍富商，後轉為傑出的業餘考古學者，他認為人一生的打拼，不過在實現童年時期的夢想，雖遭蛋頭學者訕笑，但皇天不負苦心人，最終證明《伊利亞德》（*Iliad*）所言為真。

漢卡克並非正統學院派出身的專業考古學家和歷史學家，但每本圖文並茂的作品叫好又叫座，暢銷全球，直接挑戰謹慎保守的學術界。天文學直攻上帝的領域，上古史因考古學的新發現而作適度的改寫，近現代史則因詮釋的史觀差異（如：左派、右派），而南轅北轍，莫衷一是。

歷史學研究的對象，即認知的客體，早已消失在漫長的時間及遼闊的空間之中，藉文物和文獻重建過去，但亦遭遇無法超越的困境，如古埃及人製作木乃伊與建造金字塔、神廟的文件及藍圖，並未遺留後世，今日所知，端賴學者的重新建構及揣測。

古文明研究並非顯學，但其神祕性對閱聽大眾有致命的吸引力，一如近代史上爭議性最大的人物之一——希特勒（Adolf Hitler，一八八九～一九四五？），只要沾上其生死之謎者，往往會成為暢銷書。

胡適曰：「大膽的假設，小心的求證」，或可轉變為「小心的假設，大膽的求證」。漢卡克將全球古代文明作全盤的檢視，從神話、《聖經》、埃及，到中南美洲，針對不應在彼時出現的科技思想與產品，提出合理的質疑。唯中譯的書名《上帝的指紋》（*Fingerprints of The Gods*），宜改為《眾神的指紋》，因「上帝」一詞，易使人聯想到猶太教與基督宗教的造物主。

今日我們所擁有的一切，源自數百萬年以前遠古祖先的慘澹經營，即人人皆是千百年歷史的縮影，對已消失在時空中遙遠的過去所知有限，玩歲愒時、醉生夢死，將導致文明的絕滅。高度開發國家，並未因科技的突飛猛進而拋棄傳統，考古學和歷史學在十九世紀曾為最時髦的學科，不僅可延伸心靈的視野，更可使生命充滿喜悅，珍惜所有的文化遺產。

是今非古、藉古諷今，會扭曲歷史的真相。亙古以降的史實，總是流失者多，撈起者少，故考古學者和歷史學者重建過去的工作永無止境。商博良（Jean-François Champollion，一七九〇～一八三二）解釋羅塞塔石（Rosetta stone）上的聖體字（象形文字，hieroglyphic），使古埃及輝煌的歷史復活，重登史冊。「玄武門之變」的真相湮沒已久，近人在比對蛛絲馬跡之後，才發現此一影響大唐國運，驚心動魄的宮廷政變的內幕。

習史的樂趣之一，在知曉萬物的起源，上下數千年的縱剖面思維，對當代橫剖面的社會現象的觀察，猶如X光眼睛清澈透明。二十世紀大眾文化（mass culture）時代來臨，市場決定一切，庸俗挑戰精緻。電視的發明並未淘汰廣播，但計程車取代三輪車、電腦排擠算盤。在一切走向e化的洪流中，傳統的平面媒體遭遇巨大的挑戰，短、小、輕、薄的產品成為最愛，紙本的書香味銷聲匿跡，ＬＫＫ級的讀者悵然若失。

好書應該不寂寞，漢卡克曾訪台，亦曾有一面之緣，欽佩其上山下海、追根究底、鍥而不舍的精神。各位讀者如果厭倦朝九晚五的刻板生活，此書將帶給您嶄新的世界觀。

周健
中國文化大學史學系副教授

他們的的確確曾經來過、生活過、參與過……

當我窮盡半生，涵泳於史學兼考古學的瀚海中，正稍稍感到自己好不容易有了些許的認識與理解之際，卻在多年前偶讀《上帝的指紋》一書，才真正開啟了我對人類史、世界史……更深一層的思考。那感覺彷彿一個得道高僧為你做了一次貫頂，從而打開了「第三隻眼」的視野。

從第三隻眼中，我所看到的不再只是「上下五千年，縱橫十萬里」的狹小一隅，而是上窮碧落下黃泉般的瘋狂追索。在有文字記載之前，或者是即使有了文字記載也無法清楚說明的那一大片失落的歷史……而這一片歷史恰恰是極其重要且精彩萬分的！

這裡要說的就是「歐帕茲文明」（Out-of-place-artifact），它的證據不來自文字，而是來自於「在不該出現的地方和不該出現的時間，卻出土了的加工物！」

「歐帕茲」的出現，已在我們傳統對文明的認知裡有了更新更多的審視。其中，小至一九三六年在美索不達米亞的伊拉克所發現的巴格達電池、一八九一年於埃及發現的鳥形飛行器、一九六一於美國加州科索山（Coso）一塊已經有五十萬年歷史的晶石中所發現的火星塞，這具火星塞經由X光顯示，白灰泥土的中央竟然有一個高約二毫米、銅造六面體的金屬軸，另一端有著類似彈簧或螺旋紋似的結構。還有本書上冊第一部提到的，一五一三年皮瑞．雷斯上將（Admiral Piri Reis）所繪製的南極洲古地圖，而眾所周知，南極是在一八一八年才被探險家所發現，兩者整整相距三百年之久，此其一。另就是南極在六千年前已覆蓋在深深的冰層之下，不見天日。而歷史上並沒有一個文明，具備有任何的科技能力來探測這段南極海岸線的能力！

另一方面，大至如墨西哥奇琴伊察古城（Chichen Itza）的庫庫爾坎神廟（Kukulkan），與埃及金字塔所共同揭露的天文、方位、幾何、建造……等等相關的能力，在在令現代人瞠目結舌！單是如何建造一項，我便曾花了許多時間閱讀克里斯．史卡瑞（Chris Scarre）所著的《古文明七十奇蹟：偉大的古文明建築及其建築方法》（*The seventy wonders of the ancient world : the great monuments and how they were built*），試圖從最理性的建築學角度去解開建造之謎，但迄未在心中獲得圓滿和令人信服的答案……

這一切，是否在指向了另一個史前神祕文明的存在？

這一切，是否有未知的「高人」所指導而生的產物？

這些由現在有限的科技和歷史、考古資訊未能解答的「不明文明」製造的古物，雖然我們尚無法確知它們是由誰所造？如何製造？做何用途？又為何突然湮沒於時間的洪流中？但它的存在卻在向我們訴說著「他們的的確確曾經來過、生活過、參與過……」的現象，乃至於事實！

正如《上帝的指紋》一書的作者葛瑞姆．漢卡克所揭櫫的理念，「地球在宇宙間存在已經如此久遠，沒有理由只在最近五千年才開始發展文明……自始至終，我被一種神祕而難以言喻的力量所驅使……我要讓大家了解，過去所遺留下來的種種……藉由自己穿梭古今探索文明所發現的證據，最終能帶來人類思維的大革命。」

《上帝的指紋》一書同樣沒有告訴我答案。但書中對於現今地球上的每一個神祕古文明提出的探索，和不放棄任何蛛絲馬跡的證據，其精細的推敲、演繹和闡釋，卻是令人折服的！尤其是作者那種大氣磅礴的人文觀照，在在說明這是一本令人難以抗拒的好書，一本精彩絕倫的鉅著！

劉燦榮

知本家文化社社長

我唯一知道的事就是……我不知道。

許多喜歡「關鍵時刻」節目的觀眾朋友經常會問我：「你們談的外星人與神祕古文明，到底是真是假？」說真的，我不知道，節目做得越久，整理的資料越多，我越能理解蘇格拉底所說：「我唯一知道的事就是我不知道。」

在台灣，我們從小讀的是國立編譯館欽定的教科書，教科書上的資訊與數字有著不容懷疑的權威：人類的文明至今四、五千年，最早文明的起源來自四大文明古國，文明之前的人類過著茹毛飲血的野人生活，人與猿有共同的祖先，人類是逐步進化而來。但事實真的是這樣嗎？世界的文明只有四、五千年之久嗎？現代人是地球開天闢地以來唯一的高智能動物嗎？

我也曾視不明飛行物為無稽之談，視麥田圈與巨石遺跡為人類的惡作劇，但逐步踏入這個神祕世界的探索之後，才了解自己過去所知有多貧乏，隨著人類考古能力越來越精進，資訊流通越來越快速，過去牢不可破的認知逐一被打破，最有力的證據就是現代人成為地球主宰之前，地球上就已留下偉大的文明遺跡。

「商周出版」重新出版的《上帝的指紋》，就是顛覆我們過去既有知識的絕佳作品，作者葛瑞姆．漢卡克為記者出身，所以他的敘事方式是以事實堆砌取代理論的推演，書中一個接著一個的事實，一而再、再而三的推翻我們過去的理解。

以南極大陸的探祕來說，教科書上寫的是直到一八一八年南極大陸才被人類發現，但怪異的是一五一三年就有南極大陸的手繪地圖，經鑑定，繪製的內容合乎邏輯且正確，更令人不可思議的是，繪製的圖像是六千年前被冰封的南極大陸。

因此這幅地圖是誰畫的？根據什麼畫的？一五一三年繪製的南極地圖，代表當時的航行與繪圖技術就能到達南極進行繪圖工作嗎？即使如此，當時怎麼能測知六千年前冰封前的南極土地？如果一五一三年的繪圖是整理過去的史料，這樣的資料在六千年前就遺留下來了嗎？六千年前又是誰到達南極繪製這些地圖？整件事充滿神祕不可知的謎團。

但世上奇妙的事物僅此一項嗎？

不！這類奇妙不可解的現象隨處可見：古代埃及金字塔如何能做至超完美的水平定位？吉薩三大金字塔的相對位置為何巧妙的與獵戶三星位置一致？馬雅文明如何建構其高明的數學計算？神祕不可解的馬雅曆與壁畫真的是地外文明的產物？非洲馬利共和國中一個落後的小部落多根族（Dogon tribe），在其傳說中為何能準確知道天狼星有一個伴星？這個伴星無法從肉眼看到，直到一八六二年美國著名的望遠鏡製造家克拉克（Alvan Graham Clark），在磨製完成當時最大的十八吋折光鏡後，以天狼星來測試其光學效果時，才發現這顆伴星，更奇妙的是，它規律運行的五十年，與多根族的傳說一模一樣。

因此在人類之前，地球的主宰真的只是恐龍嗎？人類是唯一的智能生物嗎？宇宙中除了地球之外沒有其他生物嗎？生命的起源究竟在地球還是地球之外？一連串的問題，帶出來的不只是答案，而是一個接著一個的問題。隨著《上帝的指紋》一書，我們追索問題，也帶出心中更多的疑問。

許多人喜歡「關鍵時刻」製作的UFO專題，我相信並非單純的只是對外星人好奇，否則UFO的議題在台灣不會長期只是一個非主流的議題。隨著資料的挖掘與鋪陳，我們希望觀眾能享受一趟知識之旅，我們提供主流媒體忽略的資訊，及大量的資料供觀眾判斷，我們唯一能做的就是排除成見，就像定義第三類接觸的海耶克博士（Josef Allen Hynek），他原本是飛碟的懷疑論者，但當資料一一呈現在他眼前時，他開始深入研究，變成這方面的權威。即使所有的UFO資料中只有五%無法解釋，其他九十五%可能都是造假，但這五%的資訊也夠震撼與龐大了。

劉寶傑

東森新聞台「關鍵時刻」主持人

一場奇想天外的考古之旅。

巴基斯坦信德省（Sindhi），東經68° 8' 20"，北緯27° 19' 45"，印度河流域。

一九二二年，印度考古考察部的考古學家巴納路吉（Rakhaldas Banerjee或Rakhaldas Bandyopadhyay，一八八五～一九三〇）根據古代經文與傳說交叉比對，認為在印度河流域必定遺留許多未發掘的古代城市。一名僧人帶領他到一座不顯眼的土丘，巴納路吉還誤以為該地只是一座窣堵坡（Stupa，上古時期的佛教墓塔），巴納路吉經過挖掘與考查後，證實這個古代遺址——摩亨佐．達羅（Mohenjo-daro），可能是上古印度河流域最大都會，建成年代約莫於西元前二千六百年左右，但不知何原因，在西元前一千九百年前遭到遺棄，留下一座方圓約十二平方公里的考古工地。

後來摩亨佐．達羅在一九三〇、一九五〇年代，斷斷續續進行了幾次大型的考古調查，隨著大量考古證據的出土與研究，我們對這個古印度河文明有了更進一步的認識與瞭解。坐落於印度河畔的摩亨佐．達羅，是當時南亞最大的經貿、文化、宗教與政治中心，與尼羅河畔正值新王國時期的古埃及文明、中東美索不達米亞的古亞述王國（Assyria）、地中海克里特島上的米諾斯文明（Minoan civilization），並列為上古時期地球上最繁榮富庶的都會文明。

許多發掘出來的舞孃與士兵塑像，訴說了那些被遺忘許久的故事、那些曾經擁有的繁華與滄桑。從這些塑像的面孔，我們可以辨認出許多不同的民族在此交流：亞利安人（Aryan Race）、南太平洋西岸原住民（Australoid Race）、蒙古人種（Mongoloid Race）、地中海人（Mediterranean Race）與少數的尼格羅人（Negroid Race）。

姑且不論黑格爾式的歷史哲學辨證，再強盛的文明終有終結的一日，故事的現場摩亨佐．達羅尤其突然。大約在三千年前，這個繁華的大都會因為某種原因毀滅，考古學家在現場有了許多不可思議的發現：高溫高壓後產生的結晶玻璃、極度碳化的人類與動物遺骨。從人體骨架姿勢推斷，當時，有些人正沿著大街散步，有的正在家休息。突如其來的災難讓摩亨佐．達羅的居民走避不及，城內五萬人口幾乎全部死在同一時刻。這些大量經過瞬間高溫而形成的玻璃化石頭樣本，科學家起初也以為是大型火災造成。不過從第二次世界大戰的現場，尤其中國湖南長沙於一九三八年十一月十三日發生的「文夕大火」，與英美盟軍於一九四五年二月十三日至十四日，投下四千五百噸燒夷彈而滅城的德勒斯登，都沒有發生如此大規模的玻璃化現象，唯一能讓這些石頭在瞬間發生高溫和衝擊波而結晶的，只有二種可能：隕石撞擊與核子武器。

位於墨西哥猶加敦半島的希克蘇魯伯隕石坑（Chicxulub Crater）及加拿大魁北克省的

曼尼古根隕石坑（Manicouagan Reservoir），地質學家在此採集若干玻璃化石的樣本，與美國新墨西哥白沙飛彈實驗場（White Sands Missile Range，一九四五年曼哈頓計劃第一顆原子彈的試爆場）及日本廣島與長崎的原爆現場所蒐集的樣本比對，發現摩亨佐・達羅的樣本更接近核武器所造成的玻璃化石。難道上古時期，就具有如此大規模毀滅性武器嗎？想當然，大多數的考古學者不支持這些異端的立論說明，不過也沒有人能提出完全而令人信服的科學佐證，就這樣，摩亨佐・達羅的毀滅成了歷史之謎。

葛瑞姆・漢卡克這本《上帝的指紋》，被認為是邊緣考古學著作的異端聖經，葛瑞姆透過歷史遺址現場的踏查與古代文獻的比對，引申出如此驚世駭俗的考古假說，攤開這本書的朋友們，不妨敞開心胸，拋棄舊有的成見與認知，追隨葛瑞姆足跡，進行一場奇想天外的考古之旅。

謝哲青
歷史文化工作者

目錄

第三部　羽毛蛇神　中美洲

第四部　神話之謎Ⅰ　失去的記憶

第五部　神話之謎Ⅱ　天文密碼

第一部

古地圖疑雲

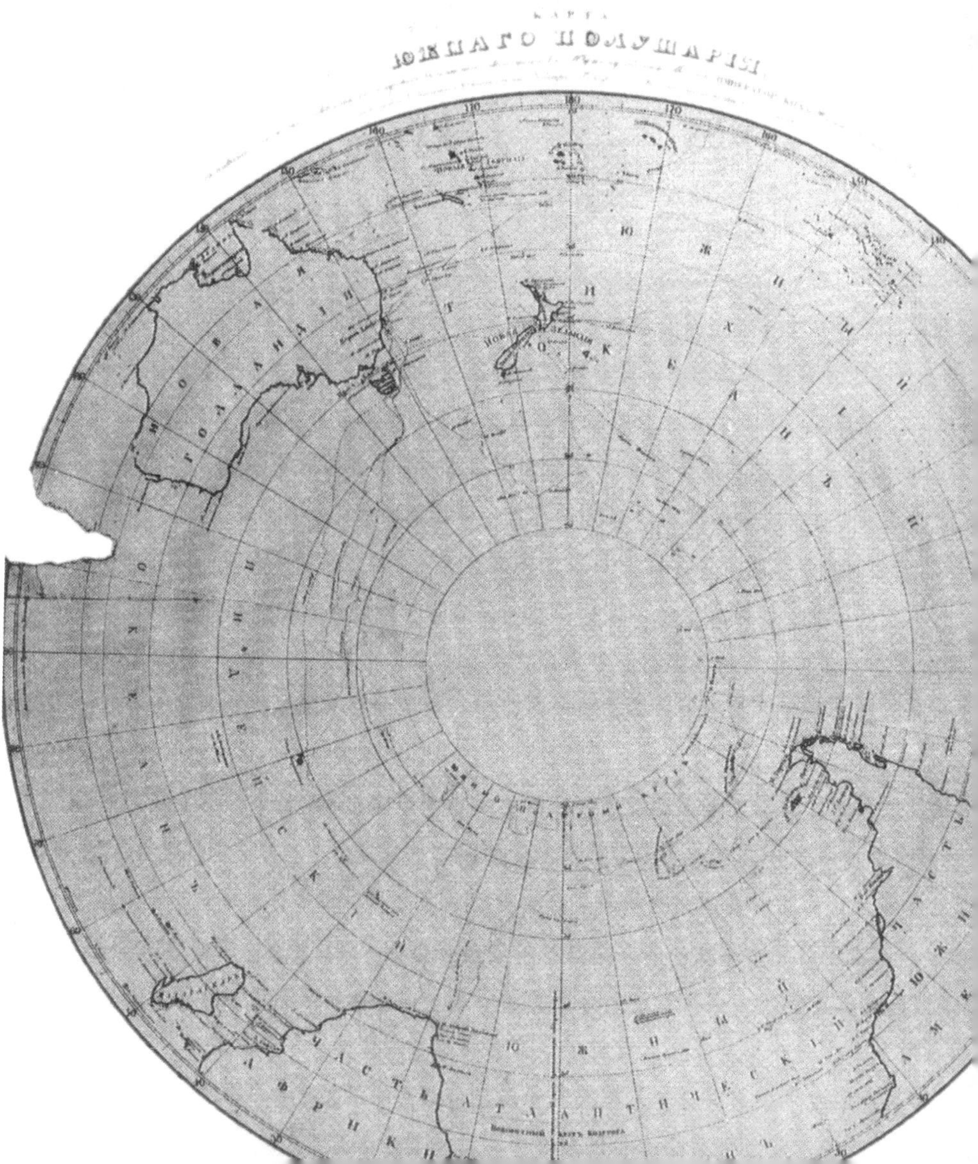

第一章

「祕境的地圖」

美國空軍第八偵察中隊
戰略空軍司令部
麻州魏斯歐佛空軍基地
一九六〇年七月六日

事由：海軍上將皮瑞・雷斯（Admiral Piri Reis）繪製之世界地圖請求鑑定案

致：查爾斯・哈普古德教授（Prefessor Charles H. Hapgood）
基恩學院（Keene College）
新罕布夏州基恩市

哈普古德教授道鑒：

本部業已遵照您的要求，對皮瑞．雷斯於一五一三年繪製之世界地圖，就其中若干不尋常細節進行鑑定。

部分學界人士聲稱，這幅地圖下端所描繪的是南極洲穆德后地（Queen Maud Land）瑪莎公主海岸（Princess Martha Coast）以及帕瑪半島（Palmer Peninsula）之地形。經仔細檢視，本部發現，上述學者對「皮瑞．雷斯地圖」之推測合乎邏輯而且正確。

地圖下端所顯示之地理精細位置，與一九四九年「瑞典—英國南極考察團」在冰層頂端蒐集之地震資料，極為吻合。此一發現顯示，南極海岸被冰層覆蓋之前，已經有人對該地區進行探測，並且繪製成地圖。

此一地區之冰層，現今大約厚達一英里。

「皮瑞．雷斯地圖」所呈現之資料，大大超越了一五一三年當時人類有限之地理知識。何以如此，吾人不得而知。

特此函覆。

哈洛德．歐爾梅耶（Harold Z. Ohlmeyer）

美國空軍中校

中隊指揮官

這封官腔十足的覆函❶，由負責繪製南極洲地圖的美國空軍單位發出後，在學界引起極大的震撼。如果南極洲穆德后地❷在冰封之前被人探測過，那麼，最原始的地圖應該是在很久很久以前繪製成的。

但是，究竟多久以前呢？

一般學者認為，南極洲的冰層，以它目前的面積和形態，至少已經存在了好幾百萬年。然而，只要稍加檢視，我們就會發現，這個觀點其實是站不住腳的——皮瑞．雷斯海軍上將的地圖所描繪的，絕對不是幾百萬年前的南極洲穆德后地。最近一些證據顯示，穆德后地和鄰近地區曾經度過一段漫長的「無冰」時期，直到約六千年前才完全被冰層覆蓋。這些證據，我們將在下一章詳加探討。在本章中我們要特別指出的是，這些證據的出現，使我們不必再挖空心思，勉強解釋一個難解的謎團：二百萬年前，人類還沒有出現在地球上時，究竟誰有足夠的知識和技術，在南極地區進行精確縝密的地理探勘？同樣地，由於地圖的繪製是一種複雜的、「文明」的活動，我們不得不解釋：即使在六千年前，這樣的一項工作怎麼可能完成？歷史學家所承認的真正的早期文明，那時全都還沒有出現。

比人類文明更古老的地圖

試圖解開這個謎團之前，我們必須記住下面的一些基本的歷史和地理事實：

1.「皮瑞·雷斯地圖」是真實的文件，不是任何騙局。它是西元一五一三年在君士坦丁堡（Constantinople）繪製成的。

2.這幅地圖的焦點是非洲西海岸、南美洲東海岸和南極洲北海岸。

3.皮瑞·雷斯不可能從當時的探險家獲取有關的資料，因為直到西元一八一八年，在他繪製地圖三百多年後，南極洲才被歐洲人發現。

4.地圖上顯示的穆德后地不被冰封的海岸，是一個難解的大謎團，因為根據地質資料，這個地區能在「無冰」狀態中被探勘、繪圖的最晚日期，是西元前四千年。

5.我們無法確定這項探勘可能進行的最早日期，不過，有證據顯示，穆德后地沿海地區在無冰狀態中，至少存在了九千年，然後才被日漸擴大的冰層完全吞沒。

6.據我們所知，歷史上並沒有一個文明，在西元前一萬三千年到西元前四千年之間，具有探測這段海岸線的能力❸。

換言之，這幅繪製於一五一三年的地圖，其中所包含的真正謎團，倒不是它把直到一八一八年才被發現的南極洲大陸涵蓋進去。最讓我們困惑的是，它呈現的竟然是尚未被冰封的南極洲海岸，而早在六千年前，這種無冰狀態就已經結束，從此，整個南極洲被覆蓋在堅厚的冰層下，不見天日。

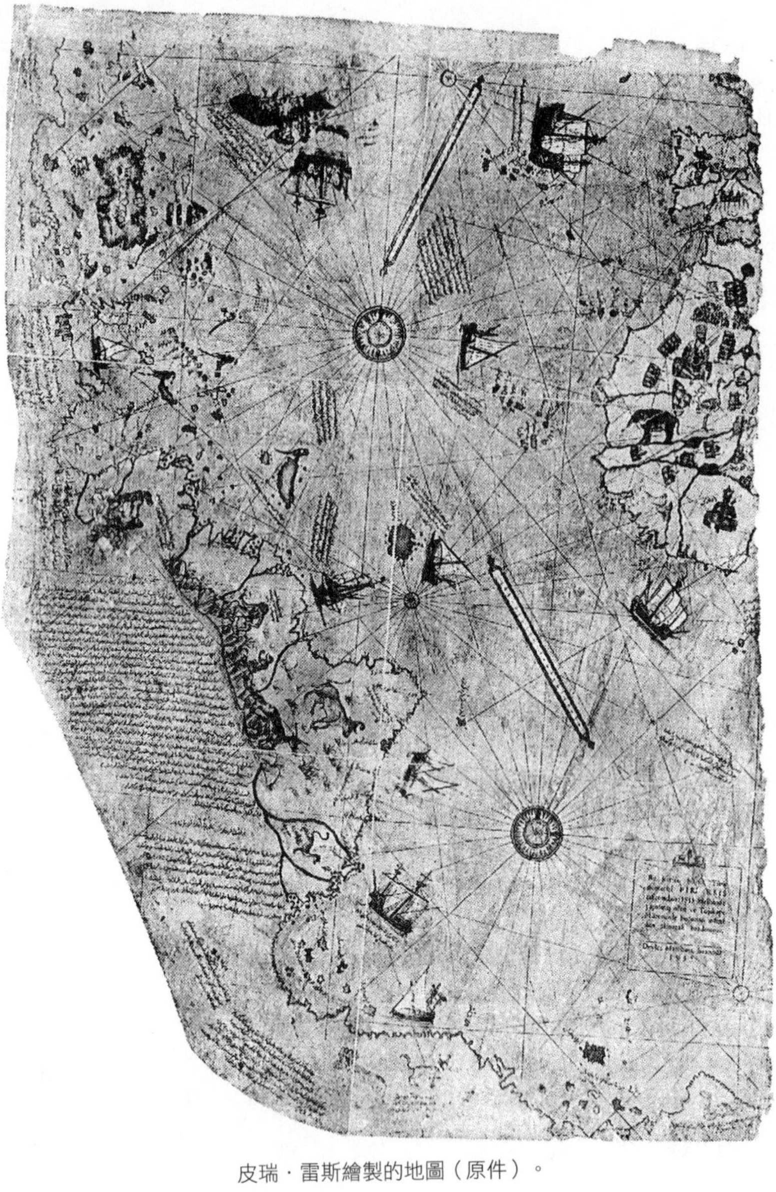

皮瑞・雷斯繪製的地圖（原件）。

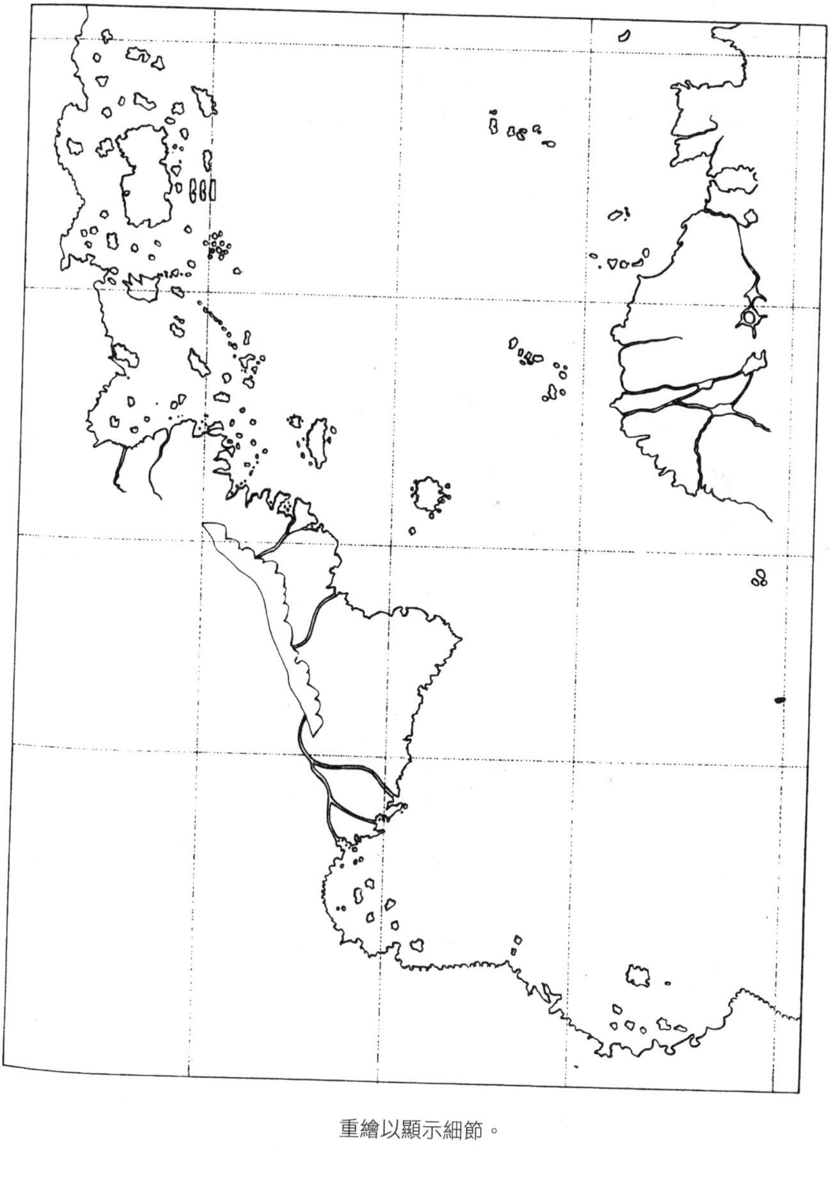

重繪以顯示細節。

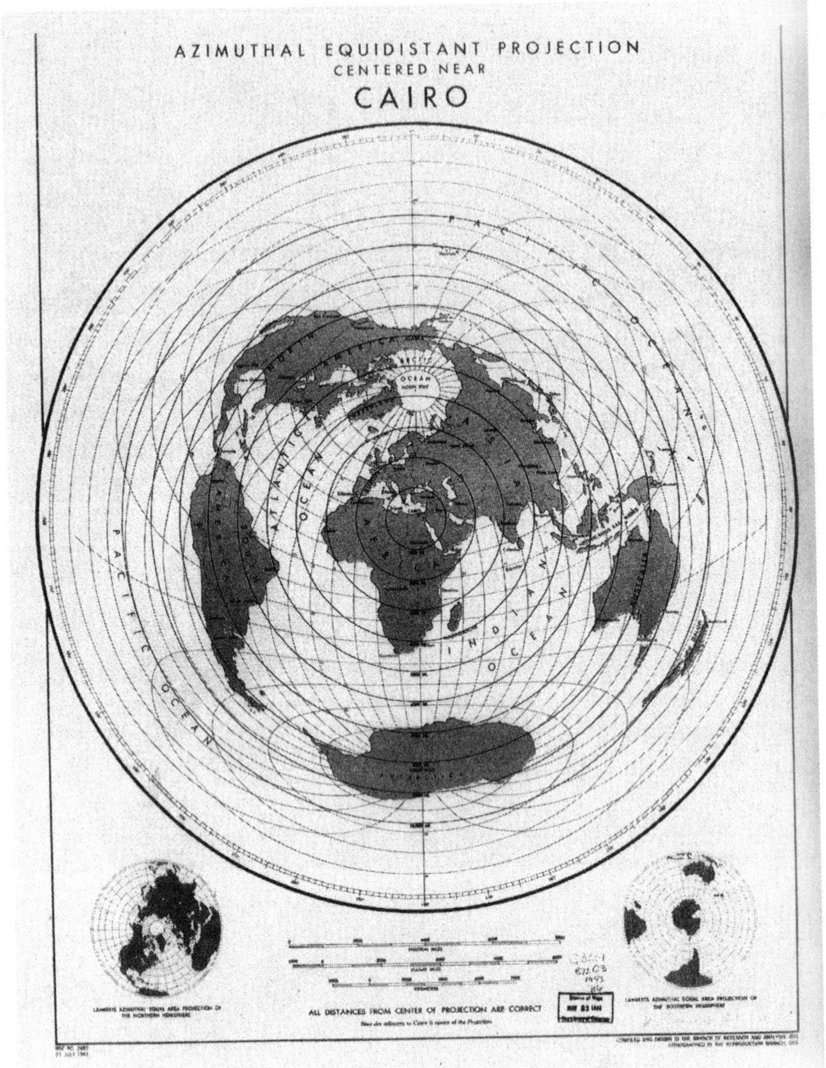

美國空軍地圖顯示古老的「皮瑞・雷斯地圖」可能使用的投影法。

這種現象應該怎麼解釋呢？幸好，皮瑞．雷斯在地圖上親筆寫下一連串札記，為我們提供一些答案。他告訴我們，實際進行探勘和繪圖工作的並不是他本人。他承認，他只是一個編纂者和「抄寫者」，從大量的原始地圖中蒐集資料，繪製他那幅地圖。而作為藍本的這些地圖，部分是當時或不久前到過南極洲和加勒比海的探險家（包括哥倫布）所繪製，其他則是西元前第四世紀，或更早之前遺留下來的文件。

繪製早期地圖的人究竟是誰？皮瑞．雷斯並未提供我們任何線索。一九六三年，哈普古德教授針對這個問題，提出一個新奇的、引人深思的解答。他認為，皮瑞．雷斯使用的原始地圖，其中有一部分——尤其是西元前第四世紀流傳下來的那些——是根據更古老的地圖所繪製而成的，而後者所依據的藍本則更為古老。他強調，目前已有確鑿的證據顯示，早在西元前四千年之前，整個地球已經被一個具有高度技術，至今猶未被發現的神祕文明徹底探勘過，並且繪製成地圖。他進一步推斷：

顯然，精確的地理資訊經由不同的民族逐漸流傳下來。最早的地圖顯然是一個來歷不明的民族所繪製的，然後經由古代最偉大的航海民族、縱橫世界海洋一千多年的邁諾斯人（Minoans）和腓尼基人（Phoenicians）流傳到後代。有證據顯示，這些地圖被收藏在埃及亞歷山大港（Alexandria）的圖書館，經過地理學家整理後編纂成集，供學者研究。❹

根據哈普古德教授的研究，這些地圖集和一些原始地圖輾轉流傳到其他學術中心，尤其是君士坦丁堡。一二〇四年，第四次十字軍東征期間，君士坦丁堡被威尼斯軍隊攻佔，這些地圖落入歐洲水手和浪人手中：

> 這些地圖大部分是地中海和黑海地圖，但其他地區的地圖也流傳了下來，包括南北美洲和南北極的地圖。顯然，古代航海家的蹤跡遠達南極和北極。說來也許不可思議，但證據顯示，某個古代民族確實曾經在冰封之前探勘過南極海岸。這個民族顯然擁有先進的導航儀器，可以精確判斷經緯度。他們的航海技術，遠遠超越十八世紀下半期之前的任何古代、中古或現代民族。
>
> 這些年來一直有人推測，遠古時代，地球上曾經存在一個如今已經消失的文明。上述的航海技術足以證明，這些假設並非全然是空穴來風。古代航海技術的證據，大部分被學者斥為神話，但我們在這裡提出的證據卻不是輕易可以推翻的。我們的證據顯示，以往發現的那些證據現在必須重新提出來，讓學者以開放的心胸重新加以評估。❺

儘管愛因斯坦（Albert Einstein）強力支持哈普古德的推論（見下文），而且，連美國地理學會會長約翰·萊特（John Wright）也承認，哈普古德「提出了亟待學界驗證的假設」，但是，至今仍未有學者對這些神祕的早期地圖，進行深入的科學研究。哈普古德在學術界的同儕，非但不曾讚揚他在人類文明研究上的貢獻，反而刻意打壓他。直到逝世之前，他的觀點和研究工作備受譏刺，而這些批評往往是「尖刻的、瑣碎的，禁不起事實的檢驗，回避了真正的問題」❻。

愛因斯坦觀點

已故的查爾斯．哈普古德教授，生前在美國新罕布夏州基恩學院講授西方科學史。他既不是地質學家，也不是古代史學者。然而，他的研究卻對世界歷史和地質學產生極大的衝擊。他的成就應該會受到後人肯定。

愛因斯坦早看出這點，所以，他破例為哈普古德在一九五三年寫的一本新書作序。這年也是哈普古德對「皮端．雷斯地圖」展開調查之前的幾年。在序文中，愛因斯坦指出：

我經常接到各方人士來函，要求我對他們尚未公開發表的論點和觀念提出一些看法。當然，這些觀念和論點大多缺乏科學根據。然而，接獲哈普古德教授的第一封信時，展讀之下卻讓我大為振奮。他的論見雖然簡單，卻極富創意；如果能找到確鑿的證據，他的觀點必將對地殼的歷史研究產生極為深遠的影響。❼

哈普古德這本書所提出的「觀點」，其實是一個全球性的地質理論。他試圖解釋，南極大部分地區，直到西元前四千年，為何能一直保持無冰狀態。此外，這本書也探討地球科學其他許多異常現象。哈普古德的論點簡述如下：

1. 南極大陸並非一直被冰雪覆蓋，在某個時期它的氣候曾經比現今溫暖得多。

2. 當時這塊大陸氣候溫暖，因為在那個時候它的地理位置並不在南極，而是在南極以北大約二千英里處。換言之，當時它的位置是在「南極圈之外的溫帶，或溫帶和寒帶之間的地區」。

3. 在一種名為「地殼移位」（earth-crust displacement）的地質機制（plate-tectonics）運作下，這塊大陸轉移到目前所在的位置，進入南極圈之內。這個機制不同於結構地質學上所謂的「大陸漂移」（continental drift）。它指的是：地球的整個外殼「有時可能移換，如同一粒橘子的表皮，鬆脫後就會整個的移動」。

4. 根據哈普古德的推測，「地殼移位」造成南極洲向南移動後，這塊大陸逐漸變冷，地上形成的冰層日益擴大，經過幾千年的時間演變成今天的模樣。

支持這個激進觀點的進一步證據，羅列在下冊第三部各章。在這兒，我們要特別指出的是，正統地質學家到現在還不肯接納哈普古德的理論，儘管他們一直無法提出有力的反

證。哈氏的觀點引起太多問題。其中最重要的問題是：有哪一種地質機制，能對地表的岩石圈產生如此強勁的衝擊，以致引發規模如此龐大的地殼移位？

讓我們聽聽愛因斯坦如何解答這個問題：

> 在南、北極地區，冰雪不斷累積，分佈並不均勻。地球的運轉使這一堆堆分佈不均勻的冰雪產生變化，從而引發出一股離心的動力，傳送到地球僵硬的表層。以這種方式產生出來的離心動力，能量會日漸增強；當它達到某一個程度時，就會使地殼鬆脫，開始移動……。❽

令人訝異的是，皮瑞．雷斯的地圖似乎蘊含一些間接證據，支持哈普古德提出的理論：地殼突然南移之後，南極洲部分地區才開始形成冰層。更重要的是，由於這樣的一幅地圖只有在西元前四千年之前才有可能繪製成，我們不得不對人類文明的歷史重新加以考量。根據一般學者的看法，西元前四千年之前，根本不可能有文明存在。

簡單地說，對人類文明的起源，學術界的共識是：

・文明最初發源於中東地區肥沃的新月形地帶。

・文明發源於西元前四千年之後，在最早的真正文明（兩河文明和埃及文明）出現時達到頂點，時為西元前三千年左右。隨後出現的文明，崛起在印度河流域和中國。

・大約一千五百年後，與世界其他地區隔絕的南北美洲，獨立地發展出一個文明。

・在舊世界，自從西元前三千年以來（在新世界，自從西元前大約一千五百年以來），文明穩定「演進」，變得愈來愈複雜、精緻和豐富。

・因此，相對於今天的人類文明，所有古代文明（以及它們的各種成就）只能算是原始的玩意兒（中東古代天文學家對上天的敬畏，違反科學的精神，而埃及的金字塔只不過是「原始工程師」的作品）。

「皮瑞・雷斯地圖」所蘊含的據證，卻跟以上所有論點發生抵觸。

神祕的繪製技術

在他那個時代，皮瑞・雷斯可是鼎鼎有名的人物；他在歷史上的身分和地位是不容置疑的。身為鄂圖曼土耳其帝國海軍將領，曾參與十六世紀中期無數次海戰，功績可謂十分彪炳。此外，他也是公認的地中海區域地理專家，著有航海指南《海事全書》（*Kitabi Bahriye*）一書，對愛琴海和地中海的海岸、港口、潮流、淺灘、碼頭、港灣和海峽，描繪得頗為詳盡。儘管勞苦功高，卻失寵於主子，於西元一五五四或一五五五年被問罪斬首。

皮瑞．雷斯於一五一三年繪製地圖所使用的藍本，原來極可能收藏在君主坦丁堡的帝國圖書館——據說，這位海軍上將享有特權，可以隨意取閱圖書館收藏的所有資料。這些原始地圖，當初可能取自更古老的學術中心，如今下落不明。皮瑞．雷斯繪製的那幅地圖，直到一九二九年才在君士坦丁堡的故宮圖書館被發現。這幅地圖繪在一塊羚羊皮上，捲成一卷，放置在塵封的書架上。

失落的文明留下的遺產？

誠如歐爾梅耶中校在一九六〇年回覆哈普古德教授的信中所承認的，「皮瑞．雷斯地圖」描繪的是「冰層下的地形」，也就是南極洲穆德后地被冰雪遮蓋的真正面貌。自從西元前四千年，穆德后地被冰層覆蓋以來，世人就無緣一睹她的真面目。直到一九四九年，英國和瑞典組成的一支科學考察隊抵達南極，對穆德后地展開全面的地震調查，她的面紗才被揭開。

如果皮瑞．雷斯是唯一接觸到這種「異常」資訊的人，他所畫的地圖也就不值得重視。我們大可以嗤之以鼻：「表面看來也許意義重大，但說穿了，也許只是個巧合而已。」然而，在當時，這位土耳其海軍上將並不是唯一擁有這種神祕地理知識的人。至於這種知識如何從一個民族傳播到另一個民族，從一個時代流傳到另一個時代，哈普古德教授已經說得很清楚，我們就不必費心猜測了。不管流傳的過程如何，事實是：有好些製圖者曾經接觸過同樣的奧祕。難道說，這些畫地圖的人，在不知不覺中，都曾經分享過一個消失無蹤的文明遺留下來的豐富科學知識？有沒有這種可能呢？

【註釋】

❶收錄於哈普古德著《古代海王的地圖》，頁二四三。Charles H. Hapgood FRGS, *Maps of the Ancient Sea Kings*, Chilton Books, Philadelphia and New York, 1996. p.243.

❷位於南極洲大陸東部，挪威探險家亞孟森（Roald Engelbregt Gravning Amundsen，一八七二～一九二八）以挪威王后穆德為其命名。

❸一般歷史學家認為，西元前四千年之前，地球上不可能有這樣的文明存在。

❹摘自《古代海王的地圖》修訂版作者序。*Maps of the Ancient Sea Kings*（revised edition）, Turnstone Books, London, 1979, Preface.

❺同上。

❻同上，緒論。

❼愛因斯坦於一九五三年為哈普古德《移動的地殼：探索地球科學的一些根本問題》所寫的序。Einstein's foreword to Charles H. Hapgood, *Earth's Shifting Crust: A Key to Some Basic Problems of Earth Science*, Pantheon Books, New York, 1958, pp.1～2.

❽摘自《移動的地殼：探索地球科學的一些根本問題》愛因斯坦序，頁一。

第二章

「預見南極大陸」

一九五九年底到一九六〇年初，哈普古德教授利用聖誕節假期，在華盛頓的美國國會圖書館參考室查閱有關南極洲的資料。一連好幾個星期，他廢寢忘食，埋首在成堆的中古世紀地圖中，展開搜尋的工作：

我找到很多做夢也沒有想到會找到的東西，十分有趣；我還找到一些描繪南方大陸的地圖。有一天我打開一本地圖集，翻到一頁，眼睛驀地一亮，整個人頓時呆住了。那是奧倫提烏斯．費納烏斯（Oronteus Finaeus）在一五三一年繪製的世界地圖。我瞅著這幅地圖下方的南半球，心裡想：我終於找到了真正可靠的南極洲地圖。

地圖上的南極洲，整體形狀和輪廓像極了現代地圖所呈現的這塊大陸。南極的位置靠近大陸中央，和現代地圖顯示的相去不遠。環繞海岸的山脈，使人聯想到最近幾年在南極洲發現的諸多山脈。顯然，這幅地圖並不是某個人一時異想天開，憑空捏造出來的。地圖上的山脈形狀不一，各有各的獨特輪廓，有些靠近海岸，有些位於內陸。河流發源自這些山脈，蜿蜒流向大海；每一條河流都依循看起來非常自然、非常明顯的排水模式。這顯示，南極洲最早的地圖繪成時，這塊大陸的海岸猶未被冰雪覆蓋。然而，現代地圖上所呈現的南極洲內陸，卻完全不見河川和山脈的蹤影，這意味內陸地區全被冰雪覆蓋。❶

哈普古德教授和麻省理工學院的李察・史崔臣博士（Dr. Richard Strachan）檢視這幅地圖後，做出以下結論：

1.費納烏斯的地圖，是依據更早的幾幅原始地圖繪製成的，而後者是根據幾種不同的投影法繪成。

2.它確實顯示南極洲海岸地區被冰雪覆蓋前的景況，尤其是穆德后地、恩德比地（Enderby Land）、維克斯地（Wilkes Land），和位於羅斯海（Ross Sea）東岸的維多利亞地（Victoria Land）以及馬利伯德地（Marie Byrd Land）。

3.如同「皮瑞・雷斯地圖」所顯示的，「費納烏斯地圖」所呈現的南極洲，在一般形貌和地理特徵上，都跟現代科學家對「冰層下」的南極地面進行地震調查後，所繪製的地圖頗為吻合❷。

哈普古德教授認為，「費納烏斯地圖」顯然證實了「一個聳人聽聞的看法：被冰雪完全覆蓋之前，南極洲曾被人類探訪，甚至定居過。果真如此，這件事一定發生在很久很久以前……『費納烏斯地圖』顯示，最初繪製南極洲地圖的人，是生活在極為古遠的時代，那時正是北半球最後一個冰河時期結束的時候。」❸

羅斯海之謎

「費納烏斯地圖」所描繪的南極洲羅斯海，是支持上述觀點的進一步證據。南極洲大冰河，諸如畢爾德摩爾（Beardmore）和史考特（Scott），今天的出海口都覆蓋著冰層，但這幅繪於

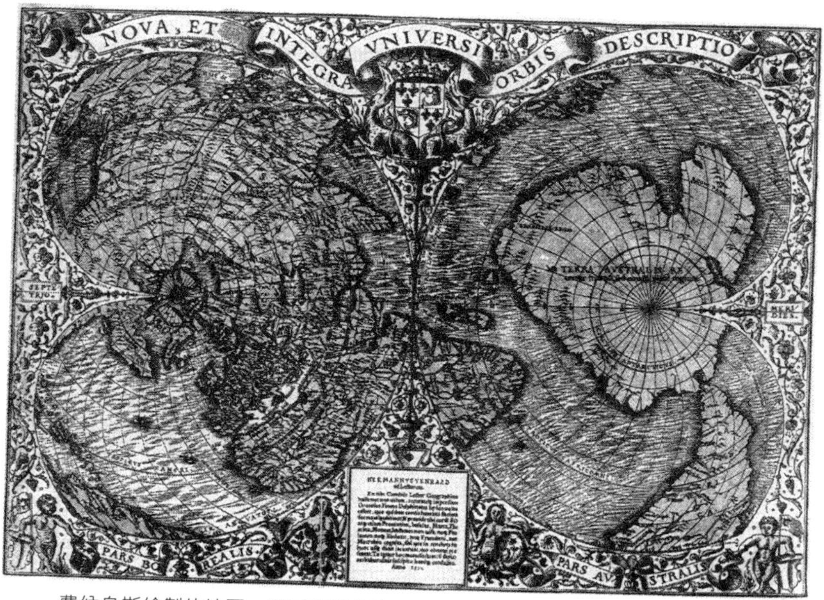

費納烏斯繪製的地圖，顯示南極大陸猶未被冰封的海岸、山脈和河川。

一五三一年的地圖卻顯示，這個地區散佈著港灣和河川。這些地形上的特徵足以證明，費納烏斯使用的原始地圖當初製作時，羅斯海和它的海岸還沒有被冰層覆蓋。「為了提供這些河川必要的水源，海岸後方必定有一個不被冰封的遼闊腹地。今天，這些海岸和腹地全部埋藏在一英里厚的冰層下，而羅斯海本身，則終年飄浮著數百英尺厚的冰塊。」[4]

羅斯海的變遷充分顯示，漫長的無冰時期在西元前四千年結束之前，南極大陸曾被一個神祕的文明探勘過，並且繪製成地圖。這個論點還有另一個證據，那就是一九四九年「伯德南極探險隊」（Byrd Antarctic Expedition）使用空心筒，在羅斯海海床撈起的沉澱物。這些沉澱物分為許多層，區隔十分清楚，反映不同時期中不同的環境狀態，諸如「粗冰海層」、「中冰海層」、「細冰海層」等等。最令人驚異的發現是：「其中好幾層是由細密精緻的沉澱物組成，而這些沉澱物似乎是從溫帶（無冰）地區，經由河川進入海洋。」[5]

華盛頓卡內基研究所（Carnegie Institute）的研究人員，使用烏瑞博士（Dr. W. D. Urry）發明的「鍰年代鑑定法」，檢視在海水中發現的三種不同的放射元素，結果證明，大約六千年前，攜帶細密精緻的沉澱物入海的河川，確實曾經存在於南極大陸，一如「費納烏斯地圖」所顯示的。直到西元前四千年之後，「冰河式的沉澱物才開始堆聚在羅斯海海床上……其下的核心沉澱物顯示，在西元前四千年之前，南極地區曾經享有很長一段時期的溫暖氣候。」[6]

麥卡托與布雅舍的探尋

皮瑞．雷斯和費納烏斯的地圖，讓我們瞥見了歷史上沒有一個製圖家看見過的南極洲。當然，光憑兩幅地圖並不足以說服我們，一個已經消失的文明曾經在南極大陸留下蹤跡。可是，如果有三、四或六幅類似的地圖攤在我們眼前，我們是否還能等閒視之？

譬如說，我們是否還能睜一眼閉一眼，繼續漠視十六世紀最有名的製圖家吉拉德．克雷摩（Gerard Kremer，一五一二～一五九四）——又名麥卡托（Mercator）——繪製的一些地圖中所蘊含的歷史意義？他發明的「麥卡托投影法」（Mercator Projection，譯註：這是

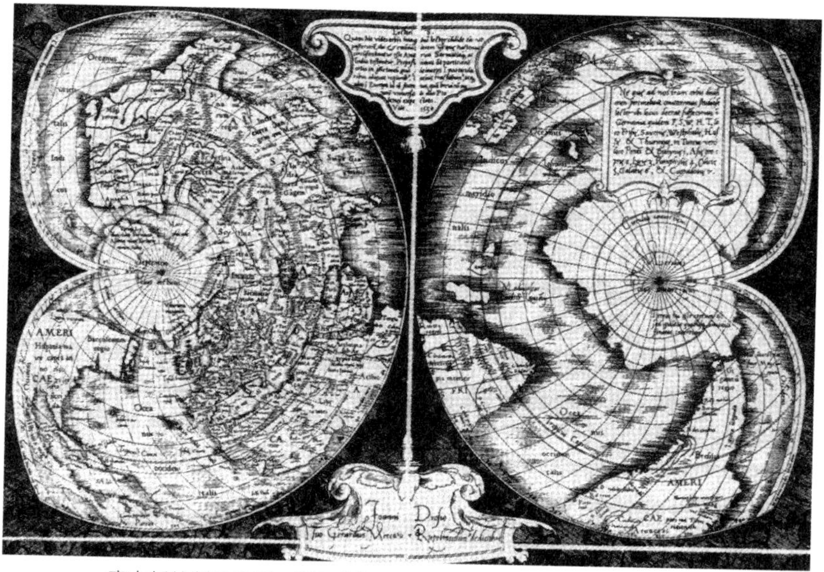

麥卡托繪製的地圖，顯示南極大陸被冰層覆蓋的山脈和河川。

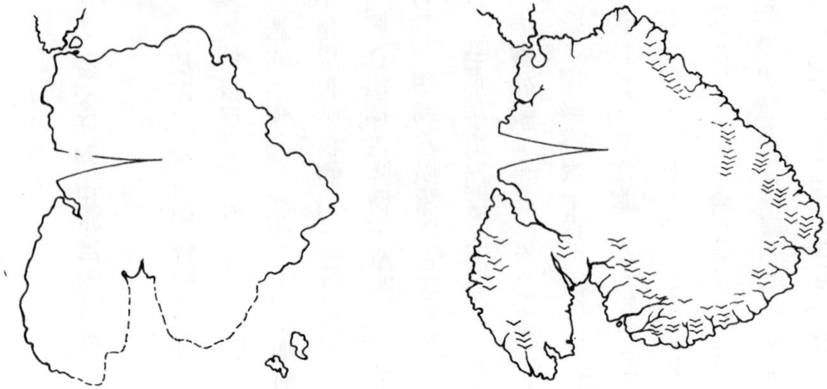

重繪麥卡托和費納烏斯的地圖，以顯示南極大陸的逐漸冰山化。

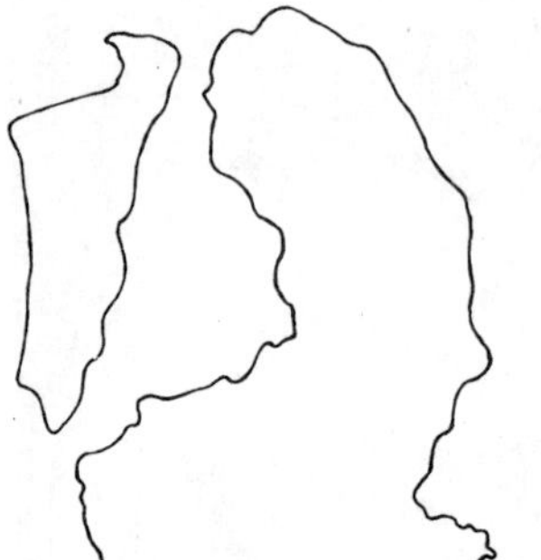

重繪布雅舍的地圖。

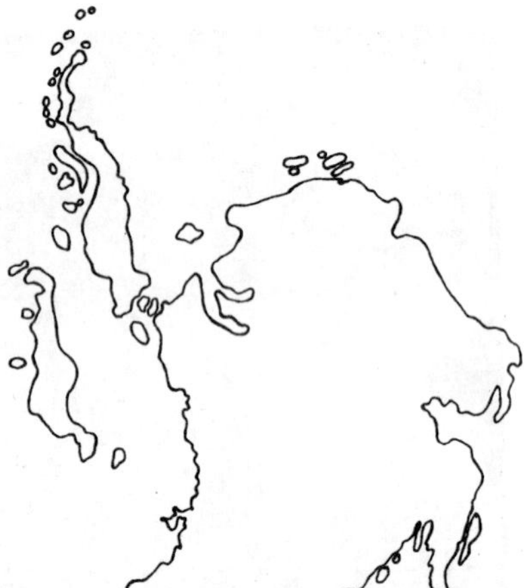

現代地質調查所顯示的南極冰層下的地形。

一種以直線表示經緯線的地圖繪法），至今仍應用在大部分的世界地圖上。這個謎樣的人物（一五六三年，他突然造訪埃及的大金字塔，行蹤十分詭祕）據說「一生孜孜於探尋……古人的學問」，並且花了很多時間蒐集古代地圖，為自己建立一座龐大的、包羅萬象的參考圖書館。

值得注意的是，一五六九年，麥卡托編纂地圖集時，將費納烏斯的地圖蒐羅進去。同年，在親手製作的地圖中，他也描繪南極洲這塊大陸。這些地圖呈現的南極地區（當時猶未被歐洲人發現），可供辨認的包括：位於馬利伯德地的達特岬（Cape Dart）和赫拉契岬（Cape Herlacher）、亞孟森海（Amundsen Sea）、艾爾斯華斯地（Ellsworth Land）的瑟斯頓島（Thurston Island）、白令豪生海（Bellinghausen Sea）的佛雷契群島（Fletcher Islands）、亞歷山大一世島（Alexander I Island）、南極半島（Antarctic Peninsula）、魏德爾海（Weddell Sea）、諾維吉亞岬（Cape Norvegia）、穆德后地的雷古拉山脈（Regula Range）群島、穆里格—霍夫曼山脈（Muhlig-Hoffman Mountains）群島、哈拉德王子海岸（Prince Harald Coast）、施雷西冰河（Shirase Glacier）在哈拉德王子海岸的入口、盧特佐—霍姆灣（Lutzow-Holm Bay）的帕達島（Padda Island）以及思德比地的歐雷夫王子海岸（Prince Olaf Coast）。哈普古德教授指出：「這些地理特徵，有些比『費納烏斯地圖』上描繪的還要清晰。顯然，麥卡托手頭掌握的一些原始地圖，是費納烏斯未曾使用過的。」[7]

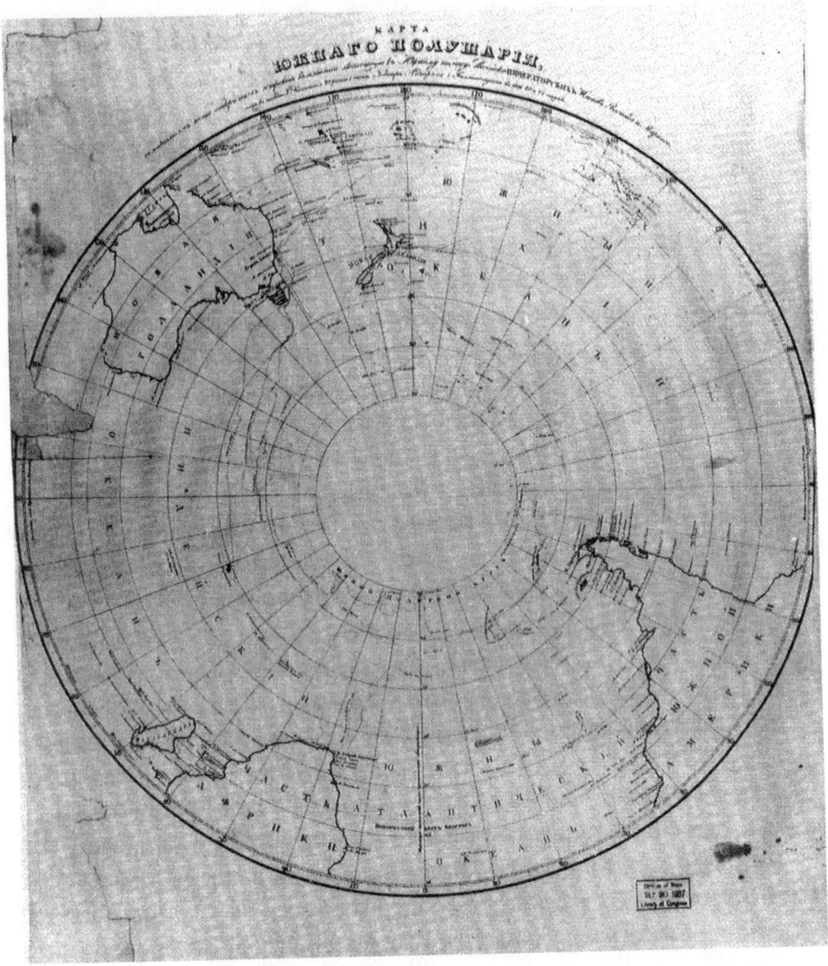

這幅十九世紀初期俄國人繪製的地圖顯示，當時西方人還不知道南極洲的存在。直到西元一八一八年，這塊大陸才被「發現」。然而，早在那之前的好幾千年前，南極大陸是否可能已經被一個來歷不明、高度發展的文明探勘和繪測過？

值得一提的何止麥卡托。

十八世紀法國地理學家菲立比・布雅舍（Philippe Buache，一七〇〇～一七七三），早在南極大陸被正式「發現」之前，就已經繪製一幅南極地圖。最不尋常的是，這幅地圖顯示，它使用的藍本似乎是年代更為久遠的一些地圖——比費納烏斯和麥卡托使用的藍本地圖也許早上數千年。「布雅舍地圖」呈現的是南極洲被冰層覆蓋前的真實面貌。它揭露了如今已被冰封的整個南極大陸的地形，而這種地形，直到一九五八年「國際地球物理年」，科學家對南極展開全面性的地質調查後，我們才略有所知。

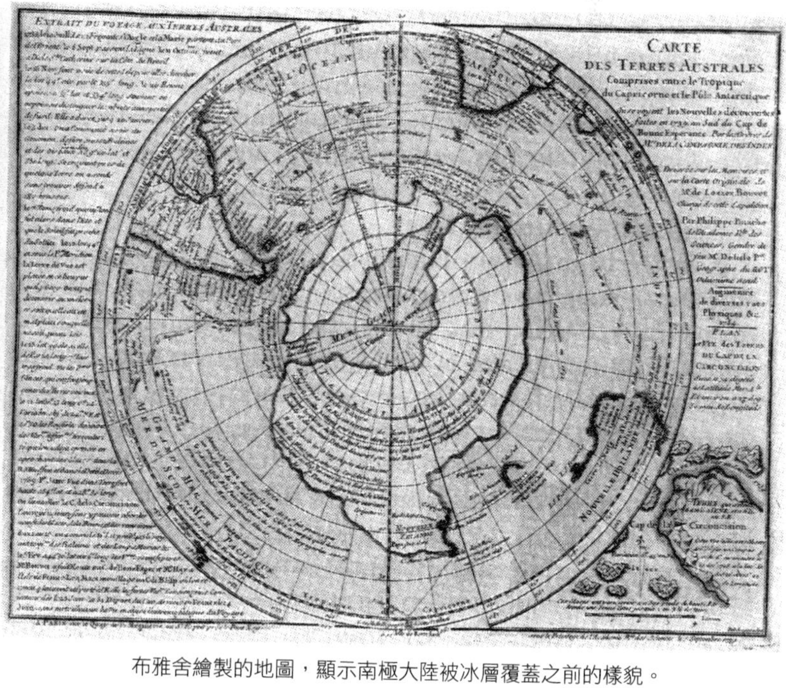

布雅舍繪製的地圖，顯示南極大陸被冰層覆蓋之前的樣貌。

這項調查證實了布雅舍於一七三七年出版南極地圖時所提出的看法。以古老地圖（現已遺失）為依據，這位法國學者畫出一條明顯的水道，將南極洲區分成東、西兩塊大陸，而中間的分界線就是今天的「南極洲縱貫山脈」（Trans-Antarctic Mountains）。

如果南極洲不被冰層覆蓋，這條連接羅斯海、魏德爾海和白令豪生海的水道，就確實有可能存在。正如一九五八年「國際地球物理年」的調查所顯示的，南極大陸（在現代地圖上，它是一塊連綿不絕的陸地）是由一個龐大的群島組成，而這些矗立海面上的島嶼，彼此之間阻隔著厚達一英里的冰塊。

被悄悄探勘的南極祕地

上文提到，許多正統地質學家認為，在冰封的南極盆地出現任何水道，最後一次的時間是在數百萬年前。從正統學術觀點來看，在如此久遠的時代，人類根本還沒有進化完成，更不必說具有測繪南極大陸的能力。然而，布雅舍的地圖和「國際地球物理年」的調查卻顯示，在冰封之前，這塊大陸確實曾被測繪過。這麼一來，學者們就得面對兩個互相矛盾的觀點而無所適從。

到底哪一個觀點正確？

如果我們贊同正統地質學家的觀點，認為南極上一次處於無冰狀態是在數百萬年前，

那麼，我們就得將達爾文以來的科學家所蒐集的人類進化證據一舉推翻掉。情況可能不是如此，因為化石記錄很清楚地顯示，幾百萬年前，人類的祖先還沒有「進化」；他們只是一群額頭低垂、行動笨拙的「類人猿」，根本沒有能力從事先進的智慧活動，諸如繪製地圖。

難道說，真有一群外星人出現在那個時候，乘坐太空船繞行地球，對還未被冰層覆蓋的南極洲進行探勘，繪成一幅幅先進、精密的地圖？

或者，我們是不是應該重新考慮哈普古德提出的「地殼移位」理論，承認南極大陸在一萬五千年前，確實曾經處於無冰狀態，一如布雅舍的地圖所描繪的？

有沒有可能，一個高度發展、足以繪測南極大陸的人類文明，在西元前一萬三千年左右曾經出現在地球上，然後忽然消失？若有這個可能，那麼，這個文明是在什麼時候消失的呢？

綜觀皮瑞．雷斯、費納烏斯、麥卡托和布雅舍的地圖，我們不得不承認，在持續好幾千年的一段時間中，南極洲可能一再被探勘測繪過，而這期間，冰層逐漸從南極內陸向外擴散，直到西元前四千年左右，才將南極大陸所有的海岸吞沒。皮瑞．雷斯和麥卡托所依據的藍本地圖，極可能是在這個時期的末端，冰層逼近南極海岸時繪製成的；費納烏斯的藍本地圖，顯然更為古老，當時冰層只存在於南極內陸；布雅舍使用的原始地圖，甚至更為古舊（可能繪製於西元前一萬三千年左右），當時整個南極大陸猶未被冰層覆蓋。

南美洲的未來山脈

從西元前一萬三千年到西元前四千年這段時間，地球上其他地區有沒有被探勘，並且精確地繪製成地圖？在「皮瑞．雷斯地圖」上，我們也許可以找到答案。這幅地圖蘊含的奧祕，不僅僅是南極洲而已：

・繪於一五一三年的「皮瑞．雷斯地圖」，卻相當完整地呈現出南美洲的地形，令人驚異。它不但描繪出南美洲的東海岸，也勾勒出西部的安地斯山脈，而當時的歐洲人根本還不曉得有這座山存在。「皮瑞．雷斯地圖」正確地顯示，亞馬遜河發源於這座尚未被歐洲人探測過的山脈，向東流入大海。

・依據二十多份不同年代原始文件繪製成的「皮瑞．雷斯地圖」，兩次描繪亞馬遜河（最可能的原因是，皮瑞．雷斯一時疏忽，重疊使用兩份不同的原始文件）。第一次描繪時，皮瑞．雷斯將亞馬遜河流經的路線一直畫到帕拉河（Para River）河口，但是，重要的島嶼瑪拉荷（Marajo）卻未出現。從哈普古德教授的觀點看來，這就顯示，皮瑞．雷斯依據的原始文件，可能具有一萬五千年歷史，當時帕拉河是亞馬遜河主要或唯一的入海口，而瑪拉荷島是亞馬遜河北岸陸地的一部分。第二次描繪亞馬遜河時，瑪拉荷島卻出現在地圖上，而且畫得頗為精細，儘管直到一五四三年這座島嶼才被歐洲人發現。這使我們不能不懷疑，地球上曾經出現一個神祕的文明，在好幾千年的漫長時期中，對改變中的地球面貌持續進行探勘和測繪，而皮瑞．雷斯使用的不同年代的藍本地圖，正是這個文明遺留下來的文件。

- 位於今天委內瑞拉境內的奧利諾科河（Orinoco River）和它的三角洲，並未出現在「皮瑞．雷斯地圖」上。但是，哈普古德教授指出，這幅地圖顯示，「兩個入海口一直延伸到內陸（縱深達一百英里左右），位置就在今天的奧利諾科河附近。地圖上的經線和今天奧利諾科河的方位相符，而緯線也大抵無誤。這是否顯示，皮瑞．雷斯使用的原始地圖繪成後，這兩個入海口就被泥沙淤塞，三角洲也日益擴大？」❽
- 直到一五九二年，福克蘭群島（Falkland Islands）才被歐洲人發現，但它卻出現在一五一三年的地圖上，緯度正確無誤。
- 皮瑞．雷斯可能依據古老的圖籍，描繪出一座位於南美洲東邊大西洋中，今天已不復存在的大島。這座「想像」的島嶼，剛好坐落在赤道北邊大西洋中部的海底山脊上，距離巴西東海岸七百英里，而今天這兒有兩座名為聖彼得和聖保羅的礁石（Rocks of Sts Peter and Paul）突出在水面上。難道這只是純粹的巧合嗎？有沒有可能，這幅原始地圖是在最後一個冰河時代繪成的呢？那時的海平面比現在低得多，足以讓一座大島出現在這個地點。

萬年前的傑出製圖家

其他十六世紀地圖，看來也可能是依據最後一個冰河時代進行的全球性地理探勘所繪製成的。其中一幅繪於一五五九年，是土耳其製圖家哈齊・阿默德（Hadji Ahmed）的作品。根據哈普古德教授的推斷，阿默德手頭上一定掌握有「極不尋常」的原始地圖[9]。

「阿默德地圖」最顯著、最令人訝異的特色是，它相當清晰地顯示，在阿拉斯加和西伯利亞之間存在著一塊狹長的陸地，寬約莫一千英里。這塊陸地就是地質學家所說的「陸橋」（land-bridge）。它以前確實存在過（就在今天白令海峽所在的位置），但最後一個冰河時代結束時所造成的海平面上升，把它淹沒在海浪之下。

西元前一萬年左右，北半球各地的冰層迅速消融後退，促使海平面上升。有趣的是，至少有一幅古地圖顯示，瑞典南部覆蓋著殘餘的冰山，而這類冰山當時一定普遍存在於這個緯度的地區。這些殘餘冰山是出現在托勒密（Claudius Ptolemy，約九〇～一六八，古希臘天文學家、地理學家）有名的「北方地圖」（Map of the North）上。繪於西元二世紀，出自古典時代最後一位偉大地理學家手筆的這幅地圖，遺失了好幾百年之久，直到十五世紀才被發現。

托勒密擔任館長的埃及亞歷山大港圖書館，收藏大量的古代圖籍和手稿[10]。因此，他得以參閱古代原始文件，繪製他那幅「北方地圖」。他使用的藍本地圖，至少有一幅很可能是在西元前一萬年左右繪成，因為在他那「北方地圖」上，不但呈現當時普遍存在的冰山，也描繪出「湖泊……具有今天湖泊的形狀，以及跟冰川非常相似的溪流……從冰山流注入湖泊中。」⓫

眾所周知，在托勒密繪製「北方地圖」的時候——歷史上的羅馬帝國時代——西方人根本不知道歐洲北部曾經存在過「冰河時代」。十五世紀，「托勒密地圖」被發現時，也還沒有人知道這個史實。所以人們實在很難想像，「托勒密地圖」上的殘餘冰山和其他地理特徵，曾經被歐洲文明之前的任何文明探勘、測繪過。

「托勒密地圖」蘊含的意義非常明顯。意義同樣明顯的，是耶胡迪・伊賓・班札拉（Iehudi Ibn Ben Zara）於一四八七年繪製的「航海圖」（Portolano）。這幅歐洲和北非地圖所依據的藍本，可能比托勒密的更為古老，因為它顯示冰山存在於比瑞典更南的地區（約莫和英格蘭同一緯度），而它所描繪的地中海、亞得里亞海和愛琴海，顯然是歐洲冰層消融之前的面貌。當然，那時的海平面比今天低得多。我們發現，這幅地圖上的愛琴海，擁有的島嶼比今天多得多。乍看之下，這個現象頗令人納悶，但仔細一想，我們就不難找出原因：班札拉使用的原始地圖，是在一萬或一萬二千年前繪製成的；當最後一個冰河時代結束時，愛琴海許多島嶼就被上升的海水淹沒，從此消失無蹤。

再一次，我們似乎又看到一個消失的文明遺留下的「指紋」——這個神祕的文明，曾經產生過一批傑出的製圖家，對世界許多地區進行精確詳盡的探勘和測繪。

從事這樣的工作，又該具備哪一些科技和哪一種文化呢？

【註釋】

❶摘自哈普古德《古代海王的地圖》，頁七九。

❷見哈普古德《古代海王的地圖》，頁九〇。一九五八年「國際地球物理年」（International Geophysical Year，為一個國際性科學計劃），有好幾個國家派遣考察隊前往南極洲，進行探勘並繪製地圖。

❸摘自哈普古德《古代海王的地圖》，頁一四九。

❹同上，頁九三～九六。

❺同上，頁九七。

❻同上，頁九八。

❼同上，頁一〇三～一〇四。

❽同上，頁六九。

❾同上，頁九九。

❿見康佛拉《消失的圖書館》。Luciano Canfora, *The Vanished Library*, Hutchinson Radius, London, 1989.

⓫摘自哈普古德《古代海王的地圖》，頁一六四。

第三章

#「消失的科技文明」

上文提到，一五六九年的麥卡托世界地圖，對遠古時代尚未被冰層覆蓋的南極洲海岸，描繪得相當精確。有趣的是，對另一個地區——南美洲西海岸——的描繪，這幅地圖卻遠不及麥卡托早些時畫的另一幅地圖（繪於一五三八年）精確。

原因可能是：這位十六世紀地理學家繪製前一幅地圖，根據的是古老的藍本；畫後一幅地圖時，他則依賴第一批前往南美洲西部的西班牙探險家的觀察和測量。由於這些探險家帶回歐洲的是「最新」的資訊，麥卡托在繪製地圖時，不得不充分加以利用。結果，他的作品在精確度上大不如前——畢竟，在一五六九年的時候，歐洲還沒有能夠判定經度的精密儀器，而遠古時代的製圖家，卻顯然使用過這類儀器。他們繪製的地圖被麥卡托當作藍本，製作他那幅一五三八年的世界地圖。

發現經度

我們不妨先探討一下「經度」（longitude）的問題。所謂經度，指的是本初子午線（prime meridian）以東或以西的距離度數。目前國際公認的本初子午線，是一條虛構的曲線，從北極一直畫到南極，穿過倫敦格林威治村的英國皇家天文台。因此，在經度上格林威治是零度，美國紐約市位於西經七十四度左右，澳洲首都坎培拉則大約是在東經一百五十度的位置。

這兒，我們不必詳細討論如何精確判定地球表面任何一個地點的經度。我們關心的並不是技術細節，而是人類如何增進對經度的瞭解，如何逐漸解開經度之謎的「歷史事實」。其中最重要的一個事實是：十八世紀技術突破之前，製圖家和航海家缺少精密的儀器，無法對經度做精確的判定。他們只能猜測，往往失之毫釐差之千里。畢竟那時候的測量技術還沒有成熟。

從赤道向南和向北起算的緯度（latitude），對製圖家和航海家則未構成太大的困難——只消利用簡單的儀器，以角度測量太陽和星辰的位置，就可以判定地球任一地點的緯度。判定經度，則必須具備性能更加高超的、能夠結合方位測量和時間

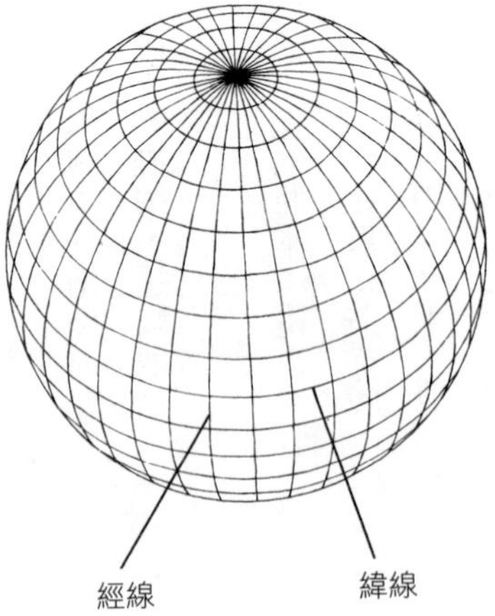

測量的儀器。在已知的人類歷史中，科學家一直沒有能力發明這種儀器。到了十八世紀初葉，隨著海運日益興盛，這種儀器的需求也變得日漸緊迫。研究這個時期歷史的一位學者指出：「當時的人對經度的追尋，遠超過對船舶安全和水手生命的重視。精確的測量似乎是一個難以實現的夢想——在媒體記者筆下，『發現經度』不啻是『緣木求魚』。」❶

當時航海界最需要的，是一個極為精密的儀器，在漫長的航程中，它能夠精確地記錄時間（出發自港口的時間）——儘管船舶不停晃動，天氣不斷變化。一七一四年，牛頓告訴英國政府設置的「經度委員會」：「這樣的計時器至今猶未問世。」❷

牛頓說的沒錯。十七世紀和十八世紀初葉的計時器非常粗糙，每天誤差達十五分鐘，而一個有效的航海用計時器（chronometer），在好幾年中最多也只能誤差十五分鐘而已。

一七二〇年代，技術高超的英國鐘錶匠約翰．哈里森（John Harrison）開始設計一系列的航海用計時器，經過多年研究，終於創造出第一具精密的經線儀。當時，經度委員會懸賞二萬英鎊，徵求「能夠在六星期航程結束時判定船舶所在經度的儀器，誤差不得超過三十海里」❸。哈里森的目標就是贏取這筆獎金。為了滿足經度委員會的要求，計時器每天的誤差絕對不能超出三秒鐘。哈里森花了將近四十年時間，試驗過好幾個原型後，終於達到經度委員會所訂的標準。一七六一年，他設計的「經線儀四號」被放置在皇家海軍兵艦「德普特福號」（Deptford）上，離開英國，駛向牙買加。哈里森的兒子威廉隨船操作經線儀。航行九天後，威廉根據經線儀計算的經度，向艦長報告：第二天早晨他們肯定會看到馬德拉群島（Madeira Islands）。艦長以五比一的賭注跟威廉打賭，他們不會看到這座群島。結果威廉贏了。兩個月後，「德普特福號」抵達牙買加；哈里森設計的計時器誤差僅僅五秒鐘。

哈里森經線儀的精確度，超越了經度委員會制定的標準。然而，由於英國官僚體制從中作梗，直到他逝世前三年，也就是一七七三年，哈里森才領到二萬英鎊獎金。當然，直到獎金拿到手後，他才將經線儀的設計訣竅公諸於世。由於這個延誤，英國航海家科克船長（Captain James Cook，一七二八～一七七九）於一七六八年展開首度探險之旅時，並未使用經線儀。第三次出航（一七七八年到七九年），他卻能以極高的精確度測繪太平洋海域，不但確定了每一個島嶼和每一條海岸線的緯度，也標出了它們的經度。此後，「在科克的地圖和哈里森的經線儀指引下，在浩瀚的太平洋中，每一個航海家都能找到任何一座島嶼，不會再一頭撞上突然出現眼前的海岸線。」❹

毫無疑問，以經度測量的準確性而言，科克的太平洋地圖稱得上是現代製圖技術的最早典範。此外，這些地圖也提醒我們，製作一幅好地圖至少必須具備三個要件：偉大的探險旅程、高超的數學和繪圖技能、精良的經線儀。

直到一七七〇年代，哈里森經線儀大量上市後，上述先決條件中的第三項才真正被達成。這個突破性的發明，使製圖家能夠精確地繪出經線，而根據一般歷史學家的看法，古代的蘇美人、埃及人、希臘人、羅馬人和十八世紀以前的其他已知文明，全都未曾擁有這項技術。因此，當我們接觸到一些年代極為古老、經緯線精確度卻具有現代水準的地圖時，心中難免會感到訝異和不安。

精準出奇的古儀器

這些精準得出奇的經緯線，也出現在同一類的文件中。筆者在上文列舉的先進地理知識，就是保存在這些圖籍裡頭。

例如，一五一三年的「皮瑞．雷斯地圖」，將南美洲和非洲放置在相對正確的經度上。以當時的科技水準而言，這在理論上幾乎是不可能的。皮瑞．雷斯坦承，他的地圖是依據更古老的圖籍畫成的。他那些精確度極高的經線，莫非也取自古老的圖籍？

同樣不可思議的是繪於西元一三三九年，以歐洲和北非為焦點的「杜爾瑟特航海圖」（Dulcert Portolano）。在這幅涵蓋面積非常遼闊的地圖上，緯線毫無差誤；從地中海到黑海的經線，誤差也僅僅半度而已。

哈普古德教授認為，「杜爾瑟特航海圖」所使用的藍本地圖，「在判定緯度和經度的比例上，表現出極高的科學準確性。它的繪製者顯然擁有精確的資訊，對分散在廣大區域的許多地點——從愛爾蘭的蓋爾威（Galway）到俄羅斯頓河的東彎流域——的相對經度，皆瞭若指掌。」❺

西元一三八〇年的「齊諾地圖」(Zeno Map)是另一個謎團。它涵蓋遼闊的北方區域,連格陵蘭也包含在內,然而,它卻能以「精確得出奇」的經緯度,標示分散在廣大區域的許多地點所在的位置。哈普古德教授指出:「在十四世紀,居然有人能夠判定這些地方的正確緯度——更不必說正確的經度——實在令人難以置信。」❻

費納烏斯的世界地圖也值得注意。它精確地將南極洲海岸放置在正確的緯度和相對經度上,而整個南極大陸所在的位置,在經緯度上也相當精確。這幅地圖所表現的地理知識,是二十世紀之前的西方人不曾具備的。

班札拉的航海圖,在相對緯度和經度上也異常精確。從西邊的直布羅陀到東邊的亞速海,總經度僅僅誤差半度,而整幅地圖在經度上的平均誤差也不到一度。

以上這些例證,只不過是哈普古德教授蒐集的大量證據中的一小部分而已。他不憚其煩,窮畢生精力搜尋這些資料,並加以詳盡分析,為的是想證明一點:如果我們以為,直到十八世紀,人類才發明測量經度的精密儀器,我們簡直就是欺騙自己。皮瑞·雷斯和其他製圖家所畫的地圖,樣樣都證實,這種儀器在遠古時代早就存在,十八世紀的西方人只是「重新發現」它。這些地圖也顯示,遠古時代曾經有一個文明的民族(現在已經從歷史消失)使用這種儀器,對整個地球進行探測。此外,從這些地圖我們可以看出,這個古老民族不但能夠設計、製造在技術上非常先進的精密器械,同時也掌握了高度的數學知識。他們可說是一群早熟的數學家。

失落的數學家

探討這個問題之前，我們必須先提醒自己：地球是圓的。因此，在繪製地圖的時候，只有球形才能以正確的比例呈現地球的真正面貌。將地理資料從一個球體轉移到平面的紙張，難免會造成扭曲的現象；我們在紙張上繪製地圖時，必須使用一種人工的、複雜的機械和數學裝置，稱為「地圖投影」（Map Projection）。

地圖投影法有很多種。現在仍被廣泛使用的「麥卡托投影法」也許是大家最熟悉的。其他投影法名稱稀奇古怪，諸如「方位角投影」（Azimuthal）、「球極平面投影」（Stereographic）、「日晷儀投影」（Gnomonic）、「方位角等距投影」（Azimuthal Equidistant）和「心形投影」（Cordiform）等等。這些玩意，我們不必在這兒詳細討論。我們只須指出一點：有效的投影法都必須使用精細的數學技巧，而這種技巧，在一般學者看來，不可能存在於古代世界（尤其是在西元前四千年前的遠古時代，據說，當時地球上根本就沒有人類文明存在，更不必說能夠發展和使用先進數學和幾何學的文明）。

哈普古德將他蒐集的古代地圖送到麻省理工學院，請求史崔臣教授鑑定。他想知道，繪製這些原始地圖，究竟需要具備何種程度的數學知識。一九六五年四月十八日，史崔臣教授提出答覆：繪製這些地圖，必須具備層次非常高的數學知識。例如，其中有些地圖似乎使用「麥卡托投影法」，而那時麥卡托根本就還沒有出生呢。這種投影法牽涉到緯度的擴張，相當複雜，必須使用三角座標轉換法才能解決相關問題。

還有其他理由足以證明，這些古地圖繪製家具備高超的數學技能：

1. 要確定一塊大陸上任何地點的位置，至少必須使用幾何三角測量術。測量遼闊的地面（一千英里以上）時，必須根據地球的弧度隨時進行修正，這就得使用球面三角學（spherical trigonometry）的方法。
2. 要確定幾個大陸彼此之間的相對位置，就必須瞭解地球的球形結構，使用球面三角學的方法解決相關問題。
3. 具備這種知識的文明，如果擁有能夠測量地理位置的精密儀器，必定會使用他們的數學技能，繪製地圖和航海圖。[7]

史崔臣教授認為，儘管這些地圖經過世世代代的製圖家一再傳抄，種種跡象顯示，它們是一個古老、神祕、科技上頗為先進的文明遺留下來的文物。美國空軍的偵察專家，也曾檢視哈普古德呈送的證據。他們也贊同史崔臣教授的看法。麻州魏斯歐佛空軍基地，美國空軍第八偵察中隊製圖組組長羅倫佐・勃洛斯（Lorenzo Burroughs），特別對「費納烏斯地圖」進行嚴密的檢驗。他斷定，這幅地圖依據的一些原始地圖，是採用類似現代「心形投影法」的技術繪製成的。勃洛斯指出：

這顯示，「費納烏斯地圖」使用先進的數學技能。此外，它對南極大陸形狀的描繪也顯示，這些原始地圖採用的，可能是一種牽涉到球面三角學的「球極平面投影法」或「日晷儀投影法」。

我們相信，你和你的同事對古地圖的研究結論是正確的。我們也相信，這些結論會引發一些極為重要的問題，影響地質學和古代史的研究……。[8]

哈普古德教授後來又有一個重大的發現：一幅雕刻在石碑上，繪於西元一一三七年的中國地圖[9]。這幅地圖呈現的精確經度，跟上面提到的西方地圖完全相同。它也有類似的座標方格，採用球面三角學的方法繪成。經過仔細檢視，我們發現這幅中國地圖和歐洲及中東地圖有太多相似點，以至於我們不得不承認，這些地圖全都脫胎自一個共同的根源。

再一次，我們又看到一個科技相當進步，如今已經失落的文明遺留下來的痕跡。至少在某些方面，這個文明跟我們的文明一樣先進；它的製圖家「能夠使用充分發展，體系完備的科技、方法、數學知識和精密儀器，對幾乎整個地球進行探勘和測量。」[10]

這幅中國地圖也顯示，這個古文明留給我們的文化遺產是「全球性」的——一筆價值難以估計的遺產，不僅僅包含先進的地理知識而已。

傳說中，有一群蓄著鬍子的神祕客，在「黑暗的時代」渡過茫茫大海，把文明帶回給經歷一場大動亂的地球。這群被稱為「維拉科查人」（Viracochas）的神祕客帶到史前祕魯的禮物，莫非就是我們剛才提到的那筆遺產？

我決定到祕魯走一趟，看看能發現什麼線索。

【註釋】

❶摘自貝松與羅賓森《世界的形貌：地球的繪測和發現》，頁一一七。Simon Bethon and Andrew Robinson, *The Shape of the World: The Mapping and Discovery of the Earth*, Guild Publishing, London, 1991, p.117.

❷同上，頁一二一。

❸摘自《大英百科全書》，一九九一年版，卷三，頁二八九。

❹摘自《世界的形貌：地球的繪測和發現》，頁一三一。

❺摘自《古代海王的地圖》，頁一一六。

❻同上，頁一五二。

❼同上，頁二二八。

❽同上，頁二四四～二四五。

❾同上，頁一三五。

❿同上，頁一三九及頁一四五。

第二部

浪花傳奇

祕魯與玻利維亞

第四章 [飛翔的兀鷹]

我來到祕魯南部，飛行在納茲卡（Nazca）高原上空，俯瞰著地面描繪的圖形和線條。

飛機掠過鯨和猴子的圖形，一隻美洲蜂雀赫然出現在眼前。它拍撲著翅膀，伸出纖細的嘴喙，彷彿在啄食花蜜的模樣兒。接著，飛機倏地向右轉，穿越過荒涼崎嶇的泛美公路（Pan-American Highway），在地面上投下細小的影子。飛機在空中翱翔了一會，把我們帶到充滿傳奇色彩的蛇頸圖形「長頸鳥」（Alcatraz）上空。那其實是一隻蒼鷺，鐫刻在地面上，身長達九百英尺，想必是某一位想像力豐富的幾何學家創造出來的。我們在空中兜了一圈，再次穿過公路，飛越一組奇妙的圖形，看見一隻鵜鶘旁邊羅列著一群魚兒和三角形圖案。飛機向左轉。一隻龐大的兀鷹伸展雙翼，莊嚴地出現在我們眼前的地面上。

我看得呆了。突然，另一隻蒼鷺出現在飛機旁邊——這可是一隻活生生的蒼鷺——神情十分桀驁，有如一個墮落的天使，正在駕著一股從地面上升的熱氣流返回天堂。駕駛飛

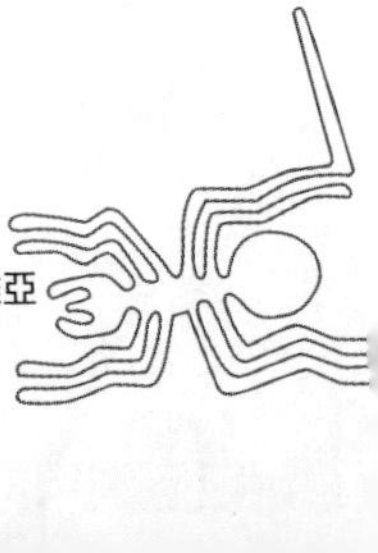

機的那位老兄喘口氣，試圖跟蹤這隻蒼鷺。好一會兒，我看到一隻銳利冷酷的眼睛直瞪過來，不屑地打量我們。然後，就像古老神話中的神禽，牠斜斜地轉個彎，向後滑翔進陽光中，留下我們那架單引擎西斯納（Cessna）小飛機在低空中掙扎打轉。

這時，我們腳底下出現一雙筆直的、平行的線條，約莫二英里長，一路延伸到天邊，看不見盡頭。右邊地面描繪的一系列抽象圖形，規模非常龐大，製作卻十分精巧，以至於我們不得不懷疑，這究竟是不是人類的作品。

這一帶的老百姓都說，這些線條和圖形不是凡人的產物，而是半神半人的「維拉科查人」遺留下的作品❶。好幾千年前，這個族群也曾在南美洲安地斯山脈其他地區遺留下他們的「指紋」。

高原上的巨大線條

祕魯南部的納茲卡高原是一個荒涼乾燥、土壤貧瘠、五穀不生的地方。自古至今，這一帶的人煙一直非常稀少，將來也不會有大量人口移居這裡——即便是月球的表面，看起來也沒納茲卡高原荒蕪。

可是，如果你是一位藝術家，而你想創造一幅規模宏大、氣象萬千的作品，荒涼的納茲卡高原倒是一個理想的地點。它那廣達二百平方英里的遼闊台地，保證你的作品不會被沙漠風暴刮走，也不會被飛沙覆蓋。

高原上有時當然會刮起大風，但由於某種物理作用，這兒的風沒有平地上那麼強勁，遍佈大草原的小圓石，將太陽的光熱吸收和保留，散發出溫暖的空氣，在空中形成一個具有保護作用的「力場」（force-field）。此外，這兒的土壤含有足夠的石膏，可以將小石子「黏貼」在地面下，而這種黏貼劑每天清晨受到露水滋潤，會永遠保持效力。因此，藝術家把圖畫繪在這兒的地面後，它永遠都不會消褪。這一地區難得下雨；事實上，十年間總共下過不到半個鐘頭的毛毛雨。毫無疑問，納茲卡高原是地球上最乾燥的地區之一。

因此，如果你是一位藝術家，而你想創造一幅氣勢恢宏、永遠存在、讓世世代代子孫都能觀賞的作品，那麼，這塊荒涼奇特的高原台地，就是你夢寐以求的畫布了。

專家們檢視鑲嵌在線條上的陶器碎片，並且對這兒出土的各種有機物質進行碳十四測量，結果證實，納茲卡遺跡年代十分古老。他們推測的年代，從西元前三百五十年到西元後六百年不等[2]。至於這些線條本身的年代，專家不做任何推測，因為這些線條跟周遭的石頭一樣，本質上都是無法鑑定年代的。我們只敢這麼說：年代最近的線條至少也有一千四百年歷史。但在理論上，這些線條可能比我們推測的更為古老。原因很簡單：我們據以推斷這些日期的文物，也許是後來的人攜帶到納茲卡高原的。

大部分線條和圖形分佈在祕魯南部一塊完整的地域上，北邊毗鄰英吉尼奧河（Rio Ingenio），南邊以納茲卡河（Rio Nazca）為界。泛美公路從北端進入，斜斜穿越這個四方形的黃褐色沙漠，綿延四十六公里。就在這塊土地上，散佈著數以百計形狀各異的圖形。有些描繪各種飛禽走獸（總共有十八種不同的鳥類），但更多的是幾何圖形，包括不等邊四邊形、長方形、三角形和直線。從空中鳥瞰，這些幾何圖形——在現代人看來——如同幾十條縱橫交錯的飛機跑道，仿佛有一位妄想自大狂的土木工程師，受命在這兒興建一座奇異怪誕的機場似的。

這就難怪，有些人會把納茲卡線條看成外星人登陸的機場跑道——畢竟，直到二十世紀初人類才學會飛行。這種想法當然很有趣，可惜禁不起邏輯的驗證。我們很難理解，擁有先進科技，能夠穿越數百光年距離的太空，從事星際旅行的外星人，為什麼需要一座機場，供他們的太空船降落。難道，他們所掌握的科技還不足以讓他們搭乘的「飛碟」垂直降落嗎？

經過仔細檢視，我們可以斷定，納茲卡線條根本不曾被「飛碟」或其他飛行器當作起降跑道使用過——儘管從空中鳥瞰，有些線條看起來確實很像機場跑道。從地面觀看，這些線條只不過是地上磨出的一道道痕跡；很顯然，有人將覆蓋在沙漠上、數以千噸計的黑色火山礫刮掉，讓底層的淡黃色沙土顯露出來。以這種方法刮成的溝痕，全都只有數英寸深，況且地基非常鬆軟，不足以承受飛行器的輪子。德國數學家瑪麗亞·雷施（Maria Reiche）研究納茲卡線條達半個世紀之久，她曾以一句簡單扼要的評語，推翻了外星人理論：「我擔心太空人會陷入泥淖中，動彈不得。」

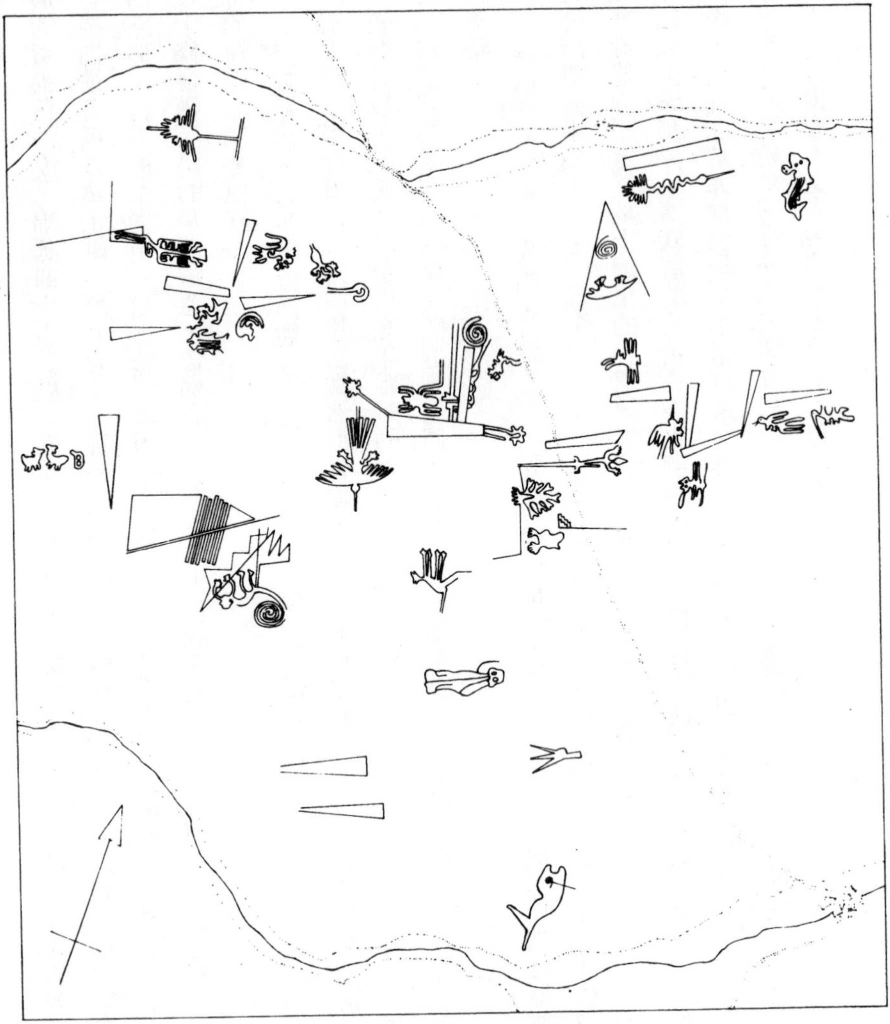

描繪在納茲卡高原上的主要圖形。

如果不是「外星神」的火戰車降落時使用的跑道，那麼，納茲卡線條的用途又是什麼呢？老實說，沒有人知道答案，也沒有人能夠鑑定出它們的真正年代。這些線條是歷史上的一個謎團。你愈仔細觀察，就愈覺得這些線條和圖形充滿玄機。

例如，這裡的鳥獸圖形，年代顯然比「跑道」的幾何圖形久遠，因為有許多不等邊四邊形、長方形和直線穿過比較複雜的動物圖案，將它們切割得支離破碎。我們可以據此推論，今天我們看到的這幅繪於沙漠上的藝術品，必定是分兩個階段製作的。此外，我們還可以推測，前一階段完成的作品，在技術上比後一階段的作品進步，儘管這種推論違反科技進展的法則。但動物圖形的繪製所要求的技巧，比鏤刻直線所牽涉的技術畢竟複雜精細得多。現在問題是：這前後兩個階段之間，在時間上究竟存在多長的一段距離？

學者並沒有回答這個問題。很草率地，他們把這兩個階段的文化硬扯在一起，稱之為「納茲卡文化」。在他們看來，納茲卡人只不過是一個原始部落，莫名其妙地發展出一套精細老練的藝術表現技巧，然後就從祕魯消失。好幾百年後，他們的繼承者——西方人比較熟悉的印加人——才出現在祕魯的土地上。

「原始的」納茲卡人，在文化上究竟有多成熟？他們的知識水準到底有多高，以至於能夠在祕魯高原上留下規模龐大、氣象萬千的藝術傑作？首先，我們似乎可以確定的是，納茲卡人精於觀察天象。根據芝加哥「艾德勒天文館」（Adler Planetarium）天文學家菲麗絲·皮魯格博士（Dr. Phillis Pitluga）的研究，納茲卡人稱得上是相當優秀的天文學家。

在電腦協助下，皮魯格博士對納茲卡高原上的星象圖形展開密集研究，結果作出這樣的推論：那幅有名的蜘蛛圖形所顯示的，實際上是獵戶星座（Orion）的形狀，而連接這個圖形的筆直線條，作用在於追蹤獵戶星座三顆明星的行徑❸。

皮魯格博士的發現所蘊含的意義，我們將在下文中詳加探討。這兒，我們必須特別指出：納茲卡的蜘蛛圖形也精確地描繪出一種學名為「節腹目」（Ricinulei）的蜘蛛的形貌。這種蜘蛛十分罕見，全世界只有在亞馬遜河雨林中最偏遠、最隱祕的地區才找得到牠。「原始的」納茲卡藝術家，如何穿越高聳險峻的安地斯山脈，進入亞馬遜河流域，以取得一隻「節腹目蜘蛛」作為樣品？更讓人納悶的是，他們為什麼不辭勞苦，千里迢迢去抓一隻蜘蛛？他們沒有顯微鏡，為什麼能夠精細描繪出一隻蜘蛛的身體結構，尤其是位於右腳末端的生殖器官？

納茲卡高原的圖形充滿這類奧祕；除了兀鷹之外，它所描繪的鳥獸幾乎沒有一種是土生土長的。一如亞馬遜河蜘蛛、鯨和猴子在這個沙漠環境中，顯得格格不入。有一個圖形描繪伸出右手、瞪著滾圓的眼睛、腳上穿著厚重靴子的男人，這個人長相奇異，怎麼看都無法確定他究竟屬於哪一個時代或民族。其他圖畫展現的人體也同樣奇特：頭上圍繞著燦亮的光環，模樣宛如來自外星的訪客。

在體型上，納茲卡圖畫所描繪的鳥獸也龐大得驚人：蜂鳥身長一百六十五英尺，蜘蛛身長一百五十英尺，兀鷹從喙到尾羽幾乎長達四百英尺（鵜鶘在體型上也不遑多讓）。尾巴如今被泛美公路切成兩半的蜥蜴，身長六百十七英尺。納茲卡高原上的圖形，幾乎每一幅都稱得上規模宏大，而且，全都是使用艱難的方法製作——以一根連綿不絕的線條，小心翼翼描繪出一個動物的輪廓。

類似的精細手法也顯現在幾何圖形上。有些圖形採用的直線超過五英里長，看起來如同古羅馬的公路，穿過沙漠，伸入乾涸的河床，翻越亂石坡，從頭到尾保持筆直。

這種精確度雖然有點不可思議，但也勉強可以理解。最讓人訝異的反倒是那些動物圖形。當時沒有飛機，不能從空中檢視創作的進度，藝術家是如何完成如此龐大，如此完美的圖形？站在地面上觀看，這些圖形只不過是鏤刻在沙漠上的一條條雜亂無章的溝痕。只有從數百英尺的高空俯瞰，我們才能看到它的真正形貌，而附近並沒有一座山丘提供這樣的觀景點。

製作線條和地圖的人

我搭乘飛機翱翔在這些線條上，探索其中蘊含的意義。

駕駛飛機的羅道夫．艾里亞斯（Rodolfo Arias）剛從祕魯空軍退役。開了半輩子的噴射戰鬥機，他嫌這架西斯納單引擎小飛機速度太慢，死氣沉沉的，如同一輛裝上翅膀的計程車。我們已經飛回納茲卡機場一次。我打開機艙的窗子，讓我的夥伴桑莎（Santha）以垂直的角度，拍攝地面上那一條條謎樣的溝紋。

這會兒，我們嘗試從各種不同的高度獵取鏡頭。從二、三百英尺的空中俯瞰，平原上那幅亞馬遜蜘蛛圖形彷彿活了起來，張牙舞爪，飛騰到空中像似將我們一口吞噬。在五百英尺的空中，我們同時看到了好幾個圖形：一隻狗，一棵樹，一雙怪異的手，一隻兀鷹，好些三角形和不等邊四邊形。飛到一千五百英尺的高空時，地面上那些龐大的動物圖形倏地縮小了，變成一堆堆散佈各處的小圖案，周遭環繞著巨大的、雜亂的幾何圖形。從高空鳥瞰，這些圖形不再像機場跑道，反倒像巨人鋪築的道路，以各種形狀和角度縱橫交錯地穿越過高原。乍看之下，真教人眼花撩亂。

地面不斷後退，我們愈飛愈高，視野愈來愈開闊。俯望腳下那一條條鏤刻在高原上、有如楔形文字般的溝痕，我心裡想，製作這些線條一定需要某種「方法」。我想起居住在納茲卡高原，自一九四六年以來就一直研究這些線條的數學家瑪麗亞·雷施所做的評論：

> 這些幾何圖形使我們想起某種密碼：相同的字有時用大寫字母書寫，有時用小寫。有些線條的組合尺寸雖然相差極大，形狀卻十分相似。所有的圖形都具有若干基本的要素……。❹

搭乘顛簸搖盪的小飛機盤旋在高空中，我忽然想起，直到二十世紀人類學會飛行後，納茲卡線條圖形才開始被正確地辨識出來。十六世紀末葉，一名叫路易士・狄蒙松（Luis de Monzon）的地方行政司法長官❺，是第一位親眼看到這些神祕的「沙漠印記」的西班牙人。他不但帶回目擊報告，也蒐集了跟納茲卡圖形有關的「維拉科查人」各種奇異傳說❻。然而，直到一九三〇年代，祕魯首都利馬（Lima）和南部城市亞雷奇帕（Arequipa）之間的定期班機通航後，世人才驀然發現，全世界規模最大的平面藝術作品，竟然存在於祕魯南部的荒原。航空工業的發展，讓凡人飛上天空，像諸神一樣俯瞰世人前所未見的一幅幅炫奇、美麗的圖畫。

羅道夫駕駛西斯納小飛機，繞著地面上的猴子圖案盤旋一周。這隻體形龐大的猴子，是由一連串謎樣的幾何圖形構成的。如此設計出來的圖樣，給我一種難以言喻的詭異感覺：它看起來十分複雜，可是，不知怎的，卻具有一種魅人的、近乎邪惡的力量，使人忍不住盯著它看。猴子的整個軀體是用一根連綿不絕的線條描繪成。這根線條蜿蜒攀上階梯，翻越金字塔，鑽過一系列鋸齒形的障礙，進入一座螺旋狀的迷宮（猴子的尾巴），最後轉化成一連串星形的曲線。

這個圖形如果畫在一張紙上絕對是一幅曠世傑作，可是，這裡是納茲卡沙漠（在這兒，他們做任何事情都是大手筆、大規模的），而這隻猴子的身體至少四百英尺長、三百英尺寬……

製作這些線條的人，就是製作地圖的人嗎？

為什麼他們會被稱做「維拉科查人」呢？

【註釋】

❶見莫里森與霍金斯教授《通往諸神之路》，頁二一。Tony Morrison with Professor Gerald S. Hawking, *Pathways to the Gods*, Book Club Associates, London, 1979, p.21.亦見珍妮佛．魏斯伍德編《祕境的地圖》，頁一〇〇。Jennifer Westwood, ed., *The Atlas of Mysterious Places*, Guild Publishing, London, 1987, p.100.

❷見《通往諸神之路》，頁二一。

❸筆者曾於信函中和皮魯格博士討論這個問題。

❹摘自瑪麗亞．雷施《沙漠中的奧祕》，頁五八。Maria Reiche, *Mystery on the Desert*, Nazca, Peru, 1989, p.58.

❺一五八六年，狄蒙松擔任納茲卡附近魯卡納斯（Rucanas）和索拉斯（Saras）地區的行政兼司法長官（Corregidor）。

❻見《通往諸神之路》，頁三六，以及《祕境的地圖》，頁一〇〇。

第五章　古印加人的蹤跡

人類歷史上，許多文物、紀念碑、城市和神殿，在歲月的摧殘下消失無蹤，而最具彈性的宗教傳統卻留存下來。這些傳統，不論是記錄在古埃及的金字塔經文，或是表現在希伯來人的《聖經》或印度人的《吠陀經》（婆羅門教和印度教最重要及最根本的經典），都是人類創造出來的最不朽的東西：它們載運著人類的知識，航行在時間的長河中。

祕魯古老宗教傳統的最後守護者是印加人。一五三二年，西班牙人征服祕魯。往後三十年中，印加人的信仰和「偶像崇拜」習俗被連根剷除，他們的財寶被洗劫一空❶。幸而，在印加傳統被徹底遺忘之前，早期的一些西班牙旅客用文字將它的精髓記錄下來。

儘管當時很少人注意這件事，但一些印加傳說確實提到，好幾千年以前，祕魯曾經出現一個偉大的文明。在當地父老的記憶中，這個文明是維拉科查人創建的，而這個神祕的族群據說就是納茲卡線條的繪製者。

「大海的浪花」

西班牙「征服者」抵達時，印加帝國的疆域涵蓋南美洲的太平洋海岸和安地斯山區，從北邊的厄瓜多爾，經過祕魯全境，向南延伸到智利中部的毛爾河（Maule River）。貫通這個大帝國的是一個龐大、精良的道路系統：兩條平行的縱貫公路，長達三千六百公里，一條沿太平洋海岸南下，另一條穿過安地斯山區。這兩條通衢大道路面鋪得十分平整，無數橫向道路貫穿其間。此外，這兩條公路也展現出一些設計和工程上的特色，格外引人矚目，諸如懸空的吊橋和穿過石崖的隧道。創造這個公路網的顯然是一個科技進步、紀律嚴明、格局恢宏的社會。但具諷刺意味的是，這個公路網後來竟然成為侵略者的幫兇：法蘭西斯科·皮澤洛（Francisco Pizarro，一四七一或一四七六～一五四一）統率的西班牙軍隊入侵祕魯時，利用四通八達的道路系統，長驅直入印加帝國的心臟地帶。

印加帝國的首都是庫茲科（Cuzco）——在當地的奎楚亞（Quechua）方言中，它的意思是「大地的肚臍」。根據傳說，建立這座城市的是太陽神的兩個兒子：曼科·卡帕克（Manco Capac）和瑪瑪·歐克羅（Mama Occlo）。祕魯的印加人雖然祭拜被稱為「印帝」（Inti）的太陽神，但他們最崇敬的卻是另一位神祇。這位神祇是「維拉科查」；以他為名的那個族群，據說就是納茲卡線條的繪製者。維拉科查這個名字，意思是「大海的浪花」❷。

巧的是，希臘神話中的愛神阿芙蘿黛（Aphrodite）是在海中誕生；她被取名為阿芙蘿黛，因為「她是浪花（希臘文為aphros）形成的」❸。這當然是純粹的巧合。在安地斯山區居民心目中，維拉科查一直是百分之百的男性。關於這位神祇的身世和來歷，我們所知僅僅這一點。沒有一位歷史學家知道，西班牙人侵佔祕魯之前，崇拜維拉科查的教派究竟已經存在多久。這個教派似乎一直存在；事實上，早在印加人將他納入創世神話，並且在帝國首都庫茲科為他建造一座大廟之前，有種種證據顯示，大神維拉科查已經受到祕魯漫長歷史中的所有民族膜拜。

維拉科查的城堡

離開納茲卡高原幾天後，我和桑莎來到庫茲科城，尋訪那座興建於前哥倫布時期，奉祀維拉科查神的大廟。這座名為「科里坎查」（Coricancha）的廟宇早已消失無蹤。更精確地說，它是被埋在後來興建的幾棟房屋下面。西班牙人保留它那異常堅固的印加式地基和圍牆下端，在其上建造一座宏偉的、殖民地式的大教堂。

邁步走向教堂大門的當兒，我想起那座曾經矗立在這裡的印加神廟。據說，整棟廟宇覆蓋著七百多片黃金（每片重達二公斤），寬闊的庭院栽種著好幾畦黃金打造的玉米❹。這使我聯想到耶路撒冷城的所羅門神殿。根據猶太經文記載，這座廟宇也用金片裝飾，旁邊也有一座栽種著金樹的神奇果園❺。

一六五〇年和一九五〇年的兩場地震，將建立在維拉科查神廟地基上的西班牙「聖多明哥大教堂」（Cathedral of Santo Domingo）夷為平地。這座教堂因此重建過兩次。然而，以典型的印加式施工法——將多邊形石塊相互連鎖，形成一個優美的體系——建造的地基和圍牆下端，卻安然逃過這兩場天然災害。除了那座矗立在長方形大庭院中央，以灰石搭建的八角形高台，這座神廟如今只剩下一些多邊形石塊，以及依稀可見的整體設計，供後人憑弔。據說，當初庭院鋪著五十五公斤的純金❻。神廟的前殿坐落在庭院兩邊，建築形式十分優雅，牆壁上端尖細，呈圓錐形，羅列著一座座用整塊花崗石精工雕鑿成的神龕。

我們漫步在庫茲科城狹窄的、鋪著鵝卵石的街道上。瀏覽周遭的景物，我發覺，西班牙人強加在古老印加文化上的東西，不僅僅是那座大教堂而已——這整座城市在外人眼裡，仿佛罹患了輕微的精神分裂症。山坡上聳立著寬敞的殖民地式宅邸，裝設著陽台，色彩十分淡雅，有如蠟筆畫一般。然而，這些房子大多建立在印加地基上，有些甚至全盤抄襲科里坎查神廟的多角形設計。在一條名為「哈同魯米約克」（Hatunrumiyoc）的巷子裡，我駐足片刻，觀賞牆上一幅用無數個石子鑲嵌成、結構十分繁複的拼圖。這些石子形狀各異，大小不等，但全都完美地結合起來，以令人眼花撩亂的各種角度連鎖在一起。雕鑿這些石塊，將它們組合成如此複雜的形式，肯定需要高超的技術和悠久的建築傳統。在一塊石板上，我發現十二個角和十二個邊，而這塊石板和周遭石板結合得十分緊密，連薄薄的一張紙都塞不進縫隙。

留著鬍子的異鄉人

十六世紀初葉，西班牙人開始強力摧毀祕魯文化之前，維拉科查的神像矗立在科里坎查廟最神聖的內殿。根據當時的記載，這座神像是用大理石雕成；據說，這位神祇的「頭髮、膚色、五官、身上穿的衣服和腳上趿的拖鞋，像極了西方畫家描繪的使徒聖巴托羅繆（Saint Bartholomew）」❼。根據其他人的描述，維拉科查神的容貌卻像耶穌另一位門徒聖湯瑪斯（Saint Thomas）❽。我特地查閱一些有插圖的基督教經籍，發現這兩位聖徒都被描繪成身材削瘦、留著鬍子、年過半百的白種人，身上穿著飄逸的長衫，腳上趿著拖鞋。下文我們會談到在當時信徒心目中，維拉科查神的長相確實是這個樣子。不管他的來歷如何，他總不會是美洲印第安人，因為一般印第安男人膚色比較黝黑，臉上毛髮稀疏。鬍鬚濃密、皮膚白皙的維拉科查，反倒像高加索人種。

十六世紀的印加人也把維拉科查當成白種人。他們的傳統和宗教信仰塑造出來的這位神祇長得就是這副模樣，因此，當皮膚白皙、留著鬍子的西班牙人登陸他們的國境時，他們還以為是維拉科查率領手下的天兵神將回到祕魯——根據古老的傳說，維拉科查曾經許諾，總有一天他會回到子民身邊。這個有趣的巧合，使率領西班牙軍隊入侵祕魯的皮澤洛，擁有決定性的戰略和心理優勢，讓他能夠在往後的戰役中，一舉消滅在人數上佔優勢的印加部隊。

到底誰是維拉科查人的原型呢？

【註釋】

❶關於這段歷史，可參閱巴布羅．約瑟神父著《剷除秘魯偶像崇拜習俗》一書。Father Pablo Joseph, *The Extirpation of Idolatry in Peru*（translated from the Spanish by L. Clark Keating）, University of Kentucky Press, 1968.

❷見《世界神話與傳說百科全書》，頁六五七。*The Facts on File Encyclopaedia of World Mythology and Legend,* London and Oxford, 1988, p.657.

❸見蒙克雷夫《古典神話指南繪本》，頁一五三。A. R. Hope Moncreiff, *The Illustrated Guide to Classical Mythology,* BCA, London, 1992, p.153.

❹見《剷除秘魯偶像崇拜習俗》，頁一八一。

❺見《猶太百科全書》，卷二，頁一〇五。*Jewish Encyclopaedia,* Funk and Wagnell, New York, 1925, vol. II, p.105.

❻見《剷除秘魯偶像崇拜習俗》，頁一八二。

❼摘自《世界神話與傳說百科全書》，頁六五八。

❽例如，哈洛德．奧斯朋《南美洲神話》，頁八一。H. Osborne, *South American Mythology,* Paul Hamlyn, London, 1968, p.81.

第六章　「天兵神將的造訪」

南美洲安地斯山區各民族的古老傳說中，都提到一個身材高大、皮膚白皙、滿臉鬍鬚的神祕客。儘管在不同的地區他有不同的名字，但在人們心目中他永遠都是維拉科查神——「大海的浪花」——具有無邊的智慧和法力，在一個動盪不安的時代中降臨人間，負起撥亂反正的使命。

安地斯山地居民傳說中的維拉科查神話，版本縱有不同，基本情節卻是一致的。故事開始時，一場大洪水淹沒整個大地，太陽的消失使人間陷入茫茫黑夜中。社會分崩離析，老百姓流離失所。就在這個時候：

> 南方忽然來了一個身材魁梧、相貌堂堂的白人。此人法力無邊，將丘陵轉變成山谷，從山谷築起高聳的山丘，讓溪水流淌出石隙……。❶

記錄這個傳說的早期西班牙史學家告訴我們，他是在安地斯山區漫遊的旅程中，從同行的印第安人嘴裡聽到這則故事：

> 而他們是從父親口中聽到這個世世代代透過古老歌謠流傳下來的故事……他們說，這個白人沿著高原上的路徑往北行走，一路施展法術，留下許多神奇的事蹟，但此後人們再也沒看見過他。行蹤所至，他總會以無比的慈悲，苦口婆心勸導人們互敬互愛，和睦相處，建立一個祥和的社會。大多數地區的老百姓都管他叫帝奇．維拉科查（Ticci Viracocha）……。❷

其他地區的印第安人則稱呼他華拉科查（Huaracocha）、孔恩（Con）、孔恩．帝奇（Con Ticci）、康恩．帝基（Kon Tiki）、蘇奴帕（Thunupa）、塔帕克（Taapac）、圖帕卡（Tupaca）或伊拉（Illa）。他多才多藝，既是科學家和工程師，也是雕刻家和建築師。根據一項記載：「他在陡峭的山坡上開闢梯田，建立一道道堅固的牆壁支撐田畦。他開鑿溝渠，灌溉農田……他日夜奔波，為老百姓謀福利。」❸

維拉科查也是教師和醫療家，時時為老百姓解除身心的苦痛。據說，「所到之處，他治療無數病患，讓所有盲人都恢復視力。」❹

然而，這位滿懷慈悲、諄諄教誨百姓、具有超人能力的大善人，個性中也有暴戾的一面。生命遭受威脅時（此事發生過好幾次），他會請求上蒼降下天火：

> 他一路宣揚教化，創造一樁又一樁奇蹟，最後來到卡納斯（Canas）地區一個名為卡查（Cacha）的村莊……附近的老百姓不聽他的教誨，挺身反抗他，威脅用石頭砸死他。他們看見他跪在地上，舉起雙手伸向天空，彷彿祈求上蒼幫助他解除困厄。印第安人宣稱，就在這當口，他們看見天空出現一簇火光，往他們頭頂降落下來，把他們團團圍困。在驚慌失措下，他們紛紛跑到他身邊，請求這個他們打算殺害的人放他們一條生路……他一聲令下，天火登時熄滅；那些石頭已經全都被火燒熔，連最大的石頭也變得軟綿綿的，如同軟木一般。印第安人繼續陳述：這件事發生後，他離開卡查村，來到海邊，舉起斗篷走進波浪之中，不再回來。印第安人看見他消失在大海中，就替他取了個稱號「維拉科查」，意即「大海的浪花」。❺

這些傳說對維拉科查外貌的描述都是一致的。例如，在《印加人的傳說》（*Sumay Narracionde los Incas*）一書中，十六世紀西班牙史學家胡安·迪貝唐佐斯（Juan de Betanzos）指出：根據印第安人的傳說，維拉科查「身材高大，臉上蓄著一臉鬍鬚，身上披著一襲白色長袍，腰間繫著一條皮帶。」❻

其他記載雖然源自許多不同的安地斯山區民族，但對這位謎樣人物的描繪卻頗為相似。根據其中一個傳說：

> 他身材中等，留著鬍子，穿著長袍……他年過半百，滿頭灰髮，身體削瘦，走路時手中握著一根拐杖。他對當地的土著十分慈愛，把他們當作自己的兒女。他周遊各地，到處留下神奇的事蹟。只要他伸手觸摸，病人就會豁然而癒。他通曉每一種方言，甚至比本地人說得還流利。土著稱呼他蘇奴帕、塔帕卡（Tarpaca）、維拉科查—拉帕查（Viracocharapacha）或帕查坎（Pachaccan）……。❼

在一個傳說中，蘇奴帕—維拉科查被描述為「身材魁梧的白種人，容貌十分威嚴，令人望而生畏。」❽根據另一項記載，他是一個相貌堂堂的巨人，眼睛湛藍，臉上留著鬍鬚，不戴帽子，身上穿著長及膝蓋的無袖上衣。有一個傳說提到他晚年的生活。據說，他備受土著尊敬，常受邀「諮商國政」。這時他已經是一個「鬚髮垂肩，身穿長袍的老人了」❾。

開創黃金文明

傳說中的維拉科查，最為人稱道的是，他給祕魯印第安人帶來文明和教化。據說，他

圖1 祕魯南部納茲卡高原上的蜘蛛圖形。根據芝加哥艾德勒天文館資深天文學家菲麗絲·皮魯格博士的研究，這個圖形所顯示的是天上的「獵戶星座」，一如埃及吉薩地區的大金字塔（見下冊第一部及第二部）所呈現的。世界上許多不同地區的古老、神祕建築物，將「天象」納入設計藍圖，特別凸顯獵戶星座三顆明星（圖中那隻蜘蛛狹窄的腰部）在宇宙中的位置。這是否意味，一個如今已經湮沒的文明，在遠古時代曾經將一筆科學遺產遺留在全球各地？

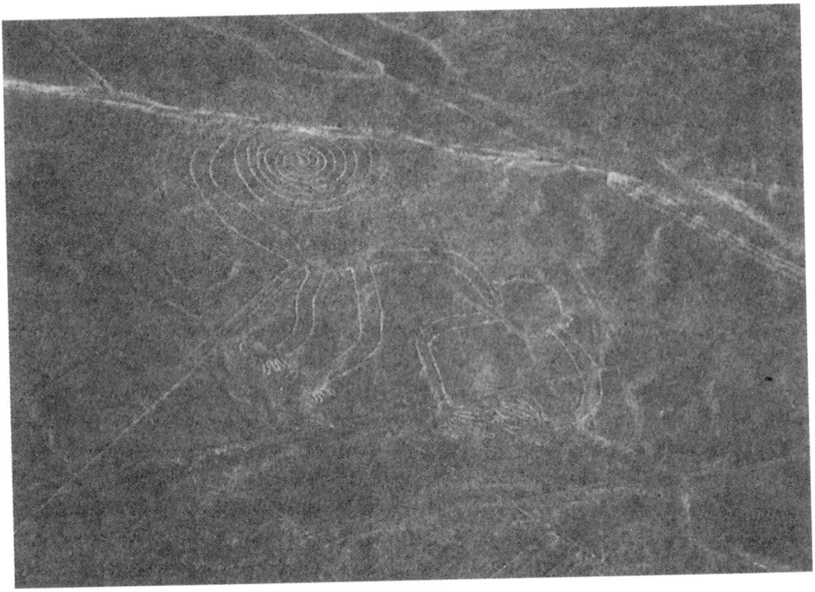

圖2 納茲卡高原上的猴子圖形。

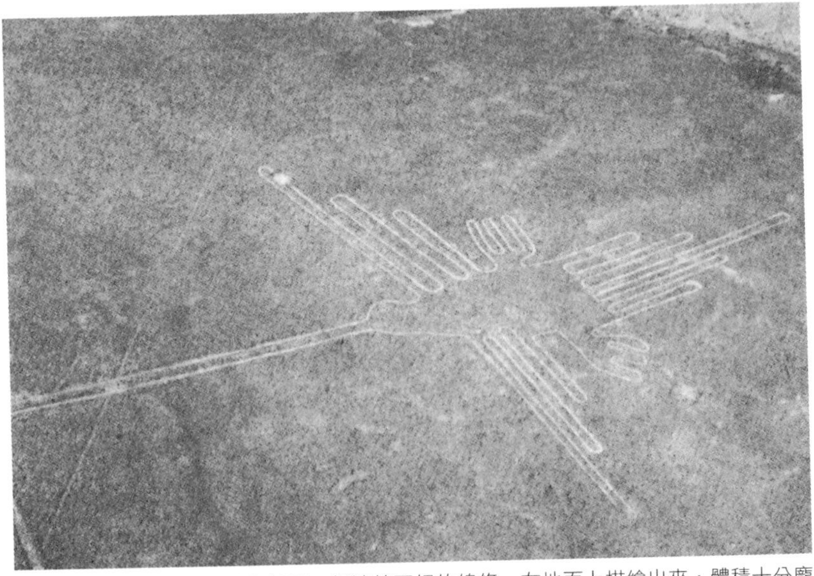

圖3 蜂雀圖形。這些圖形全都用一根連綿不絕的線條，在地面上描繪出來，體積十分龐大，只有在天空中才能一窺全貌。

圖4 馬丘比丘城。這座隱匿在崇山峻嶺中的古城，整體設計呈現當時的天文景觀。這個證據顯示，馬丘比丘城的歷史，可能比印加文明（一般學者心目中的馬丘比丘城建立者）古老好幾千年。這是否意味，馬丘比丘城根本不是印加人興建的——他們只是趁虛而入，鵲巢鳩佔而已？

圖5、6 庫茲科——馬丘比丘地區石造建築物的典型「拼圖」砌法。一般考古學家未經細察，就將這種建築風格歸於印加人。讀者不妨將這張圖片跟下冊第254頁的圖25、26及27做一比較。

圖7 馬丘比丘城的「太陽神拴馬柱」。

圖8（左）、9（右） 作者站在薩克賽華曼神廟巨石牆前，顯得格外渺小。這些巨石，每一塊的重量相當於五百輛家用型汽車。證據顯示，這些規模龐大的城堡，諸如馬丘比丘，並不是印加人興建的，而是出自更古老的神祕文明。請比較圖9和下冊第253頁的圖24。

圖10、11 玻利維亞帝華納科古城遺跡。矗立在卡拉薩薩雅廣場上的這兩座「偶像」，手裡都握著神祕的器物。

圖12 從北邊眺望卡拉薩薩雅廣場。根據天文推算，這座龐大廣場的設計，是配合當時的春秋分日出，興建時間應該是西元前一萬五千年左右。

圖13 從西邊瞭望帝華納科古城的「太陽門」。這座門是用一整塊堅實的中性長石雕鑿而成，重量超過十噸。

圖14 好幾位專家學者指出，太陽門東邊的「日曆橫飾帶」蘊含先進的科學資訊。

圖15 這尊雕像顯示一個臉上蓄著鬍鬚的人物，佇立在帝華納科城中的地下神廟。專家認為，它代表的是維拉科查——安地斯山區神話中，將文明和教化帶給百姓的英雄。

圖16 帝華納科城一塊石碑上雕刻著好幾顆蓄鬍子的頭顱（人物右臂上面和身側的腰帶上）。這塊石碑和左上圖的維拉科查石柱所呈現的人物肖像，容貌不似南美洲土著。

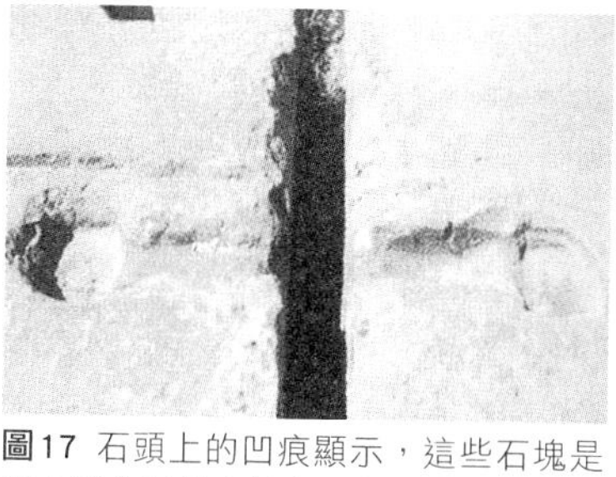

圖17 石頭上的凹痕顯示，這些石塊是用Ｉ型金屬栓串連在一起。這種砌建技術，在南美洲其他地區從未曾使用過，但卻出現在四千多年前的古埃及。

圖18 基督教傳入南美洲之前數千年，十字架圖徽就已經出現在帝華納科古城。

圖19 在的的喀喀湖中的蘇里奎島上，當地百姓正在建造一艘傳統蘆葦舟。在設計上幾乎一模一樣，但船身比較龐大的蘆葦舟，曾經航行於金字塔時代的埃及尼羅河（見下冊第102～103頁的圖12、13及14）。

圖20 在的的喀喀湖上航行。帝華納科當初建城時原本是一個港口，坐落在這個遼闊內海的海岸邊。然而，從那時起，的的喀喀湖的水平面卻下降了一百多英尺，湖岸向北後退了約莫十二公里。地質學家估計，這個過程不可能在一萬年之內完成。

來臨之前，「人們生活在混亂的狀態中，赤身露體，有如一群野蠻人。除了洞穴，他們沒有別的居所；每天他們從洞穴中爬出來，到野外尋找食物充饑。」❿

維拉科查改變了這一切。根據傳說，他替祕魯印第安文化開創一個黃金時期，為世世代代子孫所懷念。所有的傳說都強調，維拉科查以悲天憫人的胸懷，展開教化百姓的工作，除非萬不得已，絕不使用武力。他以身作則，循循善誘，將知識和技能傳授給百姓，為他們建立一個文明的生活方式。人們永遠記得，他把文明社會所需的各種技藝引進祕魯，諸如醫療、冶金、農耕、畜牧、文字書寫（據印加人說，維拉科查倡導文字的使用，後來卻被子孫遺忘）。他引介給祕魯人的，還有一套精深的工程和建築知識。

庫茲科城中的印加式石造建築物，施工品質之精良，已經讓我留下深刻印象。然而，在這座古城中仔細查訪後，我卻驚訝地發現，這兒的所謂印加石造建築，以考古學的標準來衡量，絕非全都是印加人的作品。

這個族群的確擅於使用石頭；毫無疑問，庫茲科地區許多紀念碑確實出自他們之手。但是，城中一些比較出色的建築物，看來似乎是印加之前的文明所建的。種種跡象顯示，印加人的主要貢獻在於修復古建築，而不在於興建。

同樣地，貫穿龐大印加帝國全境，設計十分精良的公路網，也可能不是印加人修建。上文提到，兩條平行的幹道自北向南穿越印加國境：一條沿著海岸，一條通過安地斯山區。西班牙人入侵之前，印加帝國總共有一萬五千多英里路面平整、經常使用的道路，而我一直以為這些全都是印加人修建的。

經過仔細查訪後，我現在敢斷定，這個公路網極可能是印加人從更早的文明繼承下來的。他們的貢獻在於修復、保養和統合一個早已存在的交通體系。事實上，專家們到現在都不能確定（雖然他們不願承認），這些令人歎為觀止的公路究竟有多古老，負責修建的人到底是誰。

本地的傳說更加深了這些公路的神祕色彩。根據這些傳說，祕魯的公路網和優異的建築物，不但「在印加時代早就已經存在」，而且，兩者都是好幾千年前出現在這兒的「赤髮白種人的作品」⓫。

根據本地一個傳說，伴隨維拉科查前來祕魯的是兩種「使徒」：一種是「天兵」（Huaminca），一種是「神將」（Hayhuaypanti）。他們的任務是將主上的訊息傳播到「世界各個角落」⓬。

其他傳說還提到：「孔恩．帝奇在一群隨從簇擁下返回……」；「孔恩．帝奇召集他那群被稱為維拉科查人的徒眾」；「孔恩．帝奇差遣全部徒眾前往東方，只留兩個在身邊……」⓭；「一位名為孔恩．帝奇．維拉科查的主公，率領一群徒眾從湖中走出來……」；「於是，維拉科查徒眾奉主上之命，分頭前往各個地區……」⓮

魔鬼的傑作

古老的薩克賽華曼（Sacsayhuaman）城堡，坐落在庫茲科北郊。一天晌午，天空滿佈鉛灰色的雲層，我們結伴來到城堡中。一股陰冷的微風刮過荒涼的高原。我爬上階梯，鑽過一座門楣高聳、為巨人建造的石門，沿著一排排迂回曲折的高牆走進城堡。

我昂起脖子，望著頭頂上那一塊巨大的花崗石。這塊十二英尺高、七英尺寬的大石頭，重達一百多噸，肯定不是天然的產物，而是人工雕鑿成的。經過一番雕琢（工匠的手法看起來極為輕巧流暢，仿佛在揉搓一堆蠟或灰泥似的），石面上呈現出各種形狀的稜角，和諧得有如交響樂一般。跟這塊花崗石有條不紊地並列在一起的，還有許多耐人尋味的多角形大石頭，有些安置在它上方，有些在下方，其他則豎立在兩旁。

這些精心雕鑿的大石頭中，有一塊高達二十八英尺，重達三百六十一噸（相當於五百輛家庭用轎車）。望著這顆石頭，我心中禁不住湧起一連串疑問。

印加人（或者更早的其他民族）如何有能力從事規模如此龐大的石頭工程？他們怎麼能夠將這些巨大的石頭切割、雕鑿得如此精確？他們使用什麼交通工具，從數十英里外的採石場搬運來這些大石頭？他們採用什麼方法，不費吹灰之力，就將這些石頭挪來挪去，懸吊在半空中，組合成一道道壯觀的石牆？根據一般學者的看法，這個民族連車輛都還沒有發明，更不必說能夠舉起數十塊奇形怪狀、重達一百噸的大石頭，將它們排列成迷宮似三度空間圖案的機械。

我知道，早期的殖民地史學家目睹這些巨石時，也跟我一樣感到十分困惑。例如，備受敬重的十六世紀西班牙史學家維加（Garcilaso de la Vega，一五三九～一六一六）探訪薩克賽華曼城堡時，就曾驚歎不已：

> 探訪這座城堡前，實在很難想像它的奇特設計；親眼目睹這座城堡後，才發現它在整個建構上的確稱得上鬼斧神工，使人懷疑它是魔鬼的傑作，絕非出自人類之手。整座城堡使用無數巨大的石頭構成，令人不禁驚歎：當初印第安人如何採集，如何搬運這些石頭……如何以無比精確的手法雕鑿這些石頭，將它們堆疊成一座城堡？當時的印第安人並未擁有足以穿鑿、切割、打磨這些石頭的鋼鐵器械，也缺乏能夠搬運它們的牛和車輛。事實上，當時全世界都找不到能夠搬運這些石頭的牛和車輛，因為這些石頭體積實在太龐大，而當時祕魯的山路也委實過於崎嶇……。⑮

維加也提到一樁耐人尋味的逸聞。根據他在《印加皇朝述評》一書中的記載，古時有一位印加君主，試圖效法興建薩克賽華曼城堡的先人，在工程上建立他的功業。他打算從數英里外運來一塊巨石，樹立在城堡中，以增添它的光彩：「二萬餘名印第安人縴引著這塊大圓石，沿著崎嶇陡峭的山路進發……。途中，石頭忽然墜落懸崖，壓死三千餘名工人。」⑯在我查閱過的所有史籍中，只有維加提到，印加人確實曾經使用——或試圖使用——巨大的石頭，從事薩克賽華曼城堡式的工程營造。這段記載顯示，當時的印加人並未具備這種建築技術，以至於釀成數千名工人慘死的悲劇。

當然，光憑這件事並不能證明什麼。然而，維加的報導卻加深了我對這座偉大城堡的疑惑。我望著聳立在眼前的石堡，心中不免懷疑，它極可能是某個更古老、科技上卻更先進的民族在印加時代之前興建的。

我又想起，考古學家替道路和乾石牆之類的建築物鑑定精確的興建日期是多麼困難的一件事，因為它們的建材不含任何有機化合物。在這種情況下，碳十四和熱發光鑑定法根本派不上用場。儘管新的鑑定法，諸如氯三十六正在積極發展中，但距離實際的應用還很遙遠。

因此，在鑑定技術取得突破之前，一般「專家」對印加文化的看法，大多只能視為猜測文辭，充滿主觀成見。由於印加人長期「使用」薩克賽華曼城堡，有些學者就據此斷定，這座古堡是印加人「建造」的。「建造」和「使用」是兩碼子事，中間怎能畫上一個等號呢？說不定，印加人來到此地時，看見有一座現成的城堡，就毫不客氣地搬進去住，據為己有。

果真如此，那麼，當初興建這座城堡的人究竟是誰？

根據古老的神話和傳說，興建這座城堡的是維拉科查人——一群滿臉鬍鬚、皮膚白暫，號稱「天兵神將」的異鄉人。

周遊祕魯的旅程中，我繼續查閱十六、十七世紀西班牙冒險家和人種學者的著述。對於遠古的、歐洲人入侵之前的祕魯印第安神話和傳說，他們記載得頗為詳實。最引人注意的是，這些傳說一再強調，維拉科查的來臨跟一場淹沒整個世界，消滅大部分人類的大洪水有關。

【註釋】

❶摘自《南美洲神話》，頁七四。

❷同上。

❸見克雷門士·馬爾肯編譯《印加人的禮儀和法律》，卷四八，頁一二四。。Clemens R. Markhem, trans. and ed., *Narratiues of the Rites and Laws of the Yncas*, Hakluys Society, London, 1873, vol. XLV II, p.124.

❹摘自《南美洲神話》，頁七四。

❺同上，頁七四~七六。

❻同上，頁七八。

❼同上，頁八一。

❽見約翰·漢明《印加淪亡中》，頁九七。John Hemming, *The Conquest of the Incas*, Macmillan, London, 1993, p.97.

❾見《南美洲神話》，頁七八。

❿同上，頁七二。

⑪見伊格納修斯·唐納里《亞特蘭提斯：洪水前的世界》，頁三九四。Ignatius Donnelly, *Atlantis: The Antediluvian World*, Harper & Brothers, New York, 1882, p.392.

⑫見《世界神話與傳說百科全書》，頁六五七。

⑬見雪拉·薩維爾編《神話與傳說百科全書：大洋洲、澳洲與美洲》，頁一七九～一八〇。Sheila Savill, ed., *Pears Encyclopaedia of Myths and Legends: Oceania, Australia and the Americas*, Pelham Books, London, pp.179~180.

⑭見《南美洲神話》，頁七六。

⑮摘自維加《印加皇朝述評》，頁二三三。Garcilaso de la Vega, *The Royal Commentaries of the Incas*, Orion Press, New York, 1961, p.223.

⑯同上，頁二三七。

第七章 「踏著波浪的神魔」

早晨才過六點，小火車驟然開動，緩緩爬上庫茲科河谷陡峭的山坡。這條窄軌鐵路以一連串Z字形鋪設在山坡上。火車軋軋前進，沿著第一個Z字下方那條水平線行駛了一會兒，然後轉換軌道，沿著Z字中間那條斜線倒行上山，再轉換軌道，沿著頂端的水平線前進——如此周而復始，開開停停，火車一路往上攀爬，最後終於抵達山丘頂端。從山巔俯瞰腳下那座古城，只見城中的印加古牆、殖民地式豪華宅邸、狹窄的街道、蹲伏在維拉科查神殿廢墟上的聖多明哥大教堂，幽然浮現在灰濛濛的晨曦中，顯得格外陰森詭祕。街燈依然亮著，彷彿一幅美麗的圖案，把街道裝飾得有如童話世界一般。晨霧縹縹緲緲，瀰漫在地面上。城中人家，炊煙四起，只見一縷縷清煙冒出無數矮小房舍的瓦頂，在曙光中裊裊上升。

火車終於轉向，離開庫茲科城，朝著西北方向直直開往我們此行的目的地：位於三小時車程、一百三十公里路程外的印加古城馬丘比丘（Machu Picchu）。我本想看書，但車廂一路搖盪，不知不覺中我終於睡著了。五十分鐘後我一覺醒來，發現車窗外一幅天然美景宛如圖畫般乍然展現。前景是一片青翠平坦的牧草地，陽光下閃爍著一顆顆正在溶化的霜露；一條小溪流淌在寬闊、綿長的山谷中，蜿蜒穿梭過溪畔的青草。

草地後方，一叢叢矮樹點綴著一片遼闊的田野；一小群黑白兩色的乳牛徜徉其間，低頭吃草。附近的小村落散佈著幾間房舍，門口站著皮膚黝黑，個頭矮小的奎楚亞族（Quechua）印第安人，身上穿著氈毛大衣，肩上披著長圍巾，頭上戴著五顏六色的呢絨帽。村莊後面，一株株楓樹和充滿異國風味的尤加利樹宛如華蓋一般，遮蔽著遠方的山丘。坐在火車上放眼瞭望，我的視線跟隨著兩座蒼翠高聳的山脈，愈望愈遠，終於看到夾在兩山之間層層疊疊的高原。一座座白雪皚皚的山峰，矗立在遠方的天際。

把巨人變回石頭

我依依不捨地拉回視線，開始閱讀手上的書本。這一路查訪，我覺得我找到了一些奇妙的線索，可以串連南美洲印第安人歷史上的兩件大事：維拉科查神的突然造訪和印加傳說中的那場大洪水。我想再進一步探究這些線索。

攤在我手上的是荷西．迪亞科斯達神父（Fr Jose de Acosta）撰寫的《西印度群島自然與人文歷史》（*The Natural and Moral History of the Indies*）。在這部著作中，這位學識淵博的教士根據印第安人的傳說，記載印第安人祖先的來源。且看其中的一段：

> 他們常常提到一場發生在他們國土上的大洪水……據印第安人說，族中的男人全都淹死在洪水中。他們接著說，維拉科查從的的喀喀湖（Lake Titacaca）中現身，來到帝華納科（Tiahuanaco）——直到今天，這兒還看得到造形奇特的古老建築物留下的廢墟——居留一陣子後又前往庫茲科。從這時開始，人類大量繁衍……。❶

為了蒐集更多關於的的喀喀湖和神祕城市帝華納科的資料，我查閱書中記載的各種傳說。其中一則流傳在庫茲科地區的印第安族群：

> 居住在遠古時代的人，犯了某種不足為外人道的罪行，結果被造物主毀滅……在一場洪水中。洪水消退後，造物主以人形出現，從的的喀喀湖中步出。祂開始創造太陽、月亮和星辰，恢復人類的命脈，讓他們重新在大地上繁衍……。❷

另一則神話則是這樣描述的：

> 偉大的造物主維拉科查大神，決定創造一個世界讓人類居住。首先，祂創造大地和

天空。接著，祂把大石頭雕鑿成一個個巨人，在他們身上吹一口真氣，讓他們生活在祂創造的世界中。起初大夥兒居住在一塊，相安無事，可是過了一陣子，巨人們開始互相挑釁毆鬥，拒絕幹活。維拉科查決定毀滅他們。祂把一些巨人變回石頭……然後發動一場大洪水，將剩餘的巨人全部淹死。❸

類似的神話當然也存在於其他不相關聯的文化傳統，諸如猶太人的《舊約》。根據〈創世紀〉第六章的記載，希伯來人的上帝不滿人類胡作非為，決定毀滅他們。這一章中有關大洪水前那個混沌時代的描寫，長久以來一直吸引我的注意。其中有一處提到，「那時候有巨人在地上……」❹頗為耐人尋味。這些被埋藏在中東沙漠的聖經「巨人」，跟哥倫布發現美洲前的印第安神話「巨人」，彼此之間是否可能存在著某種神祕關聯？更讓我們迷惑的是，猶太聖經和祕魯神話在描述巨人之後，接著都提到——細節頗多雷同之處——天神大發雷霆，下令洪水淹沒邪惡的、不敬神的世界。

我蒐集的這一卷文件資料的下一頁，是描述大洪水的一則印加神話。它被收錄在莫利納神父（Father Molina）所著《印加族神話與禮儀記述》（*Relacion de las Fabulas y ritos de los Yngas*）一書中：

印加人的始祖是曼科．卡帕克。由於他的緣故，他的後裔自稱為太陽的子嗣，對太陽展開偶像崇拜。印加人記載洪水的傳說，很多都跟曼科·卡帕克有關。他們說，那場大洪水上升到世界最高山峰的頂端，淹死了所有人類和飛禽走獸。除了一對躲藏在箱中的男女，沒有其他生物存活下來。洪水消退後，風將他們吹送……到帝華納科。造物主撫育居住在那兒的百姓，振興那個地區的國家……。❺

西班牙學者維加所著《印加皇朝述評》一書，上文已經引述過。他的父親是西班牙貴冑，母親出身印加皇族。學者公認，他所記錄的印加文化傳統最為詳實可靠。他生於十六世紀，西班牙征服祕魯不久，印加傳統猶未遭受外來文化玷污。他的記載證實了南美洲印第安人之間廣為流傳、深深根植於民族心靈中的一個傳說：「洪水消退後，有一個人出現在帝華納科地區……」❻

這個人就是維拉科查。他身披長袍，體格健壯，相貌堂堂，邁著堅定無畏的步伐走過崎嶇的不毛之地。途中他不斷顯現奇蹟，替百姓療傷止痛。必要時，他會施展法力，召喚天火毀滅惡人。對當時的印第安人而言，他的來歷永遠是一個謎。

古遠的渡海族群

在前往馬丘比丘古城的路途上，火車已經奔馳了兩個多鐘頭，窗外的景觀也已經轉變。一座座高聳的大山，積雪早已消融，在太陽下黑壓壓地矗立在我們頭頂上。火車行駛在陰暗的山谷中，穿過一條巉岩嶙峋的峽道。山中空氣凜冽；我只覺得自己那雙腳冷颼颼的。我打個哆嗦，又低頭翻閱手上的資料。

面對這一堆盤根錯節、糾纏不清的神話和傳說，這會兒我只敢確定一件事：學者大都同意，在開疆拓土、建立龐大帝國的幾百年間，印加人不但征服了許多已經開化的民族，同時也吸收他們的文化傳統，留傳給後世。從這個角度來看，即使學者們對印加人的歷史至今猶爭論不休，但沒有人會懷疑，他們曾經扮演過「文化傳承者」的角色——印加人將他們之前的祕魯古老文化（不論是海岸的或是高原的，為西方人所知的或未知的）全都加以吸收，發揚光大。

至今還沒有人敢確定，在遙遠的、神祕的古代，祕魯究竟存在著什麼文明。每年考古學家都會有新的發現，將祕魯的歷史根源往更古的時代推進一步。說不定，有朝一日，考古學家會找到證據，證明在遠古的時代曾經有一個族群渡海而來，進入安地斯山區，把文明和教化帶給當地的土著，完成任務後才離開。這就是祕魯的神祕和傳說給我的啟示。這些傳說以無比鮮明的意象描述「人／神」維拉科查邁步迎風，行走在安地斯山的小徑上。所到之處，神蹟不斷顯現：

維拉科查帶著兩個隨從，朝北進發……他一路走進大山中。一個隨從沿著海岸走，另

> 一個來到東部森林邊緣……造物主維拉科查一路走到庫茲科附近的烏爾科斯（Urcos），召喚未來的人類走出大山。他在庫茲科逗留一陣子，又繼續北上的行程，最後來到厄瓜多爾。在沿海的曼達省（Province of Manta），他向百姓道別，然後走進海中，腳踏波浪消失在茫茫大海裡。❼

流傳在祕魯民間的神話，凡是跟這位來自外鄉、綽號「大海浪花」的神祕客有關的，結尾時，都會出現一個淒涼感人的訣別場面：

> 維拉科查一路行走，一路召喚百姓……抵達波多維耶荷（Puerto Viejo）時，他跟先前派遣到各地的門徒會合。師徒團聚後，維拉科查率領徒眾走進海中。當地人說，維拉科查一行人在海浪上行走，就像在陸地上行走那樣自在。❽

永遠都是淒涼的訣別……經常帶著些許魔法意味。

馬丘比丘古城探祕

火車窗外，景觀逐漸改變。在我左邊，亞馬遜河支流，印加人的聖河烏魯班巴河

（Urubamba）挾著黑滔滔的河水奔流。氣溫明顯上升。我們已經進入低窪、悶熱的山谷。鐵軌兩旁的山坡覆蓋著濃密蒼翠的森林。我心裡想，這個地方可真閉塞，周遭儘是難以翻越的大山，形成天然的屏障。千辛萬苦進入這個荒野建立馬丘比丘城堡的人，一定受到很強的動機驅使。

不論動機為何，選擇如此偏遠的地點興建城堡至少有一個好處：征服祕魯的西班牙軍隊和隨之而來的天主教傳教士，對印加文化展開全面掃除時並沒有找到這座城堡，因而讓它逃過一劫。事實上，直到一九一一年，當印第安古文化遺產開始受到西方人應有的尊重時，年輕的美國探險家海蘭．賓漢（Hiram Bingham）才將他發現的馬丘比丘古城遺跡公諸於世。剎那時，我們眼前敞開了一扇奇妙的窗子；透過它，我們得以一窺哥倫布抵達前美洲文化的奧祕。在祕魯政府保護下，代表神祕的美洲古文化的馬丘比丘遺跡得以完整地保存下來，免於遭受不法之徒的侵擾和掠奪。我們的子孫，世世代代都會為它的神奇感到迷惑，驚歎不已。

火車穿過路旁只有幾家破舊餐館和廉價酒吧的小鎮阿瓜卡連特（Agua Caliente，意為「熱水」），抵達馬丘比丘廢墟車站，時間是早晨九點十分。我們換乘巴士，沿著一條蜿蜒曲折的泥路，攀上一座陡峭險峻的山坡，半個小時後來到馬丘比丘古城，住進一家設備簡陋、房租奇貴的旅館。我們是這家旅館唯一的客人。好幾年前，本地的游擊隊曾經向開往馬丘比丘的火車投擲炸彈；之後，再也沒有多少外國遊客敢來一探這座古城。

太陽神的拴馬巨石

下午兩點鐘，我佇立在古城南端一座高台上，放眼望去，只見整個廢墟覆蓋著青苔，層層疊疊，一路向北延伸。周遭的山峰隱沒在雲堆中，陽光偶爾破雲而出，灑照下來。腳下的山谷中，我看見聖河蜿蜒流經馬丘比丘城堡下的岩層，有如一條護城河環繞著一座雄偉的城廓。從高處望下去，河水映照著山坡上的熱帶叢林，顯得格外翠綠。河面上水光粼粼，煞是好看。

我昂起脖子，眺望廢墟對面那座高聳的山峰。它的名字叫華納比丘（Huana Picchu），經常出現在旅行社的海報上。我驚訝地發現，距離峰頂約莫一百公尺的山坡上有一座整齊的梯田。顯然，以前曾經有人爬上那兒，小心翼翼操作耙子，將陡峭的懸崖修建成一座優美的空中花園——也許，古時候這座花園真的栽滿鮮豔的花兒呢。

在我看來，這整座古城簡直就是一件龐大的雕刻藝術品，由山丘、樹木、石頭和流水組合而成。它美得讓人心醉。這一輩子，我還沒看過那麼美麗的地方。

儘管整座古城散發著燦爛的光彩，但是，感覺上，我卻彷彿凝視著幽靈聚居的一座死城。它使我想起沉沒在海底的一艘船，陰森森，鬼影幢幢。城中的房屋櫛比鱗次，坐落在一排排長長的台階上。屋子都很小，只有一個房間，緊鄰狹窄的街道，建造得十分堅固耐用，樸素無華。相形之下，舉行祭奠的場所在建築上就講究得多，使用我在薩克賽華曼大

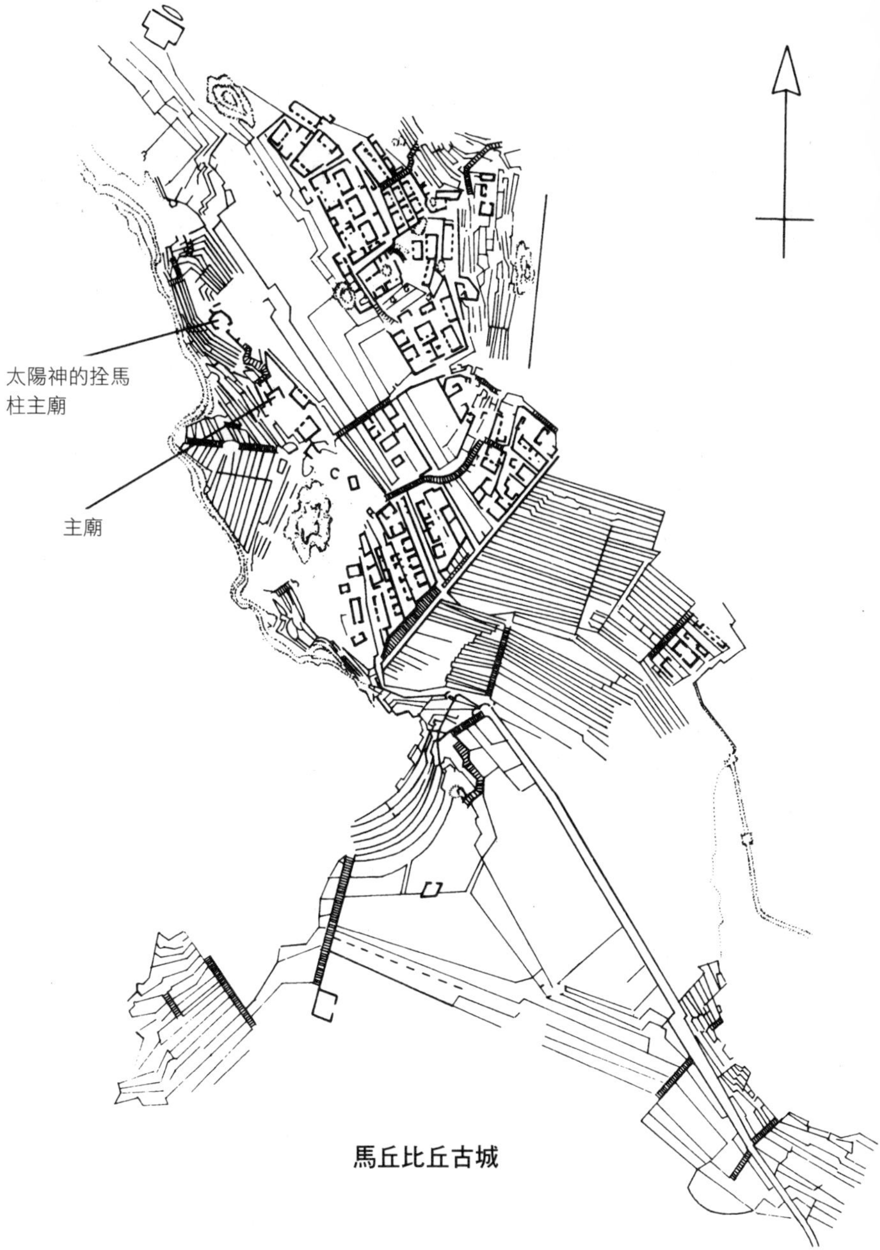

馬丘比丘古城

廟看見的那種大石頭，其中一塊多邊形巨石打磨得十分光滑，長約十二英尺，寬五英尺，厚五英尺，重量絕不下於二百噸。古代的建築工人如何將這麼巨大的石頭搬運上山？

像這種石頭，馬丘比丘城中有好幾十塊，全都以各種角度連鎖在一起，組成一座宛如拼圖遊戲的牆壁。我數了一數，發現其中一塊石頭總共有三十三個角，每一個角都跟毗鄰的那塊石頭上一個相等的角緊密地接合在一起。在這座古城，到處可見巨大的多角形石頭和正方形石頭，稜角銳利得有如剃刀。此外，還有一些天然的、未經雕鑿的大圓石，被融合進整體設計裡頭。值得一提的是那些奇特的、對西方人而言極不尋常的裝置，諸如「英帝華達納」（Intihuatana），意思是「太陽神的拴馬柱」。它的底部是一塊光潔如水晶的灰色基石，雕刻成繁複的幾何圖形，裝飾著神龕和拱壁，中間豎立著一支粗短的、挺直的叉子。

拼圖遊戲

馬丘比丘古城到底有多古老？學術界的共同看法是：這座城堡的興建日期，應該是西元十五世紀左右。然而，一些備受敬重的學者卻敢於質疑，時時提出不同的意見。例如，一九三〇年代，德國波茨坦大學（University of Potsdam）天文學教授洛夫・穆勒（Rolf Muller）找到確鑿的證據，顯示馬丘比丘古城在建築上的一些重要特徵，反映的是重大的天文現象。他以數學方式，仔細計算過去幾千年中星星在天空的位置（由於一種名為「歲差」的天文現象，星星的位置會隨著時間改變），得出這樣的結論：馬丘比丘城堡的最初設計和建設，肯定是在「西元前四千年到西元前二千年之間」完成❾。

在正統歷史學家眼中，這簡直就是信口胡說。如果穆勒的推算正確，馬丘比丘城的歷史就不是短短五百年，而是六千年了。這麼一來，它就比埃及的大金字塔古老得多（正統學者認為，大金字塔的興建日期約莫在西元前二千五百年左右）。

關於馬丘比丘城的歷史，還有其他學者提出異於正統學界的意見。跟穆勒一樣，他們大多認為，這座古城的部分遺跡，比正統歷史學家所認定的日期古老好幾千年。

就像組合在馬丘比丘城牆上的多角形巨石，乍看起來，這個觀點似乎能夠配合其他碎片，組成一幅完整的拼圖，讓我們得以解開歷史之謎，一窺祕魯古老的面貌。而維拉科查就是這場拼圖遊戲的一部分。傳說中，他的首都設在帝華納科。這座偉大古城的廢墟，如今坐落在玻利維亞境內一個名為科堯（Collao）的地區，距離的的喀喀湖南岸二十英里。

我算了一算，只需兩三天，我們就可以經由祕魯首都利馬和玻利維亞首都拉巴斯，抵達帝華納科古城。

【註釋】

❶摘自荷西·迪亞科斯達《西印度群島自然與人文歷史》，第一卷第四章，收錄於《南美洲神話》，頁六一。Jose de Acosta, *The Natural and Moral History of the Indies*, Book I, Chapter four, in *South American Mythology*, p.61.

❷同上，頁八二。

❸摘自吉福德與奚畢克《南美洲神話中的勇士、神祇與精靈》，頁五四。D. Gifford and J. Sibbick, *Warriors, Gods and Spirits from South American Mythology*, Eurobook Limited, 1983, p.54.

❹見《聖經》〈創世紀〉第六章第四節。

❺摘自莫利納神父《印加族神話與禮儀記述》，收錄於《南美洲神話》，頁六一。

❻見維加《印加皇朝述評》。

❼摘自艾爾登·梅森《古代秘魯文明》，頁二三七。J. Alden Mason, *The Ancient Civilizations of Peru*, Penguin Books, London, 1991, p.237.

❽摘自迪貝唐佐斯《印加人的傳說》，收錄於《南美洲神話》，頁七九。

❾引述於齊卡里亞·奚特清《失落的國度》，頁一六四。Zecharia Sitchin, *The Lost Realms*, Avon Books, New York, 1990, p.164.

第八章 ［世界屋脊上的湖泊］

玻利維亞首都拉巴斯，位於海拔二英里的高原上一個壯麗的大山谷中。整座城市蹲伏在崎嶇不平的谷底。這個深達數千英尺的陡峭山谷，是遠古時代一場大水，從山上挾帶大量石塊和砂礫往下沖刷而成的。

擁有大自然賦予的「聖經啟示錄」景觀，拉巴斯城散發著一種獨特的、略顯破舊的風采。狹窄的街道、陰暗的住宅、雄偉的大教堂，霓虹閃爍直到深夜才打烊的電影院和漢堡店，處處都流露著詭祕的風情，令人陶醉。但對步行的人來說，在這座城市漫遊卻是一件苦差事，除非他的肺活量特大。拉巴斯的整個城中區都是建立在陡峭的山坡上。

拉巴斯機場坐落在這個地區特有的高原平台（Altiplano）邊緣上，氣溫很低，海拔比拉巴斯城本身高出幾乎五千英尺。由於班機延誤，我和夥伴桑莎從利馬飛抵這兒時已經是子夜時分。我們瑟縮在冷颼颼的機場大廳，喝著服務人員用塑膠杯奉上的古柯茶（Coca Tea），以預防因高處氧氣稀薄而導致身體不適。經過一番延誤，費了老大的勁，我們才從海關人員手中領回行李，匆匆叫了一輛美國製的老爺計程車，一路顛顛簸簸、搖搖晃晃開下山去，進入谷底那座燈火迷濛的城市。

傳說中的大地劇變

第二天下午約莫四點鐘，我們租了一輛吉普車，向的的喀喀湖出發。車子穿梭於玻利維亞首都日夜洶湧不停的車潮，衝出重重車陣，駛出叢叢高樓大廈和貧民窟，往上攀爬，進入城外那一片遼闊空曠、空氣清新的高原平台。

車子剛駛出拉巴斯時，我們經過荒涼的郊區和一望無際的貧民窟，路旁排列著一間間修車廠和一座座廢棄物堆集場。離開拉巴斯愈遠，房屋就愈稀落，到後來幾乎看不見任何人煙。車窗外，極目所見儘是一片空曠遼闊、樹木不生的大草原，一路綿延到天邊，跟里爾山脈（Cordillera Real）的雪峰相連，景色十分雄奇壯麗，讓人一輩子忘不了。然而，這個地方也瀰漫著一種虛幻縹緲的氣氛——感覺上，我們正進入一個浮蕩在雲霧中的神話國度。

我們的終極目的地是帝華納科，但我們打算先到的的喀喀湖南岸石岬上的科帕卡巴納鎮（Copacabana）投宿客棧，度過一宵再趕路。抵達這座市鎮之前，我們先得到一個名叫提昆（Tiquine）的漁村，搭乘簡陋的汽車渡輪穿過一片水域。薄暮時分，我們沿著崎嶇、

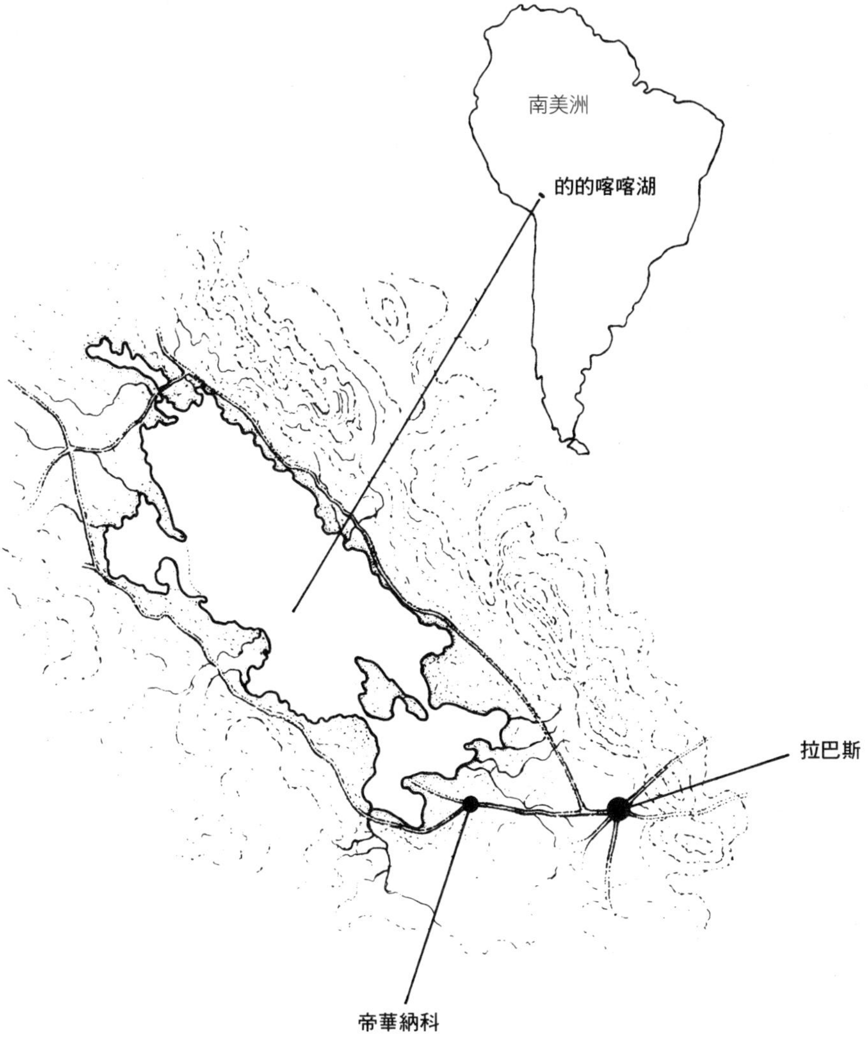

的的喀喀湖形勢圖

狹窄的公路，蜿蜒駛上陡峭的山坡，來到高山的一座橫嶺上。從這兒眺望，一幅對比鮮明的景觀豁然展現在眼前：底下的湖水無邊無際，黑沉沉地，隱沒在遍地陰影中，而遠處群山宛如鋸齒般凹凸不平的雪峰，卻依舊燦爛在明亮的陽光下。

一開始，的的喀喀湖就深深吸引住我。我知道，它位於海拔約莫一萬二千五百英尺的高原上，祕魯和玻利維亞兩國邊界貫穿其間，總面積三千二百平方英里，湖面一百三十八英里長，大約七十英里寬。我也曉得，這個深達幾乎一千英尺的湖泊，擁有一段神祕離奇的地質歷史。

有關的的喀喀湖的奧祕，以及學者專家們的解答，茲列舉如下：

1. 的的喀喀湖現在位於海拔超過二英里的高原上，然而，湖泊四周的地區卻散佈著數以百萬計的海洋貝殼化石。這顯示，在歷史上的某一個時期，由於地質變動，這裡的整個高原平台被迫從海床上升；這次地殼上升的結果，形成了今天的南美洲大陸。在這個過程中，大量海水挾帶著無數海洋生物被汲取上來，留置在安地斯山脈上❶。專家認為，這個現象發生在大約一億年以前。
2. 詭譎的是，儘管這次地質變動發生在極為古遠的時代，直到今天，的的喀喀湖還保存著「海洋魚類生物」❷；換言之，雖然現在距離海洋數百英里，的的喀喀湖的魚類和甲殼類生物，有許多卻是屬於海洋（而非淡水）生物類。漁夫在湖中打撈起的生物竟然包括海馬，實在令人訝異。一位專家指出：「這個湖中發現的綠鉤蝦科和其他海洋生物，使我們不得不承認，在歷史上的某些時期，這個湖所含的鹽分比今天高出許多，或者，更正確地說，這個湖的水原本來自海洋。當年陸地上升時，海水被困在安地斯山中，從此與海洋隔絕。」❸

3.因篇幅所限，形成的的喀喀湖的地質變動，我們只能討論到這裡。自從形成以來，這個遼闊的「內陸海」以及周圍的高原平台，還經歷過其他一些地形上的劇變。其中最值得注意的是，周遭陸地上至今還存在的古老湖岸線顯示，的的喀喀湖的面積經歷過大幅度的改變。令人困惑的是，這條湖岸線竟然不是水平的，而是從北到南一路傾斜下去。根據測量結果，它的最北端高出的的喀喀湖面達二百九十五英尺；在大約四百英里外的南岸，它卻比現在的湖面低二百七十四英尺❹。根據這個證據（以及其他許多證據），地質學家們推斷，的的喀喀湖周圍的高原平台現在仍持續上升，但上升得並不平衡，北邊上升較高，南邊較低。專家認為，這裡所牽涉到的地形變動過程，跟的的喀喀湖湖面高度的改變並沒有太大關係（雖然這種改變確實發生過），反而跟周圍陸地高度的改變關係比較密切❺。

4.由於地質上的重大變動需要很長一段時間，我們很難從地質學的角度解釋這個事實：帝華納科城以往曾經是港口，擁有完善的碼頭和船塢，坐落在的的喀喀湖畔❻。問題是，今天的帝華納科廢墟已經被放逐在湖南岸十二英里外，地勢比現在的湖岸線高出一百多英尺。據此，我們可以推論，帝華納科城建立後，周遭的地形曾經發生變化，若不是湖面大幅下降，就是陸地明顯上升。

5. 無論如何，這個地區顯然經歷過劇烈的、大規模的地形變動。其中幾次，例如高原平台從海底上升，毫無疑問發生在遠古的地質時代，在人類文明建立之前。其他幾次地形變動則沒那麼遠古，應該是發生在帝華納科建城之後。因此，現在問題是：帝華納科城究竟是在什麼時候建立的？

正統史學家認為，帝華納科城的興建日期不可能早於西元五百年❼。另一派學者卻提出不同的看法。他們的意見雖不被大多數學者接受，卻更符合發生在這個地區的地質巨變的規模。他們根據拉巴斯大學教授亞瑟・波士南斯基（Arthur Posnansky，一八七三～一九四六）和波茨坦大學教授洛夫・穆勒的數學／天文學推算（後者也曾對馬丘比丘古城的興建日期提出新看法，向正統學界提出挑戰），將帝華納科城的主體建築興建日期，往上推到西元前一萬五千年。這派學者也認為，大約在西元前一萬一千年時，帝華納科城在一場地質巨變中遭受嚴重破壞，從此脫離的的喀喀湖岸❽。

在本書第十一章中，我們將進一步探討波士南斯基和穆勒的發現。這兩位學者的研究顯示，偉大的安地斯山城市帝華納科，在史前最後一個冰河時代的茫茫黑夜中，曾經輝煌一時。

【註釋】

❶見亞瑟・波士南斯基《帝華納科：美洲人的搖籃》，卷三，頁一九二。Professor Arthur Posnansky, *Tiahuanacu: The Cradle of American Man,* Ministry of Education, La Paz,Bolivia,1957,volume Ⅲ, p.192.參閱伊曼紐爾・維里科夫斯基《劇變中的地球》，頁七七～七八：「專家對安地斯山脈的地形和的喀喀湖的生物展開調查，並對此湖及同一高原上其他湖泊的水質進行化學分析，結果證實：這個高原一度位於海平面上，比今天的位置低一萬二千五百英尺……高原上的湖泊原本是海灣的一部分……在地質史上的某一個時期，整個高原平台，連同它的湖泊，從海底上升……」Immanuel Velikorsky, *Earth in Upheaval,* Pocket Books, New York, 1977, pp.77～78.

❷見《帝華納科》，卷三，頁一九二。

❸見《帝華納科》，卷一，頁二八。*Tiahuanacu,* J. J. Augustin, New York, 1945, Volume Ⅰ, p.28.

❹見貝勒密《興建於洪水之前：帝華納科廢墟的問題》，頁五七。H. S. Bellamy, *Built Before the Flood: The Problem of the Tiahuanaco Ruins,* Faber & Faber, London, 1943, p.57.

❺同上，頁五九。

❻見《帝華納科》，卷三，頁一九二～一九六。亦見《玻利維亞》，頁一五六。*Bolivia,* Lonely Planet Publications, Hawthorne, Australia, 1992, p.156.

❼見伊恩・卡麥隆《太陽神的國度：安地斯山脈及其居民的歷史》，頁四八～四九。Ian Cameron,*Kingdom of the Sun God: A History of the Andes and Their People,* Guild Publishing,London,1990,pp.48～49.

❽見《帝華納科》，卷二，頁九一及卷一，頁三九。

第九章

「過去未來之王」

在安地斯山區旅遊期間，我把手頭上一則奇妙的維拉科查傳說重讀了好幾遍。這個故事流傳在的的喀喀湖畔一個名叫科堯的地區，跟傳統的維拉科查神話在情節上頗有出入，而那位將文明和教化帶給當地民眾的神祇英雄，也被改名為蘇奴帕（Thunupa）：

> 很久很久以前，蘇奴帕帶著五個門徒從北方來到高原平台上。這個相貌威嚴、眼睛湛藍、臉上蓄著鬍鬚的白人，舉止沉著穩重，生活十分簡樸嚴謹。他勸導百姓戒除酗酒、蓄妾和爭鬥的惡習。❶

蘇奴帕周遊安地斯山區各部落，建立一個祥和安寧的王國，將各種技藝傳授百姓，教導他們過文明的生活。他的豐功偉績卻遭受一群奸人嫉妒，這夥人向他行刺，使他身受重傷：

他們把他的聖體安置在一艘用燈心草紮成的小船上，讓它漂流在的喀喀湖中。瞧……這艘船立刻揚帆而去，速度之快，把那夥謀害他的奸人嚇得直發抖——因為這個湖並沒有水流……這艘船一直航行到科查瑪卡（Cochamarca），也就是今天狄斯瓜德羅河（Desguardero）所在的那個地點。根據印第安人的傳說，這艘船靠岸時，一頭撞上陸地，力量之大，在岸上撞出今天的狄斯瓜德羅河——它以前根本就不存在。聖體墜落湖水中，漂流到很多里外亞里卡（Arica）的海岸……。❷

死亡與復活之神

這個故事中的蘇奴帕，使我們聯想到古埃及的死亡與復活之神歐西里斯（Osiris）。兩個傳說之間存在著一些奇妙的共同點。有關歐西里斯的神話，希臘傳記作家普盧塔克（Plutarch，四六～一二〇）敘述得最為完整詳實❸。根據他的記載，歐西里斯把文明帶給他的百姓，傳授他們各種技藝，勸導他們戒除吃人肉和以活人祭神的惡習，並為他們制訂第一部法典。然後，歐西里斯離開埃及，周遊世界各地，把文明和教化散播到其他國家。他從不使用武力逼迫野蠻民族接受他的法律；相反地，他訴諸他們的理智，跟他們展開理性的論辯。據說，他是以歌詠吟唱的方式，在樂器伴奏下，把他的教誨傳達給民眾。

然而，他的妻舅賽特（Set）卻趁著他人在國外，糾集七十二位朝臣，暗中圖謀不軌。歐西里斯回國後，這群奸人舉行宴會替他洗塵。他們準備一個金漆雕花的木櫃作為獎品，賞給能夠鑽進木櫃的任何賓客。歐西里斯並不曉得，這口箱子是特地為他量身打造的。賓客一個接一個上前去試，但都失敗了。歐西里斯卻一頭鑽進去，舒舒服服躺下來。他還沒來得及爬出來，那群奸人就一擁而上，把蓋子釘死，甚至用熔化的鉛汁把縫隙封住，不讓一絲空氣進入箱中。然後，木櫃就被扔到尼羅河裡。不料，這口箱子非但沒有沉入水中，反而漂浮起來，沿著尼羅河一直漂流到海岸。

這個節骨眼上，歐西里斯的妻子——女神愛瑟絲（Isis）決定插手。她施展法術，找到木櫃，把它藏在一個隱祕的地點。有一天，她那個邪惡的兄弟賽特到沼澤中打獵，發現這口箱子，把它打開，一氣之下，將歐西里斯的遺體剁成十四塊，拋棄在埃及各地。

愛瑟絲再一次出面拯救丈夫。她用蘆葦編紮成一艘小船，船身塗上一層松脂，然後乘著這艘船航行在尼羅河上，四處尋找丈夫的遺骸。支離破碎的屍體蒐集齊全後，她唸一道咒語，讓丈夫的身體重新結合起來。恢復原貌的歐西里斯，經歷一段再生過程，變成死亡之神和陰間之王。傳說中，歐西里斯偶爾會化裝成凡人，返回陽間。

儘管兩種傳說之間存在著極大的差異，我們卻發現，埃及的歐西里斯和南美洲的蘇奴帕——維拉科查——具有以下的共同點：

・兩者都給百姓帶來文明教化；
・兩者都遭奸人所忌；
・兩者都被謀害；
・兩者都被禁錮在箱中或船上；
・兩者都被投入水中；
・兩者都沿著河川漂流而去；
・兩者最後都抵達大海。

難道說，這些共同點只不過是巧合？這兩個傳說之間難道不可能有某種潛藏的關聯？

蘇里奎的蘆葦舟

高山的空氣十分凜冽。我坐在一艘汽艇的前頭，以大約二十海里的時速，穿過的的喀喀湖冰冷的湖面。頭頂的天空一片蔚藍，映照著湖岸的蒼翠，有如藍寶石一般；遼闊的湖水閃爍著銅色和銀色的波光，無邊無垠，彷佛一直綿延到天際……

傳說中提到一種用蘆葦編紮成的小船。我打算一探究竟，因為我聽說，「燈心草船」是的的喀喀湖上傳說的交通工具。不過，最近這些年來，建造這種船舶的古老技藝已經逐漸失傳。現在我們搭船前往蘇里奎（Suriqui），因為那兒是保存這門技藝的唯一所在。

在蘇里奎島上一個靠近湖岸的小村莊，我找到兩位上了年紀的印第安人。他們用紮成一束束的燈心草，正在編製一艘小船。即將完工的船約莫十五英尺長，造形優美典雅。船腹甚寬，兩端卻十分狹窄，船首和船尾高高翹起來。

我坐下來觀看。兩個造船匠中年紀最大的那位，頭上戴著奇特的尖頂呢絨帽子，上面再戴一頂棕色氈帽。他不時伸出光溜溜的左腳，使勁蹬著船身，一面拉緊繩子，將一束束蘆葦固定在適當的位置上。我注意到，每隔一陣子，他就會把手裡的繩子伸到額頭上擦一擦，沾一些汗水，以增加繩子的黏性。

建造中的船，停放在一座破舊農舍的後院，滿地散落著廢棄的蘆葦。一窩雞圍繞著這艘船。正在吃草的一隻羊駝（alpaca）不時探過頭來，羞答答地瞧一眼。在島上逗留的幾個小時內，我看到了建造中的好幾艘小船。這個村子是典型的安地斯山村落，然而，不知怎的，我心中卻老是想起另一個地方、另一個時代。仔細一想，我終於明白原因：蘇里奎島上用燈心草蘆葦編紮的小船，不論在造法上或外觀上，都像極了數千年前在埃及用紙草蘆葦編紮、供法老王在尼羅河上泛舟用的畫舫。在埃及遊歷時，我曾進入古代法老王的陵墓，觀賞畫在牆上的這種船舶。如今來到的的喀喀湖上一座無名的小島，乍見這些美麗的船隻，我忍不住興奮得打起哆嗦來——儘管這些年來的研究，使我心裡早有準備。如此相似的船舶設計，怎會出現在距離如此遙遠的兩個地方？學者迄今提不出一個令人滿意的解答。但是，至少有一位研究古代航海術的專家，試圖解開箇中之謎。他觀察這兩種船舶：

船身同樣小巧結實，兩端尖翹。捆綁船身的繩子從甲板延伸，一路繞過船底，乾淨俐落……每一根蘆葦安放的位置都精確無比，以達成完美的平衡，呈現優美的造形。船身的一束束蘆葦被緊緊綁縛在一塊，使整艘船看起來像……一只用鍍金的木頭打造的、頭尾尖翹的木屐。❹

古尼羅河上的蘆葦舟和的的喀喀湖上的蘆葦船（當地印第安人聲稱，製造這種船的技術是「維拉科查人」傳授給他們的），彼此之間還有其他共同點。例如，兩者都裝設風帆，懸掛在雙腳叉開的桅檣上。兩者都曾經被用來長途運載笨重的建築材料，諸如方尖石碑和巨石，一批運往吉薩（Giza）、路克索（Luxor）和阿比多斯（Abydos）的埃及神殿，另一批則運往帝華納科的印加神祕古城。

在遠古時代，帝華納科城矗立在的的喀喀湖畔，俯瞰著壯麗神奇的湖上風光。那時，湖水比現在深一百多英尺。如今，這個曾經是維拉科查首都的偉大港口，遺失在荒涼的山丘和空曠多風的高原上，無人聞問。

前往帝華納科之路……

從蘇里奎島回到玻利維亞本土後，我們駕駛租來的吉普車，穿越帝華納科附近的高原，一路揚起漫天塵土。我們經過兩個小鎮，普卡蘭尼（Puccarani）和拉哈（Laha），看見一群群木訥樸實的艾瑪拉族（Aymara）印第安人，慢吞吞行走在鋪著鵝卵石的狹窄街道上，或靜靜坐在小廣場上曬太陽。

這些人，會不會是帝華納科城興建者的後裔，一如學者們所聲稱的？我們是否應該相信那些傳說，承認這座古城是很久以前定居在這裡、具有無邊法力的外鄉人所興建的？

【註釋】

❶摘自《南美洲神話》，頁八七。

❷同上。

❸普盧塔克的記述，以下二書皆有簡明的摘要：西登・威廉斯《埃及傳說和故事》，頁二四～二九；華理士・布奇《古埃及：從神物到神祇》，頁一七八～一八三。M. V. Seton Williams, *Egyptian Legends and Stories*, Rubicon Press, London, 1990, pp.24～29; E. A. Wallis Budge, *From Fetish to God in Ancient Egypt*, Oxford University Press, 1934, pp.178～183.

❹摘自索爾・赫耶戴爾《太陽神探險記》，頁四三及頁二九五。Thor Heyerdahl, *The Ra Expeditions*, Book Club Associates, London, 1972, pp.43, 295.

第十章

〔太陽門之都〕

早期的西班牙遊客，在西班牙軍隊征服玻利維亞期間，探訪帝華納科古城廢墟時，都為它的恢宏氣派和神祕氣氛所震懾，留下極為深刻的印象。編史家皮德羅・齊耶薩・迪里昂（Pedro Cieza de León）在著作中寫道：「我詢問當地土著，這些建築是否興建於印加時代。聽我如此詢問，他們忍不住哈哈大笑。這些土著聲稱，早在印加人建立皇朝之前，城中建築即已存在……根據他們祖先的說法，這些建築是在一夜之間突然冒出來……」❶同時的另一位西班牙遊客記錄的則是流傳在土著之間的一個奇妙傳說：石頭突然從地面升起，有如奇蹟一般，「隨著號角聲，飄浮在空中，被一路運送到建城地點。」❷

西班牙人征服玻利維亞之後不久，史學家維加曾對這座古城做過詳盡的描述。當時，入侵者對城中財寶和建築材料的掠奪尚未展開，因此，雖然飽受歲月摧殘，帝華納科城依然保存相當完整，其壯觀氣勢足以震懾一位西班牙史學家：

尤其值得一提的是帝華納科城中龐大的、令人歎為觀止的建築。城裡有一座假山，十分高聳，建立在石頭砌成的地基上，以防止其下的土壤鬆動。城中四處樹立著石雕的巨大人像……飽受風吹日曬，年代十分久遠。城裡的牆使用如此巨大的石頭砌成，令人很難相信這些牆是人力所造。此外，城中隨處可見奇異的建築物的遺跡，其中最引人矚目的是整塊岩石鑿成的石門；這些石門矗立在長達三十英尺、寬達十五英尺、厚達六英尺的基座上，而基座和門是用同一塊岩石雕鑿而成……當時的人類，運用什麼工具和器械，使用什麼方法，完成規模如此龐大的建築工程？這個問題我們無從回答……我們也無從得知，如此巨大的石頭當初是使用什麼交通工具運載到這裡……。❸

那是十六世紀的帝華納科城。四百多年後的二十世紀末，我來到這座古城，也同樣為它的氣勢所震懾。儘管這些年來飽受掠奪，帝華納科城周遭依舊散置著一座座用整塊岩石雕鑿成的碑柱——這些石頭是如此的巨大、如此的笨重，但卻切割得如此整齊、雕鑿得如此精美，我們不禁懷疑它們出自神祇之手。

地下神廟

有如一個拜伏在師傅腳前的門徒，我坐在帝華納科城地下神廟的地板上，昂起脖子，仰望著那張謎樣的臉孔——學者們都說，這就是傳說中的維拉科查。許多世紀以前，有個不知名的工匠將維拉科查的肖像雕刻在一根高大的紅色石柱上。儘管飽受風沙侵蝕，這座肖像所呈現的面容，卻依舊那麼祥和恬靜，流露出一股莫名的懾人力量……

他的額頭寬闊，眼睛又大又圓，嘴唇豐潤，鼻子挺直，鼻樑雖然狹窄，卻向兩邊伸張到鼻孔。這張臉龐最引人矚目的特徵是他那造形奇特、令人望而生畏的鬍鬚，使他的下顎看起來比太陽穴寬廣。仔細一瞧，我發現工匠在雕刻這座肖像時，刻意將他嘴唇周遭的皮膚打磨得光溜溜的，讓他的鬍鬚高高翹

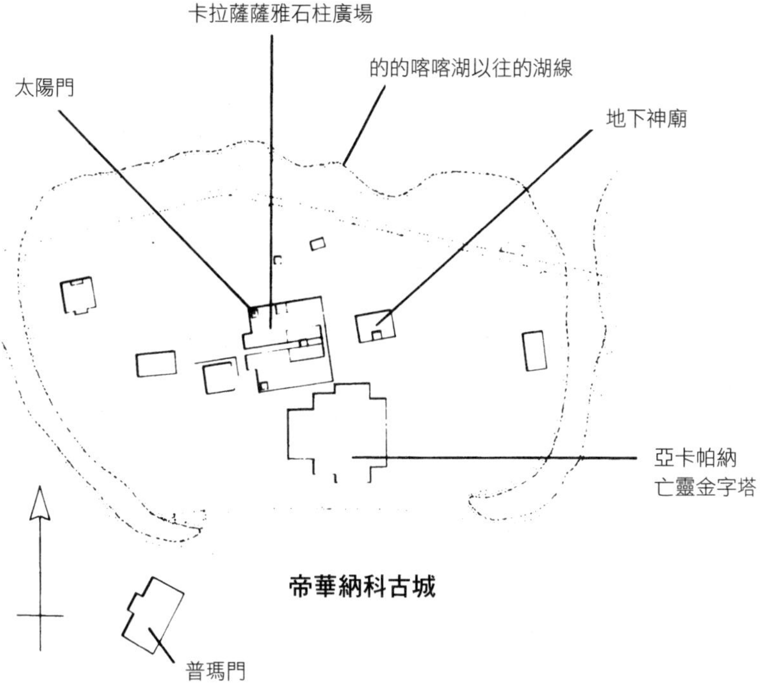

帝華納科古城

在臉頰上，跟鼻尖平行，然後沿著嘴角誇張地延伸下來，在下巴形成一撮威武的山羊鬍，再順著顎骨轉回到耳鬢上。

在他頭顱兩側，耳朵上、下方，雕刻著奇異的動物圖形。嚴格說來，奇異的並不是圖形，而是動物本身，因為它們看起來像體型碩大、舉止笨拙的史前哺乳動物，尾巴肥腫，四肢畸形。

維拉科查的這座石雕像，還有一些耐人尋味的特徵。例如，他的兩隻手和胳臂交疊在胸前，環抱著身上那件飄逸的長袍。長袍的兩邊雕刻著一條彎彎曲曲的長蛇，從地面蜿蜒攀升到維拉科查的肩膀。我瞅著這幅美麗的圖案（也許，它原本是繡在一塊華美的布料上），心中想的維拉科查卻是魔法師或男巫之流的人物，臉上蓄著鬍鬚，如同圓桌武士故事中的巫師梅林（Merlin），身穿古怪的服裝，召喚天火降臨人間。

供奉維拉科查雕像的「廟宇」是露天的，坐落在一個長方形的大坑洞中，形狀像一座游泳池，深達六英尺。廟堂的地板用堅硬平滑的碎石鋪成，約莫四十英尺長、三十英尺寬。牆壁十分堅固挺直，由許多塊大小不同、搭配得天衣無縫的方石組成，接合處完全不使用灰泥。沿著牆，每隔一段距離矗立著一根高大粗糙的石柱。一道階梯從南邊的牆通到地下廟堂——我進入神廟大門時，就是沿著這道階梯走下的。

我繞著維拉科查雕像走了好幾圈，不時伸出手來，摸一摸被太陽曬暖的石碑，心中思索著，這座雕像到底蘊含什麼玄機。整座神像高約七英尺，坐北朝南，背對著的的喀喀湖古時的湖岸線（當初湖岸距離神廟不到六百英尺）。排列在這座豎立在廟堂中央、代表維拉科查的方尖形石碑後面的，還有兩座比較矮小的石碑，顯然是代表維拉科查傳說中的門徒。太陽西斜，我凝視著這三座直挺挺佇立著的神像，只見它們靜悄悄地在地上投下輪廓鮮明的陰影。

我又在地板上坐下來，瀏覽著神廟周遭的景物。有如交響樂團的指揮，維拉科查主宰廟中的一切，然而，最引人矚目的卻是羅列在牆上、數以百計用岩石雕成的人頭。這些全都是完整的頭顱，一顆顆從牆上凸出來，栩栩如生。至於它們的用途，學術界至今仍爭論不休。

亞卡帕納金字塔

坐在地下神廟地板上，朝西方瞭望，我看到一堵巨大的牆，中間開了個缺口，用大石板砌成一座幾何圖形的門，十分醒目。門洞中黑沉沉地，佇立著一尊高大的雕像，在夕陽灑照下，輪廓顯得格外鮮明。我曉得，這堵牆圍繞著一個寬闊的廣場，名為「卡拉薩薩雅」（Kalasasaya，在當地的艾瑪拉族方言中，這個字意思是「石頭豎立的地方」❹）。那尊巍然聳立的雕像，則是維加在著作中提到的數座古老雕像之一。

我很想走過去一睹它的風采，然而，就在這一刻，我的眼光卻被南邊一座假山吸引住。這座山丘有五十英尺高；我是踏著階梯從地下神廟鑽出來的，一眼就看見它矗立在正前方。維加在著作中也提到過的這座山丘，名為「亞卡帕納金字塔」（Akapana Pyramid）。如同埃及吉薩地區的金字塔，它依循東、西、南、北四個基本方位興建，精確度令人歎為觀止。跟埃及金字塔不同的是，它的地基並沒那麼方正。不過，單憑它每邊六百九十英尺的長度，這座金字塔就有資格被尊為古建築一大鉅作，傲視整個帝華納科古城。

我朝向它走過去，繞著它漫步好幾圈，沿著階梯上上下下攀登了好一會。當初興建時，這座金字塔先用泥土堆成山丘，再在表面覆蓋巨大的安山岩（andesite），砌上階梯，塔身打磨得十分光滑。然而，西班牙人入侵後的幾百年間，亞卡帕納金字塔卻變成了採石場；建築商遠從首都拉巴斯趕來，肆意掠奪它那價值連城的石材，如今剩下的約莫只有百分之十了。

這群不知名的竊賊，在盜取石材的過程中，究竟毀滅了多少珍貴的歷史資料呢？我沿著殘破的階梯攀登而上，在塔頂長滿野草的槽溝周遭來回踱步，心裡想：這座金字塔當初興建的目的恐將成為永恆的歷史之謎了。如今，唯一能確定的是，亞卡帕納金字塔的興建絕不是單純為了裝飾或儀式用途，相反的，它似乎曾經被當作某種神祕的「裝置」或機械使用。在金字塔內部，考古學家發現一個縱橫交錯、用上等方石砌成的渠道網。這些渠道的角度和連接點都經過仔細測量和設計（誤差只有五十分之一英寸），當初的功能是將水從塔頂的貯水池一層一層引下來，注入環繞塔身的壕溝，沖刷金字塔南邊的地基❺。

動用那麼龐大的人力，花了那麼多心思，建造這個繁複的引水系統，肯定是為了某種特定而重大的用途。據我所知，有些考古學家猜測，亞卡帕納金字塔的興建跟祭拜雨神或河神的某種原始宗教有關，目的是對水的威力表示無上的敬意。

另一派學者則認為，亞卡帕納金字塔內部神祕的「科技裝置」跟死亡有關。他們的證據是這座金字塔的名字Akapana。在目前仍舊使用的古代艾瑪拉族方言中，「Hake意指『人類』或『人們』；Apana意指『死亡』（這裡指的很可能是被水淹死）。因此，Akapana指的就是人們死亡的地方……」❻

有一位學者仔細研究亞卡帕納金字塔內引水系統的所有特徵，作出這樣的結論：這些人工水道，極可能是「洗礦設備的一部分，也許是用來沖洗附近開採的礦沙」❼。

「石頭豎立的地方」

從這座謎樣的金字塔西邊，我一路走到城堡西南角的卡拉薩薩雅廣場。現在我終於明白，為什麼當地人管它叫「石頭豎立的地方」。原來，那座用不等邊四邊形巨石砌成的牆，每隔一段相等的距離，就豎立著一根形狀有如短劍，高十二英尺多的石柱，尖端朝天，底部插入的的喀喀湖畔高原的紅土中。以這種方式建成的石柵欄相當遼闊，面積達五百平方英尺，比沉陷在地下的神廟高出地面約兩倍之多。

這麼說來，卡拉薩薩雅是一座堡壘囉？不然，一般學者現在都認為，當初它是被用來觀測天象，設計還挺先進的。它的功能不在於防禦敵人，而在於訂定春分、秋分、夏至、冬至的日期，精確預測一年的四季。牆中的某些裝置（事實上包括牆本身），顯然是配合天上的某些星座而設計，以方便測量春、夏、秋、冬四季太陽出沒的方位角❽。此外，那座矗立在城堡西北角，舉世聞名的「太陽門」（Gateway of the Sun），不但是一件世界級的藝術精品，而且被專家們看成是雕刻在石頭上的一套既繁複又精確的曆法：

> 愈仔細觀察這件雕刻品，我們就愈相信，這套石雕日曆的獨特設計和圖樣，絕不可能出自一位藝術家的奇想；它的圖紋充滿深刻的意義，清晰地記錄一位天文學家的觀測和計算……顯然這就是石雕日曆當初的功能，不可能有其他用途。❾

整個帝華納科古城最吸引我的就是這座「太陽門」，和鄰近的卡拉薩薩雅廣場，因為下一章我們討論到的某些天文和太陽系現象，將使我們能夠粗略計算出卡拉薩薩雅廣場興建的日期。根據這樣的推斷，我們得出一個充滿爭議的結論：它是在西元前一萬五千年——距今約莫一萬七千年以前興建的。

【註釋】

❶摘自皮德羅．齊耶薩．迪里昂《秘魯紀事》，第一部，第八十七章。Pedro Cieza de León, *Chronicle of Peru,* Hakluyt Society, London, 1864 and 1883, Part I, Chapter 87.

❷摘自哈洛德．奧斯朋《安地斯山區的印第安人：艾瑪拉族與奎楚亞族》，頁六四。Harold Osborne, *Indians of the Andes: Aymaras and Quechuas,* Routledge and Kegan Paul, London, 1952, p.64. 亦見時代－生活叢刊《古人的技藝與智慧》，頁五五。*Feats and Wisdom of the Ancients,* Time-Life Books, Alexandria, Virginia, 1990, p.55．

❸摘自維加《印加皇朝述評》，第二部，第一章。

❹見貝勒密與艾倫《帝華納科的曆法：人類最古文明的測量制度》，頁一六。H. S. Bellamy and P. Allan, *The Calendar of Tiahuanaco: The Measuring System of the oldest Civilization,* Faber & Faber, London, 1956, p.16.

❺見《帝華納科》，卷二，頁六九～七九，對亞卡帕納金字塔的引水系統有詳盡的介紹和分析。

❻同上，卷一，頁七八。

❼見齊卡里亞．奚特清《失落的國度》，頁二一五。

❽見《帝華納科》，卷二，頁四四～一〇五。

❾摘自《帝華納科的曆法》，頁一七～一八。

第十一章

「遠古圖像暗藏天機」

已故的亞瑟·波士南斯基教授是一位傑出的日爾曼裔玻利維亞學者，一生致力於研究帝華納科古城廢墟，幾乎長達五十年之久。在他那部卷帙浩繁的著作《帝華納科：美洲人的搖籃》（*Tiahuanacu: The Cradle of American Man*）中，他向世人說明，他是如何運用考古天文計算，對帝華納科城的興建日期重新加以鑑定。他解釋說，這套計算方法「完全建立在『黃赤交角』（the obliquity of the ecliptic）在兩個時期——卡拉薩薩雅廣場興建時以及今天——所顯現的差異上。」❶

到底什麼是「黃赤交角」呢？這個天文現象為什麼會把帝華納科城的興建日期，推到一萬七千年以前呢？

根據字典定義，它指的是「地球運行的軌道和天赤道（celestial equator）之間的角度，目前大約相當於二十三度二十七分」❷。

為了釐清這個深奧難懂的天文觀念，我們不妨把地球想像成一艘船，航行在天空中那一片遼闊浩瀚的海洋上。就像類似的所有船舶（星球也好，雙桅帆船也好），這艘地球船隨著船底流動的海浪不斷搖盪。你不妨想像，這會兒你站在這艘搖盪不停的船上眺望著大海。當船身隨著浪頭上升時，你的視界豁然開敞；當船身下陷時，你的視界就會收縮。這個過程是有規律的、精確的，如同音樂家使用節拍器打拍子，是一種持續的、幾乎察覺不出的起落升降，不斷改變你和海平線之間的角度。

現在不妨再想像我們的地球。每個小學生都知道，飄浮在太空中的這顆美麗的藍色星球，每天自轉時，它的軸都會從地球繞太陽運行軌道的垂直線傾斜開去。因此，地球赤道以及「天赤道」（後者只不過是在想像中將地球赤道延伸到天空中）相對於地球繞太陽運行的軌道，必定會呈現一個角度。在任何一個時間內的這種角度就是所謂的「黃赤交角」。然而，由於地球是一艘不停搖盪的船，因此，每隔很長一段時期，它的傾斜度就會改變一次。在四萬一千年的一個週期中，傾斜度的改變在二十二點一度和二十四點五度之間，精確得有如瑞士製造的計時器。一個角度跟隨著另一個角度出現的順序，以及先前所有角度的順序（在任何一個歷史時期內），都可以利用幾個簡明的方程式計算出來。這些方程式由曲線圖上的線條表示（最早使用這種曲線圖的是一九一一年在巴黎舉行的「國際蜉蝣研討會」〔International Conference of Ephemerids〕）；透過這個曲線圖，我們就可以精確地搭配黃赤交角和歷史日期。

波士南斯基教授能夠鑑定卡拉薩薩雅廣場的興建日期，是由於在漫長的一段時間中，黃赤交角週期逐漸改變日出和日落的方位。他以這種方式計算出，卡拉薩薩雅廣場興建時，黃赤交角應為二十三度八分四十八秒。這個角度被標示在「國際蜉蝣研討會」制定的曲線圖上，結果專家們發現，跟它對應的日期是西元前一萬五千年❸。

當然，沒有一位正統歷史學家或考古學家願意承認，帝華納科建城如此之早；正如我們在本書第八章提到的，他們寧可相信，這座古城是在西元五百年建立，因為這個估計比較「穩當」。一九二七年到一九三〇年間，好幾位來自其他領域的科學家，仔細審核波士南斯基教授的「天文考古調查」。這支由菁英組成的團隊，曾經勘查過安地斯山區其他文化遺跡。它的成員包括：漢斯・魯登道爾夫博士（Dr. Hans Ludendorff，當時擔任德國波茨坦天文台台長）、梵諦岡天文台的腓特烈・貝克博士（Dr. Friedrich Becker）以及其他兩位天文學家——波昂大學的阿諾德・柯舒特博士（Dr. Arnold Kohlschutter）和波茨坦天體物理學研究所的洛夫・穆勒博士（Dr. Rolf Muller）。

經過三年的審慎研究，這群科學家斷定，波士南斯基教授對帝華納科城興建日期的鑑定基本上正確。他們根本沒考慮到，這樣的結論會對正統歷史學界產生多大的衝擊；他們只是一盡科學家的職責，根據帝華納科城建築物所呈現的天文現象，做出客觀的推論。其中最重大的一個發現是：卡拉薩薩雅廣場的設計，是依循遠古時代——比西元五百年早得多——人們所觀測到的天文現象。這群科學家認為，波士南斯基教授鑑定的日期（西元前一萬五千年）並不算太離譜❹。

在史前的遠古時代，帝華納科如果真的已經建立，而且繁華一時，那麼建城的人究竟是誰？到底為了什麼目的？

魚皮人

卡拉薩薩雅廣場上有兩座巨大的雕像，其中一座綽號「修道僧」（El Fraile），佇立在西南角，另一座被供奉在廣場東端中央，也就是我從地下神廟望出去時看到的那個巨人。

用紅色沙岩雕成的「修道僧」，飽受風吹日曬，面目變得十分模糊。它身高約莫六英尺，眼睛圓大，嘴唇豐潤，外貌有如一個雌雄合體的陰陽人。它右手握著一把刀，刀身彎曲如同波浪，看起來像印尼土著使用的匕首；而在左手上卻彷彿拿著一本精裝書。有如刀鞘一般，這本「書」上面伸出一個刀柄似的東西。

腰部以下，這座雕像彷彿穿著一件用魚鱗編織成的衣裳。為了加強這種視覺效果，雕刻家別出心裁，用一串串高度風格化的細小魚頭來象徵一片片魚鱗。根據波士南斯基教授的詮釋，這件魚鱗衣代表的是所有魚類❺。因此，「修道僧」這座雕像所呈現的，實際上是想像的、象徵的「人魚」（fish man）。雕像腰間繫著一根帶子，上面雕刻著好幾隻巨大甲殼類動物的圖形。這使我們更加相信「修道僧」是一隻人魚。當初的雕刻家創造這樣的一件作品，意圖到底何在？

我聽過的一則本地傳說也許能幫助我們解開箇中之謎。這個神話非常古老，主角是「長著魚尾巴的湖神，名叫朱魯亞（Chullua）和烏曼圖亞（Umantua）」❻。這兩位神祇的故事和那座人魚雕像，很詭異地，使我們聯想起美索不達米亞地區的神話。後者提到一種水陸兩棲的生物。據說，這種生物「才智過人」，曾在史前的遠古時代造訪幼發拉底河下游的蘇美古國。他們的領袖名叫翁尼斯（Oannes）或烏安（Uan）❼。根據巴比倫南部卡爾迪亞（Chaldea）古國的一位學者貝羅蘇士（Berosus）的記載：

> 〔翁尼斯〕的整個軀體看起來像一隻魚；他那顆魚頭之下長著一顆人頭，魚尾之上長出一雙人腳。他的聲音和語言十分清晰，跟人類差不多；他的一幅肖像至今仍保存著……每天日落時，他總要潛入海底，度過一整個夜晚，因為他是水陸兩棲的生物。❽

根據貝羅蘇士記述的傳說，翁尼斯一生最重大的功績是將文明和教化帶給人類：

> 白天他不吃不喝，總是跟民眾交談，將文藝和科學知識傳授給他們。他教導民眾建造房屋和廟宇，幫助他們制定法律，向他們解釋幾何學的基本原則。他向民眾示範，如何辨別地上的種子，如何採摘樹上的果實。總而言之，他將一切有助於提升禮教、促進文明的

知識，全都傳授百姓。他的教化普施於海內，為萬民所崇奉遵從……。❾

我在古代巴比倫和亞述浮雕上看到的翁尼斯圖像，所呈現的正是身穿魚鱗衣的人物。如同帝華納科「修道僧」所穿的，翁尼斯的衣裳主要的裝飾是魚鱗。另一個共同點是，巴比倫雕像雙手也握著神祕的器物。如果我沒記錯（後來經過查證，我的確沒記錯），這些器物和「修道僧」手裡的東西並不完全相同，但兩者之間卻存在著一些顯著的相似點，令人無法忽視❿。

中東古國亞述的浮雕，顯示一個身穿魚鱗衣的人物。

卡拉薩薩雅廣場的另一尊巨大「偶像」，矗立在高台東端，面對城堡正門。它是用一整塊大灰石雕鑿而成，氣勢雄渾無比，身高約莫九英尺。這座雕像的頭顱十分碩大，昂然聳立在寬厚的肩膀上；它那張平板的臉孔毫無表情，只管睜著兩隻眼眸，凝視遠方。它頭上戴著皇冠或某種束髮帶，頭髮編織成一串串髮卷，從肩上垂落下來，飄懸在腰後。

這座雕像身上裝飾的圖紋也十分繁複，使它整個看起來仿佛渾身刺青似的。如同「修道僧」，它腰下穿著一件用魚鱗編織成、充滿魚類象徵的衣裳，而且手裡也握著兩件難以辨識的神祕器物。不過，它左手拿的卻不是一本精裝書，而是一個刀鞘，鞘口伸出一支叉形刀柄。右手握住的東西看起來有點像圓筒，中間狹窄，肩部和底部比較寬闊，頂端又再縮小。這個器物顯然由好幾節或部分組合而成，但沒有人猜得透它的用途究竟是什麼。

古生物圖像

離開魚衣雕像後，我終於來到「太陽門」前。它坐落在卡拉薩薩雅廣場西北角。

這座門巍然矗立，是用一整塊青灰色巨石雕鑿而成，寬約十二英尺半，高十英尺，厚十八英寸，估計總重量達十噸。乍看之下，它使我們聯想起巴黎的凱旋門，雖然規模小得多。屹立在帝華納科古城廣場上，它有如一扇幽冥之門，連接兩個肉眼看不見的世界。這件石雕工程品質極高，被學者專家公認為「美洲的考古奇蹟」之一⓫。整座門最神祕、最耐人尋味的特徵，是雕刻在東正面門楣上的那條所謂的「日曆橫飾帶」（Calendar Frieze）。

在這條橫飾帶中間凸起的部分雕刻著一幅肖像。一般學者認為，像中人物就是維拉科查，但在這兒維拉科查卻被描繪成一位脾氣暴躁、隨時召喚天火懲罰人類的「神王」。不過，他個性中柔和、慈愛的一面依然表露無遺——我們看見兩行眼淚沿著他的臉頰流淌下來。但是，他的臉孔卻緊緊繃著，神情十分嚴峻，頭上戴著的冠冕有如帝王一般威嚴，令人不敢逼視，而且，他手中還握著兩支雷電。二十世紀最有名的一位神話學者約瑟・康貝爾（Joseph Campbell）解釋箇中的含義：「從太陽門流注入宇宙的神恩，和雷電代表的能量相同，而後者的威力足以摧滅一切，本身卻永遠不會毀滅……」[12]

我站在太陽門下，瀏覽門楣上的橫飾帶。這件造形優美勻稱的藝術品，雕刻著三排圖形，每排八個，總共二十四個，羅列在飾帶中間凸起的維拉科查雕像兩旁。這些圖形雖被認為具有日曆功能，迄今卻沒有一位專家提出合理的解釋。唯一可以確定的是，這些圖形都有一種奇異的、冷酷的、卡通式的特質，宛如一群機器人，邁著精確、僵硬的步伐，操兵似的走向佇立在門楣中央的維拉科查。這些圖形中，有些戴著鳥面具，有些長著鷹鉤鼻，每一個手裡都握著一種器械，跟大神維拉科查手裡的雷電相似。

門楣橫飾帶的底部，雕刻著一種「迴紋」圖形：一系列代表階梯金字塔的幾何圖形，連綿不絕排列在門楣上，有些直立，有些倒立，據說都具有曆法上的功能。在右邊第三列

（以及比較模糊的左邊第三列），我看得出上面雕刻的是一隻大象的頭顱、耳朵、長牙和鼻。這個發現令人訝異，因為美洲地區根本就沒有大象。不過，我後來找到的證據卻顯示，在史前時代，美洲確實曾經有過大象。一種學名為「居維象」（*Cuvieronius*）的哺乳動物，曾經出現在南美洲，尤其是在安地斯山脈南端，直到西元前一萬年左右才突然滅絕。這種長鼻類動物類似今天的大象，具有長牙和長鼻，模樣兒酷似帝華納科古城太陽門上雕刻的「象」[13]。

我向前幾步，仔細觀察這幾隻大象。每一隻象都由兩隻面對面的兀鷹的頭部組合而成（頭頂的冠毛代表大象的「耳朵」，脖子上半截代表「象牙」）。以這種方式創造出來的動物，在我眼中仍舊是一頭大象，因為我知道，帝華納科古城的雕刻家慣於使用的一種獨特的、精妙的視覺技巧，就是用一種物體代表另一種物體，以達到象徵上的效果。因此，你在一座人物雕像臉孔上看到的耳朵，有可能是鳥的翅膀構成的。同樣地，一頂精心雕琢的皇冠可能由好幾顆魚頭和兀鷹頭交織而成；雕刻家也可能用鳥兒的脖子和頭顱象徵人物的眉毛，用一隻動物的頭部代表一隻拖鞋的前端，諸如此類，不一而足。由於這個緣故，太陽門上用兀鷹頭組合成的大象，並不單純是視覺上的幻象，而是一種極具創意的合成技巧，跟門楣橫飾帶的整體藝術風格完全吻合。

雕刻在太陽門上的一群風格獨特的動物圖像中，我也發現其他一些已經絕種的生物。根據我的研究，其中一種生物已經被專家辨識為「箭齒獸」（Toxodon）[14]。牠是一種三

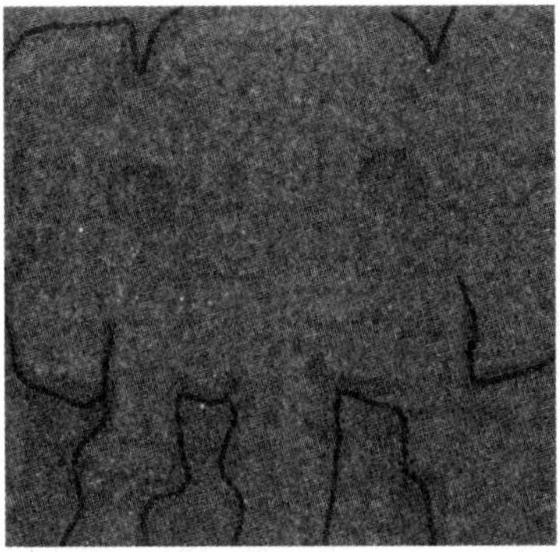

帝華納科古城「太陽門」上雕刻的圖形，顯示一隻伸出一對長牙，形狀如象的長鼻類動物。

生物學家描繪的「居維象」古生物。南美洲這種長鼻類動物，一度活躍於帝華納科地區，直到西元前一萬年左右才滅絕。

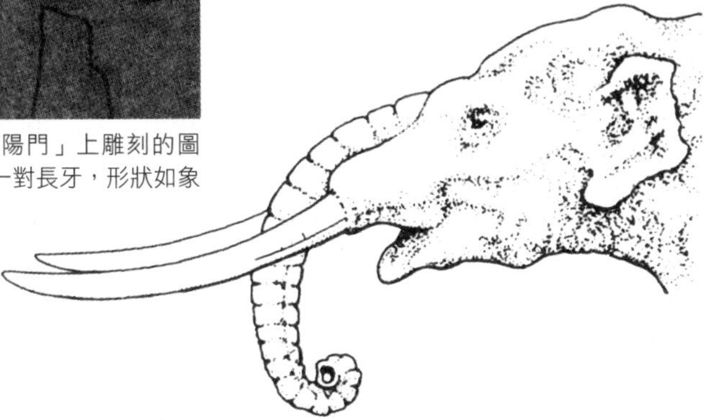

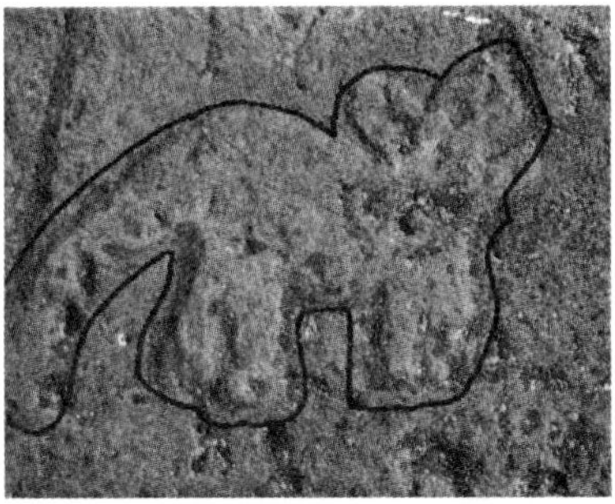

雕刻在地下神廟維拉科查像旁的神祕動物，可能是「箭齒獸」。

保存在帝華納科古城的這幅圖像，也可能是「箭齒獸」。這隻動物臉上翹起的鼻孔顯示，牠可能是一隻半水棲動物，生活習性類似現今的河馬。據說，「箭齒獸」就是一種半水棲動物。

趾兩棲哺乳動物，身長大約九英尺，肩高五英尺，模樣酷似犀牛與河馬雜交生下的一種體型矮胖粗短的動物。如同「居維象」哺乳動物，箭齒獸在上新紀（Pliocene，大約一百六十萬年前）末期，曾經活躍於南美洲，直到更新世（Pleistocene，大約一萬二千年前）結束時絕種⑮。

這顯示，專家們根據天文考古資料所鑑定的帝華納科建城日期——更新世末期——極可能是正確的；這麼一來，正統歷史學界的看法——帝華納科古城只有一千五百年歷史——就得面對更嚴苛的挑戰，因為當時的工匠顯然是根據實物雕刻太陽門上的箭齒獸圖形。值得一提的是，雕刻在太陽門橫飾帶上的箭齒獸頭像不下四十六個之多。這個醜怪動物的圖像，並不僅僅出現在太陽門；相反的，在帝華納科古城出土的陶器碎片上隨處可見牠的身影。更值得注意的是，有好幾件雕刻品以完整的、立體的方式呈現這種古代生物的雄姿。此外，在帝華納科發現的古生物圖形，還包括一種已經滅絕的、在晝間活動的陵角懶（Scelidotherium），以及一種學名為「長頸駝」

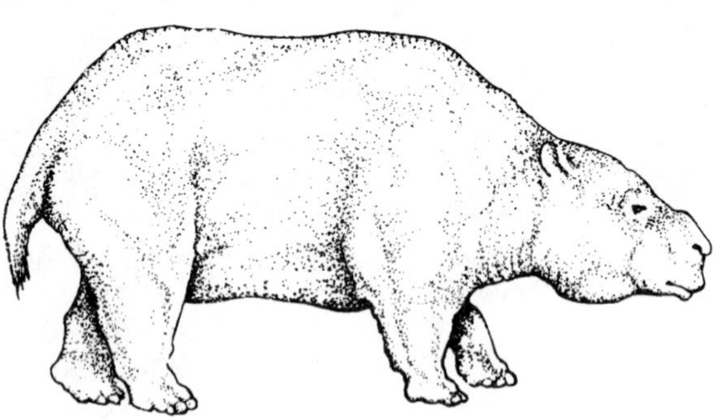

現代畫家描繪的「箭齒獸」。南美洲這種古生物，在西元前一萬二千年左右滅絕。

（Macrauchenia）、體型略大於現今的馬匹、足部有明顯三趾的古代哺乳動物[16]。

這些圖像顯示，帝華納科古城有資格被稱為一本記錄古代珍禽異獸的圖畫書；這些動物雖然已經絕種，就像傳說中的巨鳥度度（do do）那樣，但卻永遠保存在石頭藝術中。

然而，帝華納科雕刻家的創作有一天卻驟然中止；此後，這座城堡就沉陷入茫茫黑暗中。這個悲慘的日子也記錄在石頭上——人類的曠世藝術傑作「太陽門」，畢竟沒有全部完成。門楣橫飾帶上未完成的圖像顯示，有一天災禍突然降臨，迫使「正在為作品做最後潤飾」的雕刻家，「匆匆抛下鑿子，逃之夭夭」，正如波士南斯基教授所說的[17]。

【註釋】

❶見《帝華納科》，卷二，頁八九。

❷見《柯林斯英語辭典》，頁一〇一五。*Collins English Dictionary*, London, 1982, p.1015.

❸見《帝華納科》，卷二，頁九〇～九一。

❹同上，頁九一。

❺同上，卷一，頁一一九。

❻同上，卷二，頁一八三。

❼見史蒂芬妮・戴里編譯《美索不達米亞神話》，頁三二六。Stephanie Dalley, trans. and ed., *Myths from Mesopotamia*, Oxford University Press, 1990, p.326.

❽摘自貝羅蘇士的記載，由亞歷山大．波里希斯托（Alexander Polyhistor）蒐集整理，刊登在羅伯．譚普《天狼星奧祕》附錄二，頁二五〇～二五一。Robert K. G. Temple, *The Sirius Mystery*, Destiny Books, Rochester, Vermont, 1987; pp.250～251.

❾同上。

❿見傑瑞米．布雷克與安東尼．格林《古代美索不達米亞的神祇、妖魔和象徵》，頁四六及頁八二～八三。Jeremy Black and Anthony Green, *Gods, Demons and Symbols of Ancient Mesopotamia*, British Museum Press, 1992, pp.46, 82～83.

⓫見《秘魯古代文明》，頁九二。有關「太陽門」的數據皆根據本書。

⓬摘自約瑟．康貝爾《千面英雄》，頁一四六。Joseph Campbell, *The Hero With a Thousand Faces*, Paladin Books, London, 1988, p.146.

⓭見馬汀與克萊恩編《第四紀滅絕的物種：史前的一場生態革命》，頁八五。Paul S. Martin and Richard G. Klein, eds., *Quaternary Extinctions: A Prehistoric Revolution*, University of Arizona Press, 1984, p.85.

⓮見《帝華納科的曆法》，頁四七。波士南斯基教授的著作也經常提到「箭齒獸」。

⓯見《大英百科全書》，一九九一年版，卷九，頁五一六。亦見《第四紀滅絕的物種》，頁六四～六五。

⓰見《帝華納科》，卷一，頁一三七～一三九；亦見《第四紀滅絕的物種》，頁六四～六五。

⓱見《帝華納科》，卷二，頁四。

第十二章 「維拉科查人的末日」

在本書第十章我們提到，帝華納科城當初原本是建立在的喀喀湖畔的港市，那時，湖面比現在寬廣得多，湖水也比今天深一百多英尺。目前仍殘留的龐大港口設施、碼頭和堤防（甚至被棄置在舊湖岸線下的大批石材），在在都證明，帝華納科城當初確實是一個港口。事實上，根據波士南斯基教授大膽的估計，早在西元前一萬五千年時，帝華納科城就已經是一個繁忙的港口，而依照他的推測，卡拉薩薩雅廣場就是在那時興建的。往後的五千年間，這個港口持續繁榮興盛；在這段漫長的歲月中，它的位置一直是在的的喀喀湖畔，並沒什麼改變❶。

在這個時期中，帝華納科的主要港口設施，坐落在卡拉薩薩雅廣場西南邊數百公尺，一個現在名為「普瑪彭古」（Puma Punku，意為「普瑪門」）的地方。波士南斯基教授在這裡挖掘出兩座人工疏浚的船塢，中間是「一座真實的、龐大的碼頭……可供數百艘船舶同時裝卸貨物」❷。

建造這座碼頭時使用的石材，其中一塊至今還遺留在附近，據估計它的重量達四百四十噸。

其他石塊的重量則在一百噸到一百五十噸之間。值得注意的是，許多巨石是用I形金屬栓串連在一起。據我所知，在整個南美洲，只有帝華納科的建築物使用這種砌建技術。上回我探訪上埃及尼羅河艾勒芬庭島（Elephantine Island，位在埃及南部邊界）廢墟時，也看見這種金屬栓所造成的I形凹痕。

同樣耐人尋味的是，十字架符號出現在帝華納科古代港口的許多石板上。這個圖徽一再出現，尤其是在通往普瑪門北邊的路上，圖形完全相同：線條簡潔、構圖勻稱的雙重十字架，深深鐫刻在堅硬的灰石上。即使根據正統歷史學界的推算，這些十字架的歷史也絕對不會少於一千五百年。換句話說，在第一批西班

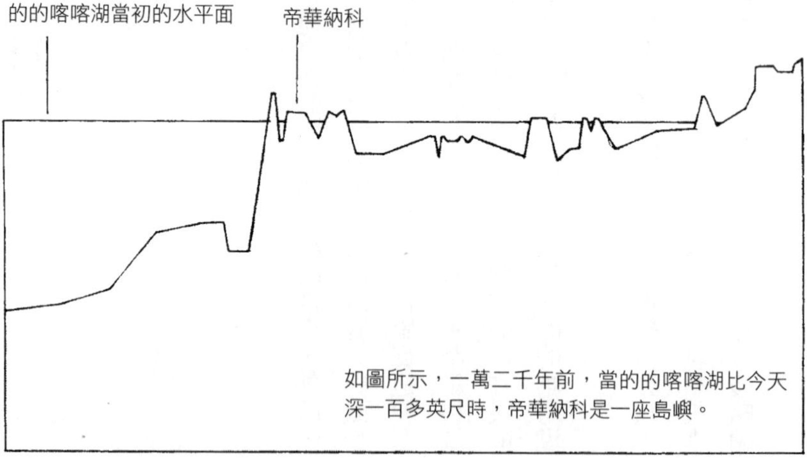

如圖所示，一萬二千年前，當的的喀喀湖比今天深一百多英尺時，帝華納科是一座島嶼。

牙傳教士抵達南美洲高原之前整整一千年，印第安人就已經將十字架鐫刻在石頭上，而那個時候，他們根本不知道世界上有「基督教」這種東西。

我們不禁要問，基督教徒究竟從哪裡取得他們的十字架？依我猜，這個基督教圖徽的來源，不僅僅是耶穌基督受難的那個木頭十字架，恐怕還有更古老的根源吧！例如，古代埃及人使用一個酷似十字架的象形文字來象徵生命，以及生命的元氣，乃至於永恆的生命❸。十字架的符號是否發源於埃及？它有沒有更古老的根源呢？

我一面思索著這些問題，一面繞著普瑪門踱步。這座門矗立在數百英尺長的矩形廣場上，附近有一座金字塔形的矮山，山上長滿野草。一堆堆巨石散佈在廣場上，有如一盒被打翻的火柴。根據波士南斯基教授的說法，這個現象是西元前一萬年左右發生的一場天災造成的。這場可怕的災難摧毀了帝華納科城：

> 這場由地震引起的災難，使得的的喀喀湖湖水暴漲，附近的火山爆發……造成的的喀喀湖的水平面暫時上升的原因，其中一個可能是：坐落在北邊，地勢較高的一些湖泊，防波堤突然潰決……結果，大量湖水有如萬馬奔騰一般往下衝向的的喀喀湖。❹

波士南斯基教授認為，摧毀帝華納科城的是一場大洪水。他舉出的證據包括：

在沖積層中，我們發現一些沼生植物（Paludestrina Culminea等）和人類的骨骸混合在一起，而這些人顯然是死在大洪水中……此外，我們還發現一種古代魚類（Orestias）的骨骼，和人類的遺骸共同埋葬在沖積層中……。[5]

此外，波士南斯基教授也發現，人類和動物的骨骸散佈在：

成堆的石雕品、器皿、工具和各式各樣的器物中，這些東西經過一番劇烈的震盪，全都破碎成一團，亂七八糟地堆在一起。只要在這裡挖掘一條二公尺深的壕溝，你就會發現，洪水的威力是如此的可怕。它結合地震的力量，將人類和各種動物的骨骼送到這裡，跟陶器、珠寶、工具和各種器皿摻混在一塊……一層層沖積土覆蓋著整個廢墟，沙礫中混合著的的喀喀湖的貝殼。腐朽的長石和火山灰堆積在四周圍繞著牆的地方……。[6]

摧毀帝華納科城的果然是一場可怕的天災。如果波士南斯基教授的估算正確，這場災難應該是發生在一萬二千多年前。此後，儘管洪水逐漸消退，「高原上的文化不再興盛發展，反而陷入了全面的、無可挽回的衰微」[7]。

媲美現代的農耕技術

地震引發的洪水淹沒帝華納科之後，這個地區又發生一連串地形上的劇變，促使這座港市加速衰落。地質的變動首先造成湖水暴漲，淹沒堤岸，接著卻又產生完全相反的效應：的的喀喀湖的水平面日漸下降，湖面日益縮小。在往後的許多年中，的的喀喀湖逐漸乾竭，帝華納科城距離湖岸愈來愈遠，喪失了它的經濟命脈，最後變成孤立荒山中的一座廢墟。

同時，有跡象顯示，在這段時期中，帝華納科地區的氣候也變得日益寒冷，不利五穀的生長❽。氣候持續惡化的結果，今天連印第安人的主食玉蜀黍也無法正常生長，就連馬鈴薯也發育不全。

這一連串複雜事件所牽涉到的各種因素，雖然不容易釐清，但有一點似乎可以確定：地震引發的山洪淹沒帝華納科城之後不久，大水開始消退，這個地區又恢復了「一段時期的寧靜」。然後，慢慢地、無情地，「氣候開始惡化，變得異常苦寒。安地斯山區居民再也忍受不了，開始向外大量移民，遷徙到生活比較容易的地方」❾。

高度文明的帝華納科居民——當地土著傳說中的「維拉科查人」——似乎是經過一番掙扎後才決定離開家園。的的喀喀湖周遭的高原台地，處處充斥著證據，顯示這些人曾經使用先進的、科學的農耕技術，以無比的耐心和智慧從事農業實驗，試圖彌補氣候惡化所造成的五穀歉收。例如，最後的研究顯示，在遠古時代，這個地區就已經有人對含有毒素的高地植物和塊莖進行精密的化學分析。這種分析，配合當地人發明的解毒技巧，使營養豐富卻含有毒素的蔬菜瓜果，再度變得可食。華盛頓大學人類學系副教授大衛．布勞曼（David Browman）指出：「這種解毒技術當初如何發展，至今仍未有令人滿意的解答。」[10]

同樣值得注意的是，在那個遠古的時代，某個族群——學者迄今猶未辨識出他們的身分——曾經花費大量人力物力，在新近浮出的喀喀湖水面的土地上，開闢一畦畦波浪式高低起伏的農田。直到一九六〇年代，學者對這種忽高忽低、溝渠縱橫的田壟所具備的功能才開始有正確的瞭解。當地印第安人管這種田地叫「哇魯．哇阿魯」（waru waaru），遺跡至今仍隱約可見。經專家鑑定，這些田地原本是一個複雜農耕體系的一部分，在史前時代即已完成，其功能「足以媲美現代的農耕技術」[11]。

近年來，考古學家和農藝學家將這兒的部分田壟重建。這些實驗田所生產的馬鈴薯，比最具生產力的傳統農田高出三倍之多。有一年冬天特別寒冷，但是，嚴重的霜害只對實驗田造成「微小的損失」。第二年，田壟上的作物又熬過一場苦旱，接著「又經歷一場淹沒周遭所有農田的洪水」。事實上，這個由遠古時代某一神祕民族所發明的農耕技術，看似簡單，卻十分有效。它在玻利維亞鄉村地區的實驗非常成功，深受各國政府和國際開發組織的重視，紛紛在世界其他地區展開類似的實驗[12]。

全世界最古老的語言

帝華納科城的維拉科查人留下的遺產，可能還包括當地艾瑪拉族印第安人今天所操的語言——根據一些專家的看法，這是全世界最古老的語言⓭。

一九八〇年代，玻利維亞電腦專家伊凡．古茲曼（Ivan Guzman de Rojas）意外地發現，艾瑪拉語不但極為古老，而且還可能是一種「人工製造」的語言——一種經過精心設計，刻意創造出來的語言。尤其值得注意的是，它的句法十分嚴謹，語意非常明確，毫無模稜兩可的餘地；這對一般「自然」語言來說，確實是不可思議的現象⓮。這種人工合成的、高度組織化的語法結構，使艾瑪拉語很容易轉化成電腦演算語言，用來將一種語言翻譯成另一種語言：「艾瑪拉語可以當成一種仲介語言使用。透過電腦演算，一份文件的語言可先翻譯成艾瑪拉語，再翻譯成其他任何一種語言。」⓯

一種表面看來是人工製造的、具有電腦喜歡的那種句法的語言，今天只在帝華納科附近一帶使用——這難道是單純的巧合嗎？今天的艾瑪拉語，難道不可能是傳說中高度文明的維拉科查人留下的遺產？如果答案是肯定的，那麼，他們還留下什麼遺產呢？南美洲高原上，我們還能不能找到這個古老的，已經被湮沒的文明遺留下的其他零星智慧呢？據說，擁有這些智慧的民族，在西班牙人入侵之前一萬年間，曾經在這個地區建立一連串多彩多姿、豐富無比的文化。也許，就是因為擁有這些智慧，納茲卡高原上的圖形才得以繪製完成呢！也許，這些智慧促使印加人的先輩，在馬丘比丘城和薩克賽華曼神廟建造「不可思議」的石牆。

北進墨西哥

我心頭老是縈繞著這麼一幅景象：離開家園的維拉科查人「踩著」太平洋的「海水」，「神奇地消失」在大海中，如同許多傳說一再提到的。

這些遠遁海外的人到底去了哪裡？他們為什麼離開家園？在承認失敗、遠走高飛之前，他們為什麼要在帝華納科逗留那麼久，跟惡劣的環境搏鬥？他們究竟想在帝華納科達成什麼重大的目標？

在的的喀喀湖畔的高原勘查數星期，往返拉巴斯和帝華納科之間數趟，我不得不承認，散佈在荒野的神祕廢墟和首都拉巴斯的圖書館，都不能提供我進一步的答案。至少在玻利維亞，我的研究已經面臨了瓶頸。

我不得不轉移陣地，往北走，來到二千英里外的墨西哥，繼續我的追尋。

【註釋】

❶見《帝華納科》，卷一，頁三九。

❷同上，卷二，頁一五六。

❸見瑪格麗特·柏爾森編纂《古埃及百科全書》，頁二三。Margaret Burson, ed., *The Encyclopedia of Ancient Egypt*, Facts on File, New York and Oxford, 1991, p.23.

❹摘自《帝華納科》，卷一，頁五五。

❺同上，卷一，頁三九。

❻同上，卷三，頁一四二～一四三。

❼同上，卷一，頁五七。

❽同上，卷一，頁五六及卷二，頁九六。

❾同上，卷三，頁一四七。

❿見大衛·布勞曼〈安地斯山帝華納科城新探索〉，《美國科學家》雜誌，卷六九，頁四一〇。David L. Browman, *"New Light on Andean Tiahuanaco,"* in *American Scientist*, volume 69, 1981, p.410.

⓫見《古人的技藝與智慧》，頁五六～五七。

⓬同上。

⓭見伊凡·哈汀漢《山神頌歌》，頁三四。Evan Hadingham, *Lines to the Mountain Gods*, Harrap, London, 1987, p.34.

⓮見倫敦《星期天泰晤士報》（*Sunday Times*）一九八四年十一月四日的報導。

⓯見貝特斯〈古代語言可能成為翻譯系統之鑰〉，《電腦世界》雜誌，第九卷第八期，頁三〇。M. Betts, *"Ancient Language May Prove Key to Translation System," Computerworld*, vol. IX, No.8, 25 February 1985, p.30.

第三部

羽毛蛇神

中美洲

第十三章

「神話中的末日預言」

墨西哥猶加敦半島北端奇琴伊察（Chichen Itza）古城

在我身後矗立著約莫一百英尺高、造形極為優美的古巴比倫式寶塔「庫庫爾坎神廟」（Kukulkan）。四道階梯，每道九十一級，加上塔頂的平台（也算一級），總共三百六十五級。這就是太陽年一年三百六十五天的數目了。此外，這座古老建築的幾何設計和方位，也足以媲美瑞士鐘錶的精確校準，創造出一種既玄祕又充滿戲劇性的效果：每年春分和秋分時節，這座寶塔準時投下三角形的光影，在北邊的階梯上創造出一條大蛇蜿蜒爬行的幻象。每一次，這個幻象都持續整整三小時二十二分鐘，分秒不差。

我離開庫庫爾坎神廟，朝向東邊走去。在我前方，聳立著一排排白色的石柱——這些柱子以往想必曾經支撐過一個巨大的屋頂。這座廢墟的存在，證明某些學者的看法是錯誤的；他們口口聲聲說，中美洲的土著從不曾把圓柱應用到建築藝術上。陽光從萬里無雲、水晶般湛藍的天空直直灑落下來，使石柱間那一片沁涼的陰影格外誘人。我沒走進

去，卻爬上一道陡峭的階梯，來到附近那間「戰士廟」（Temple of the Warriors)。

朝梯頂攀登時，我才看到那座巨大的雕像。這就是傳說中的查克穆爾神（Chacmool，見一八五頁，圖21）。祂以一種僵硬的、充滿期待的古怪姿勢，半躺半坐在地上，彎曲的雙膝向上翹起，肥厚的小腿向後收縮，碰觸到大腿，腳踝緊貼著臀部，手肘支撐著地面，雙手捧著一個空盤子，放置在腹前，而背後的姿勢尤其古怪，仿佛隨時要撐著身子站起來似的。祂如果真的站起來，身高肯定有八英尺。即使躺著，緊緊蜷縮著身子，這位神祇也渾身散發著一種兇猛的、無情的精力。祂的五官方正，嘴

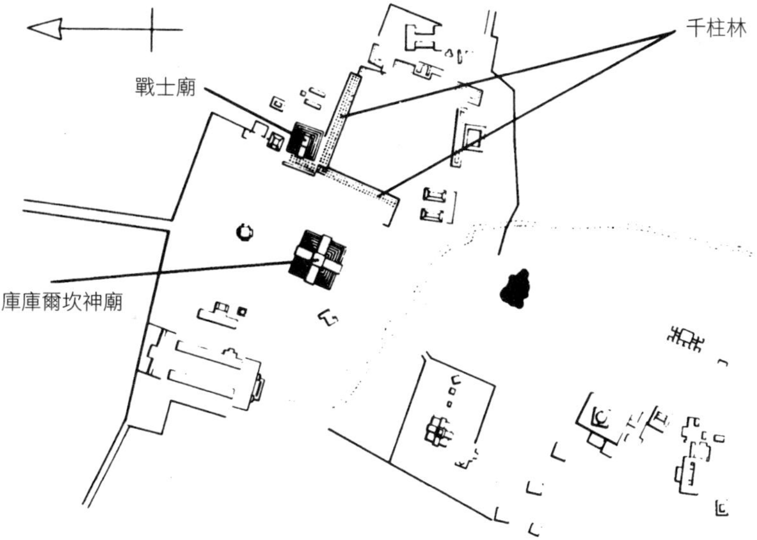

奇琴伊察古城

唇細薄，看起來十分冷酷僵硬，有如祂身上那塊石頭，而兩隻眼睛直直凝視著西方——根據當地土著的傳統，那正是黑暗和死亡的方向，代表「黑」這種顏色❶。

我懷抱著悲淒的心情，繼續沿著戰士廟的階梯朝上攀登，心裡老想著一個令人無法遺忘的事實：哥倫布發現美洲之前，殺人祭神的儀式在這個地區已經行之多年。查克穆爾這位神祇腹前捧著的空盤子，以前曾被用來承接活生生的、剛從人體挖出來的心臟。根據十六世紀一位西班牙人士的報導：

> 犧牲者的心臟被挖出之前，人們帶領著他四處招搖展示……然後把他放置在供桌上。四個人抓住他的手腳，向外伸張。劊子手拿著一把尖硬的石刀走過來，熟練地在他身體左側、乳頭下方的肋骨之間，割開一個切口，然後伸出一隻手插進去，就像餓虎擒羊那樣，活生生挖出他的心臟，放在盤中……。❷

到底哪一種文化會倡導和縱容這種不人道的行為呢？在奇琴伊察古城廢墟（有些超過一千二百年歷史）建立起來的社會，混合著馬雅（Maya）和圖特克（Toltec）兩族血統。在這個地區，它絕對不是唯一舉行這種殘酷野蠻儀式的社群。相反地，在墨西哥崛起的所有本土文明，全都奉行殺人祭神的禮儀制度。

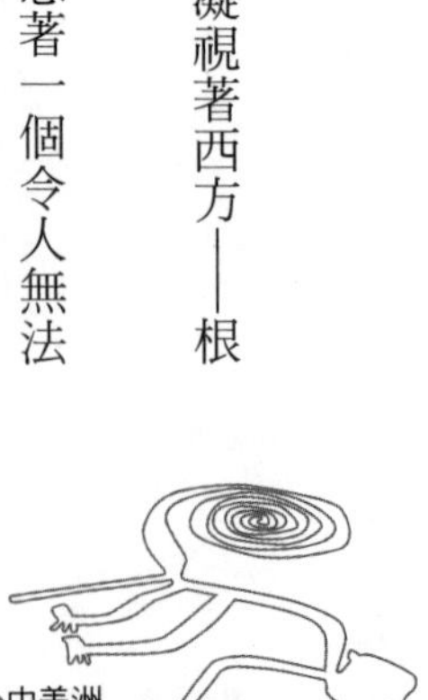

活人屠殺祭典

墨西哥塔巴斯科省（Tabasco Province）維雅艾爾摩薩市（Villahermosa）

我站在「殺嬰壇」（Altar of Infant Sacrifice）前。它是奧梅克族（Olmecs）印第安人創造的；這個族群建立的文化超過三千年歷史，被公認是中美洲的「母文化」。整個祭壇用一塊約莫四英尺厚的花崗石鑿成，兩側有浮雕，顯示四個頭戴古怪冠飾的男子，手裡各抱著一個圓胖可愛、哭鬧不休、臉上流露出恐懼神情的嬰兒。祭壇背面沒有裝飾，前面雕刻著另一個人物，雙手摟住一個軟綿綿的嬰兒屍身，準備向神獻祭。

學界公認，奧梅克文化是墨西哥最早出現的高等文明，而殺人祭神的禮儀正是他們創立的。二千五百年後，西班牙人入侵時，阿茲特克人（Aztecs）是本地各族群中最後（但絕非唯一）奉行這個歷史悠久、根深柢固的傳統的印第安族。

他們是以幾近瘋狂的熱誠遵行這個古禮。

例如，歷史記載，阿茲特克皇朝第八世皇帝、雄才大略的亞威佐特（Ahuitzotl），「為了慶祝泰諾契蘭城（Tenochitlan）的威齊洛波治特里神廟（Huitzilopochtli）落成，召集全國囚犯，命令他們排成四列，從祭司們面前走過。祭司花了四天時間殺死這些囚犯。光是在這一場祭典中，就有八萬人被殺。」❸

阿茲特克人喜歡把犧牲者的皮膚剝下來，披在身上，招搖過市。西班牙人征服墨西哥之後不久，一位西班牙傳教士伯納狄諾・迪薩哈岡（Bernardino de Sahagun）曾經參加這樣的一場典禮：

> 歡欣鼓舞的民眾爭相肢解囚徒的屍身，剝下他們的皮膚……這些裝扮怪異、面目猙獰的男子，成群奔竄在大街上。油脂混合著鮮血，一路滴滴答答從他們身上流淌下來，嚇得滿街男女老少紛紛走避……第二天的祭典包括一場為戰士家屬舉行的盛宴，大夥兒享用一頓人肉大餐。❹

西班牙編史家狄亞哥・迪杜蘭（Diego de Duran）目睹另一場集體屠殺活人的祭典。在這場儀式中，犧牲者人數實在太多，以至於一波一波鮮血不斷流淌下神廟的台階，「凝結成油膩膩、亮晶晶的血塊，連膽子最大的人都被嚇壞」❺。根據學者估計，十六世紀初葉，在整個阿茲特克帝國，每年被殺祭神的民眾，人數高達二十五萬❻。

這種瘋狂、邪惡的殺戮行為，究竟為了什麼目的？根據阿茲特克人自己的說法，這樣做是為了延緩世界末日的來臨。

第五太陽紀的子孫

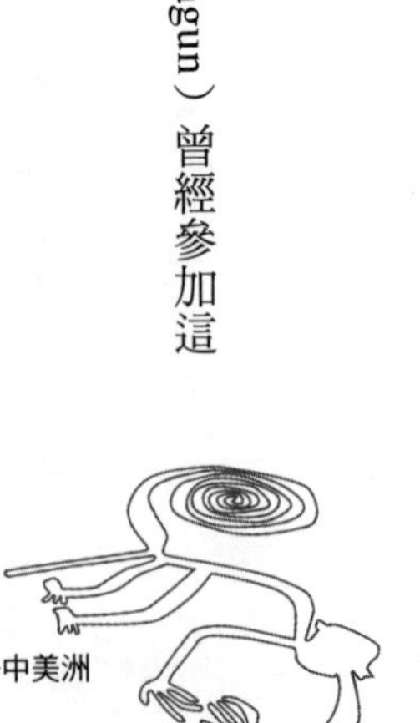

一如在他們之前出現於墨西哥的許多民族和文化，阿茲特克人相信，宇宙是以「大循環」的方式運轉。祭司斬釘截鐵地指出：自從創世以來，我們的宇宙經歷過四個這樣的循環週期——每個週期就是一個「太陽紀」。根據他們的說法，西班牙人入侵之時，正當人類進入「第五太陽紀」，而我們今天仍舊活在這一紀。

下面這段記述，引自一部珍貴的阿茲特克文獻集《梵諦岡拉丁抄本》（*Vaticano-Latin Codex*）：

第一太陽紀「瑪特拉克特里．亞特爾」（Matlactli Atl）：為期四千零八年。生活在這一紀的人類以一種名為「亞齊欽特里」（atzitzintli）的水生玉蜀黍為主食。在這個時代中，巨人四處出沒……第一太陽紀被水毀滅，徵象即為「瑪特拉克特里．亞特爾」（意為「十水」）。它被稱為「亞帕喬華里茲特里」（Apachiohualiztli，意為「洪水」），一種促使雨水持續下降的魔法。人類被轉化成魚類。據說，只有一對夫妻逃出，託庇於水邊一株老樹下。又有人說，總共有七對夫妻躲藏在山洞中，等待洪水消退。他們使人類重新繁衍，被他們的國家尊奉為神祇……

第二太陽紀「伊厄科特爾」（Ehecoatl）：為期四千零十年。生活在這一紀的人類以一種名為「亞柯欽特里」（acotzintli）的野生水果為主食。這個太陽紀被「伊厄科特爾」（風蛇）毀滅；人類被轉化成猴子……一對男女佇立大石上，逃過了這場劫難……

第三太陽紀「特雷奎雅威洛」（Tleyquiyahuillo）：為期四千零八十一年。第二太陽紀碩果僅存的一對夫妻生下的子孫，以一種名為「欽可科克」（tzincoacoc）的果實為主食。第三太陽紀被火毀滅……

第四太陽紀「宗特里里克」（Tzontlilic）：為期五千零二十六年……一場戰爭和大火蔓延整個世界，人類全部變成餓殍……。❼

在入侵的西班牙人肆意破壞下倖存的另一項阿茲特克「文獻」，是第六世皇帝阿薩雅卡特爾（Axayacatl）於西元一四七九年豎立的「太陽石」（Sun Stone）。這塊龐大的石碑，重達二十四噸半，用一整塊玄武岩雕鑿而成。碑上鐫刻著一系列同心圓，每一個圓圈都蘊含繁複的象徵意義。如同《梵諦岡拉丁抄本》，碑上的圖紋陳述一個基本的信念：世界已經度過四個太陽紀。最古老的第一紀由虎神「奧瑟洛托納提烏」（Ocelotonatiuh）代表：「在這個太陽紀中，地球上居住著神祇創造的巨人，但最後全都被老虎吞噬。」第二太陽紀的代表則是空氣之神「伊厄科特爾」（Ehecoatl）的蛇狀頭顱：「在這個時期中，颶風蹂躪世界，人類被轉化成猴子。」第三太陽紀的象徵是一個由雨水和天火構成的頭顱，「在這一紀中，天火降臨人間，熔岩湧出火山，摧毀地上一切生靈。全世界的房屋都被焚毀。人類全都轉變成鳥類，以度過這場劫難。」女水神查秋特麗裘（Chalchiuhtlicue）的頭像代表第四太陽紀，「大雨傾盆而下，洪水四處氾濫，山峰隱沒在水裡，人類轉化成魚類。」[8]

第五太陽紀——我們這個時代——的象徵則是太陽神「托納提烏」（Tonatiuh）的臉孔。祂的舌頭是一把用黑曜石（obsidian）打造成的刀子，從嘴洞中伸出來，垂涎欲滴，等待子民奉上人血和人心供養祂。臉上佈滿的皺紋顯示，這位神祇的年紀十分大。祂的圖徽「歐靈」（Ollin），意思是「動盪」。

為什麼第五太陽紀會被稱為「動盪的年代」？因為，「據長老們說，在這個時期中大地會移動，造成無數生靈死亡。」[9]

這場劫難什麼時候會發生？據阿茲特克人的祭司說，為期不遠了。他們認為，第五太陽紀已經非常古老，它的週期正在面臨結束階段（因此太陽神托納提烏臉上才會出現那麼多皺紋）。古代中美洲傳統，將第五太陽紀的起始追溯到遠古時代，相當於基督教西元前三千年到四千年之間。然而，計算這個太陽紀結束時間的方法，到阿茲特克時代就已經被遺忘了[10]。既然無法確定末日何時來臨，阿茲特克人不得不舉行殺人祭神的儀式，希望能延緩這場即將臨頭的災禍。事實上，阿茲特克人自詡為神的選民，他們堅信，他們負有一個神聖的任務，那就是對神的敵人發動戰爭，將俘虜的血奉獻給托納提烏，藉以保存第五太陽紀的生命。

研究美洲史前文化的專家司徒華．費德爾（Stuart Fiedel）將整個問題做一總結：「阿茲特克人相信，為了防止宇宙毀滅，這個現象以往已經發生過四次——人類必須時時奉獻人心和人血，供養諸神。」⓫同樣的信念，大致上也被中美洲其他重要文明所接受。跟阿茲特克人不同的是，在他們之前出現在中美洲的一些民族，卻能「精確」計算出何時全球大地震會發生，將第五太陽紀一舉終結。

世界終結日

除了一些陰森可怖的雕刻品，奧梅克時代並未留下任何文獻。但是，馬雅人——學界公認的美洲最偉大的古文明——卻留給後人極為豐富的曆法資料。這些謎樣的碑銘傳達一個相當詭異的訊息：第五太陽紀將在西元二〇一二年十二月二十三日宣告結束⓬。（編註：一說為二〇一二年十二月二十一日）

二十世紀末的學術界講究理性思考，因此，一般學者對這種「末日預言」都抱著姑妄言之、姑妄聽之的態度。學界的共識是：這些預言是迷信的產物，不值得重視。然而，周遊墨西哥那段日子，內心卻有一個聲音時時提醒我：現代西方人應該摒除偏見，傾聽一下美洲古代智者留下的訊息。萬一這些人不是我們想像中的愚昧迷信的野蠻人，萬一他們真的知道一些我們不知道的真相，那麼，我們豈不是錯過了他們想傳達的重大訊息？最要緊的是，他們預測的第五太陽紀終結日期有可能是正確的。

也許，就在這一刻，一場真正可怕的地質大災難正在地球內部醞釀中，正如馬雅族智者所預言的。

在祕魯和玻利維亞探勘古蹟時，我就已經察覺到，印加人和他們的先輩對時間的計算極為關注。如今來到墨西哥，我又發現，曾經推算出世界末日時間的馬雅族，對時間也有同樣的執著。事實上，對這個民族來說，人世間的一切都可以濃縮為數字，包括歲月的流逝和事件的發生。他們相信，如果能夠理解事件背後隱藏的數字，人類就可以精確地預測事件發生的時間[13]。中美洲神話鮮明地描繪出人類曾經遭逢的幾場大劫難。這些事件蘊含的意義我們實在很難漠視。傳說中提到巨人和洪水，令人聯想起流傳在遠方安地斯山區的神話。

不過，進一步探究這個問題之前，我打算先解開另一個相關的謎。這個謎牽涉到一個皮膚白皙、滿臉鬍鬚、名叫「奎札科特爾」（Quetzalcoatl）的神祇。據說，在很久很久以前，他乘船渡海而來，登陸墨西哥。傳說中他發明先進的數學公式和曆法制度，傳授給馬雅人，使他們能夠計算出世界末日來臨的時間。在容貌上，奎札科特爾酷似那位皮膚白淨，在「黑暗的時代」來到安地斯山帝華納科城，將文明和教化帶給當地百姓的神祇——維拉科查。

【註釋】

❶見朗納德・萊特《馬雅人的時間觀念》，頁三四三。Ronald Wright, *Time Among the Maya,* Futura Publications, London, 1991, p.343.

❷摘自狄亞哥・迪蘭達修士著，威廉・蓋茨譯註《西班牙人入侵前後的猶加敦半島》，頁七一。Friar Diego de Landa, *Yucatan before and after the Conquest,*（trans. with notes by William Gates）, Producción Editorial Dante, Merida, Mexico, 1990, p.71.

❸見米爾頓・奧爾西與哈里遜《羽毛蛇與十字架》，頁六四。Joyce Milton, Robert A. Orsi and Roman Harrison, *The Feathered Serpent and the Cross,* Cassell, London, 1980, p.64.

❹這段記載收錄於時代—生活叢書《阿茲特克：充滿血腥光輝的皇朝》，頁一〇五。*Aztecs: Reign of Blood and Splendour,* Time-Life Books, Alxeandria, Virginia, 1992, p.105.

❺同上，頁一〇三。

❻見《羽毛蛇與十字架》，頁五五。

❼摘自《梵諦岡拉丁抄本》第三七三八號，收錄於亞德拉・費南德茲《西班牙人入侵前的墨西哥神祇》，頁二一～二二。Adela Fernandez, *Pre-Hispanic Gods of Mexico,* Panorama Editorial, Mexico City, 1992, pp.21～22.

❽見艾瑞克・湯普森《馬雅人的歷史與宗教》，頁三三二。Eric S. Thompson, *Maya History and Religion,* University of Oklahoma Press, 1990, p.332. 亦見《阿茲特克曆法：歷史與象徵》。*Aztec Calendar: History and Symbolism,* Garcia y Valades Editores, Mexico City, 1992.

❾見《西班牙人入侵前的墨西哥神祇》，頁二四。

❿見約翰・畢爾赫斯特《墨西哥與中美洲神話》，頁一八六。John Bierhorst, *The Mythology of Mexico and Central*

America, William Morrow Co., New York, 1990, p.134.

⓫見司徒華・費德爾《美洲史前文化》（第二版），頁三一一～三一三。Stuart J. Fiedel, *The Prehistory of the Americas*,（second edition）, Cambridge University Press, 1992, pp.312～313.

⓬見邁可・柯伊教授《破解馬雅密碼》，頁二七五～二七六。Professor Michael D. Coe, *Breaking the Maya Code*, Thames & Hudson, London, 1992, PP. 275～276. 赫伯特・史賓登的推算則為西元二〇一一年十二月二十四日，比柯伊教授計算的日子稍早。見彼得・湯普金斯《墨西哥金字塔的奧祕》，頁二八六。Peter Tompkins, *Mysteries of the Maxican Pyramids*, Thames & Hudson, London, 1987, p.286.

⓭見《墨西哥金字塔的奧祕》，頁二八六。

第十四章 「蛇神的子民」

沉迷在維拉科查神話傳說中如此之久，當我發現，古代墨西哥眾神中的主神奎札科特爾，在各方面都跟這位蓄著鬍子的安地斯山神祇如此相似時，心中難免會感到無比的好奇。

例如，十六世紀西班牙編史家胡安·迪托克瑪達（Juan de Torquemada）蒐集的古代墨西哥神話，其中就有一則指出：奎札科特爾「皮膚白皙，臉色紅潤，頦下留著一綹長鬍子」。另一則神話把他形容為「皮膚白淨的男子，身材魁梧，額頭寬廣，大眼睛，長頭髮，臉上蓄著一綹濃密的大鬍子」❶。還有一個傳說把奎札科特爾描述成：

> 神祕的人物……皮膚白皙，體格健壯，額頭寬闊，眼神圓大，鬍子又濃又長。他身上穿著一襲曳地的白長袍。他譴責殺人祭神的制度，主張用鮮花素果供奉神祇。百姓管他叫「和平之神」……據說，別人請他對戰爭發表意見時，他立刻伸出兩根手指塞住耳朵。❷

根據一則特別引人注意的中美洲神話，「睿智的導師」奎札科特爾：

搭乘一艘無槳小船渡海而來。他是一位身材高大、滿臉鬍鬚的白人，教導百姓用火來烹調食物。他為百姓建造房屋，提倡一夫一妻的婚姻制度。那時的人喜歡吵架，他就勸導他們敦親睦鄰，和諧相處。❸

維拉科查的墨西哥孿生兄弟

讀者想必記得，維拉科查周遊安地斯山區時，一路上曾經使用過好幾個不同的化名和外號。奎札科特爾也不例外。在中美洲部分地區，尤其在奎契族（Quiche）馬雅人部落中，他被稱為古庫瑪茲（Gucumatz）。在其他地區，例如奇琴伊察古城，人們管他叫庫庫爾坎（Kukulkan）。把這兩個名字翻譯成英文，我們發現它們的意思完全相同：身上長著翎毛（或羽毛）的蛇——Plumed（or Feathered）Serpent。而這也就是「奎札科特爾」這個名字的意義❹。

中美洲還有一些神祇（尤其在馬雅人部落），身分跟奎札科特爾緊緊結合在一起。其中一位是偉大的導師佛丹（Votan）。傳說中，他的皮膚也非常白皙，臉上蓄著鬍子，身上穿著長袍。他的名字究竟蘊含什麼意義，學界至今猶未有定論，不過，他的圖徽卻跟奎札科特爾一模一樣，也是一條蛇。跟奎札科特爾關係密切的另一位神祇是馬雅人的藥神——身穿長袍、臉蓄鬍子的伊薩瑪納（Izamara），而他的圖徽也是一條響尾蛇。

研究中美洲文化的學者都同意，上述這些現象說明一個事實：西班牙征服中美洲期間，西班牙史學家蒐集的墨西哥神話和傳統，由於長久以來口耳相傳，已經變得混淆不清。然而，這些東拼西湊的傳說背後，畢竟隱藏著一個堅實的歷史真相。首屈一指的馬雅文化學者西凡紐士．莫爾禮（Sylvanus Griswold Morley）指出：

> 馬雅人尊奉的大神，「羽毛蛇」庫庫爾坎，相當於阿茲特克人奉祀的光明、學術暨文化之神奎札科特爾。在馬雅眾神中，他被視為偉大的組織家、城市的建立者、法律之父和曆法專家。他的個性和一生事蹟充滿「人」的色彩，以至於我們不得不相信，他極可能是一個真實的歷史人物。他以法律學識和組織能力造福社會，死後深受百姓追思，逐漸被尊奉為神。❺

所有的傳說都明確地指出，奎札科特爾／庫庫爾坎／古庫瑪茲／佛丹／伊薩瑪納當初是從遠方（渡過「東海」）來到中美洲，然後又傷心地離開，揚帆遠去，返回他來自的地方。傳說中，他曾對百姓莊重地許下諾言：總有一天他會回來。維拉科查不也作過同樣的

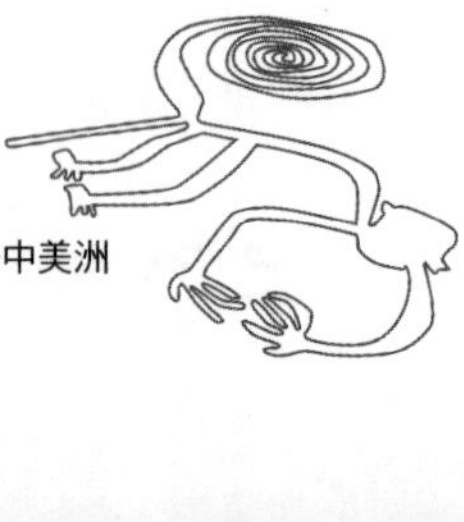

承諾嗎？這難道只是純粹的巧合？讀者想必也記得，在安地斯山區流傳的神話中，維拉科查的離去是一項神蹟——他踩著波浪消失在太平洋中。奎札科特爾離開墨西哥的過程也充滿神祕色彩，據說，他是搭乘一艘「群蛇交織成的筏子」離去的❻。

基本上，我贊同學者莫爾禮的說法，在馬雅和墨西哥神話背後探尋一個歷史事實。這些傳說似乎顯示，皮膚白皙、滿臉鬍鬚的外鄉人奎札科特爾（或庫庫爾坎，或其他名字）並非特指某一個人，而是代表好幾個人。他們來自相同的地方，屬於同一個非印第安種族（皮膚白皙，滿臉鬍鬚等等）。我們做出這樣的推斷，一方面固然是因為這些神祇關係密切，擁有相同的蛇形圖徽，顯然是屬於同一個「家族」，另一方面也是因為許多墨西哥和馬雅傳說都明確地提到，奎札科特爾／庫庫爾坎／伊薩瑪納來到墨西哥時，身邊帶著一群「隨從」或「助手」。

例如，古代馬雅宗族典籍《奇蘭巴蘭之書》（*Books of Chilam Balam*）的一些神話就提到：「猶加敦半島的最早居民是『蛇神的子民』。」他們乘船從東方渡海而來。這群人的領袖是「東方的蛇神」伊薩瑪納。據說，他醫術精湛，只消用手觸摸，病人就會豁然而癒，甚至連已經斷氣的人都能復活❼。

另一個傳說則指出：「庫庫爾坎帶著十九個夥伴前來，其中兩個夥伴是魚神，其他兩位是五穀之神，另一位是雷神……他們在猶加敦居留十年。庫庫爾坎制定公正明智的法律，然後揚帆而去，消失在日出的地方……」❽

根據西班牙編史家拉斯．卡薩斯（Las Casas）的記載：「當地土著傳說，遠古時代，庫庫爾坎率領二十個手下來到墨西哥……他們身穿長袍，腳趿涼鞋，臉上蓄著很長的鬍鬚，頭上不戴帽子……庫庫爾坎勸導百姓和睦相處，建設家園……」⑨

另一位西班牙編史家胡安．迪托克瑪達，記錄一則非常特別的古老傳說，提到那群追隨奎札科特爾來到墨西哥，相貌十分威嚴的外鄉人：

> 這些男子身材挺拔，舉止優雅，穿著體面的亞麻布黑長袍，敞開胸口，沒有披肩，領子開得很低，短袖子只遮住上臂……他們都是奎札科特爾的門徒，學識淵博，精通各種技藝。⑩

奎札科特爾彷彿是維拉科查從小失散的孿生兄弟。就像那位皮膚白皙、滿臉鬍鬚的安地斯山神祇，奎札科特爾把各種技藝和知識引進墨西哥，為當地百姓創造文明的生活，給他們帶來一個文化上的黃金時代。傳說中，他教導中美洲土著使用文字，替他們制定曆法，把建築知識和石砌技術的奧祕傳授給他們。因此百姓尊他為數學、冶金學和天文學之父。據說，他曾經「測繪整個地球」。他改善當地的農耕，提高生產；當地百姓傳說，玉蜀黍——古代中美洲地區人民的主食——就是他發現並且加以推廣的。身為醫生和藥師，他獎勵醫療事業，贊助占星藝術，「向老百姓揭露植物中隱藏的奧祕」。此外，他還被中

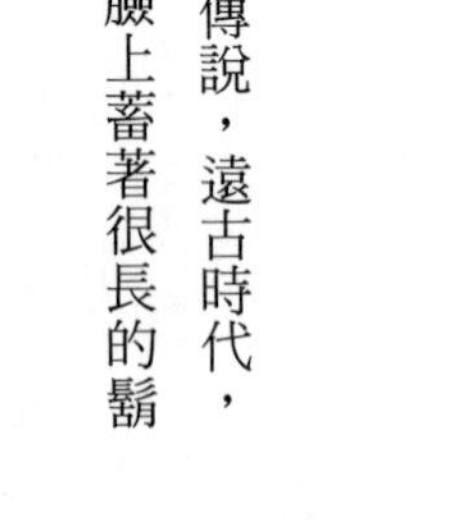

美洲土著尊奉為法律的制定者、工匠的保護者、一切藝術的贊助人。

這樣一個溫文儒雅、深具藝術修養的人，當然不能容忍他在墨西哥看到的邪惡祭典；掌權後，他立刻下令禁止殺人祭神。他離開墨西哥後，當地土著又恢復這種充滿血腥的儀式，而且變本加厲。儘管如此，連中美洲歷史上最熱衷殺人祭神的阿茲特克人，也對「奎札科特爾時代」充滿懷念和嚮往。阿茲特克部落流傳的一個故事提到：「他是一位導師，勸誡百姓切莫傷害任何有生命的東西；他曉諭百姓，祭典不應殺人，應以鳥雀和蝴蝶取代人為祭品。」⓫

正邪大對決

奎札科特爾為什麼要離開？到底什麼地方出了差錯？

流傳在墨西哥的故事，為這兩個問題提供了答案：一個名為「泰茲喀提波卡」（Tezcatilpoca，意為「冒煙的鏡子」）的邪神，推翻「羽毛蛇」奎札科特爾的仁政，結束他的開明統治。泰茲喀提波卡要求恢復殺人的祭典。於是，正邪兩種勢力在古代墨西哥展開驚天動地的大對決，最後，邪惡的一方贏了……

這場大對決的舞台，據說是在今天名為圖拉（Tula，墨西哥城北面約六十五公里處）的地方。圖拉這個城市，其實並不特別古老——歷史不超過一千年——但是，環繞著它的神話和傳說卻可以追溯到很久很久以前。在史前時代，此地名為托央（Tollan）。所有的傳說都同意，就在托央這個地方，泰茲喀提波卡打敗了奎札科特爾，迫使他離開墨西哥。

火蛇

墨西哥伊達戈省（Hidalgo Province）圖拉市（Tula）

我坐在一座金字塔上，這個古蹟被草率地命名為「金字塔二號」（Pyramid B），頂端方正平坦。晌午的豔陽從蔚藍的天空直直灑落下來。我朝向南方，四下眺望。

金字塔底部，在東邊和北邊的石壁上，畫著美洲虎和兀鷹吞噬人心的圖像。在我身後，有一排聳立著四根石柱和四尊面目猙獰、身高九英尺的花崗岩雕像。猶未挖掘完成的「金字塔三號」（Pyramid C）蹲伏在我左前方的地面上。它是一座長滿仙人掌的土墩，大約四十英尺高。還有好幾座土墩矗立在遠處，等待考古學家開挖。我右邊是一座球場。古時候，在這個I字形競技場上，經常舉行古羅馬式的血腥格鬥遊戲。兩隊選手——有時僅僅是兩名勇士——互相搏鬥，爭奪一顆橡皮球；輸的一方會被砍頭。

佇立在我身後平台上的四尊雕像，渾身散發出陰森森的氣息。我站起身來，仔細瞧瞧他們。雕刻家賦予他們一張嚴酷的臉孔、一隻鷹鉤鼻和一雙空洞的眼眸，使他們看起來格外冷漠無情。然而，最吸引我的並不是他們那些猙獰可怖的臉孔，而是他們手裡緊

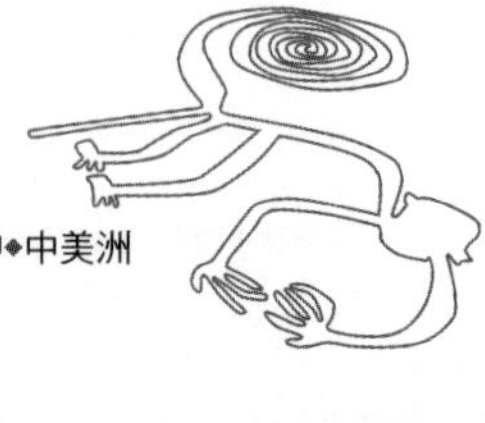

緊握著的器物。考古學家承認，他們並不真的知道那是什麼東西，不過他們還是做了一些臆測。現在一般學者都認為，雕像右手握的是當地土著稱為「阿特爾—阿特爾」（atl-atl）的標槍投擲器，左手拿的則是「標槍或箭和檀香袋」[12]。事實上，雕像手中的東西怎麼看都不像標槍投擲器、標槍、箭或檀香袋。

讀者不妨瞧瞧我的夥伴桑莎拍攝的照片（見一九○頁，圖38），然後自行判斷，雕像手中的器物究竟是什麼東西。我自己在觀覽這些器物時，倒是覺得它們原本是金屬做的某一種器械。右手的東西，仿彿從刀鞘或刀柄伸出來，看來像是一種菱形的兵刃，下端的刀鋒彎曲。左手的東西則

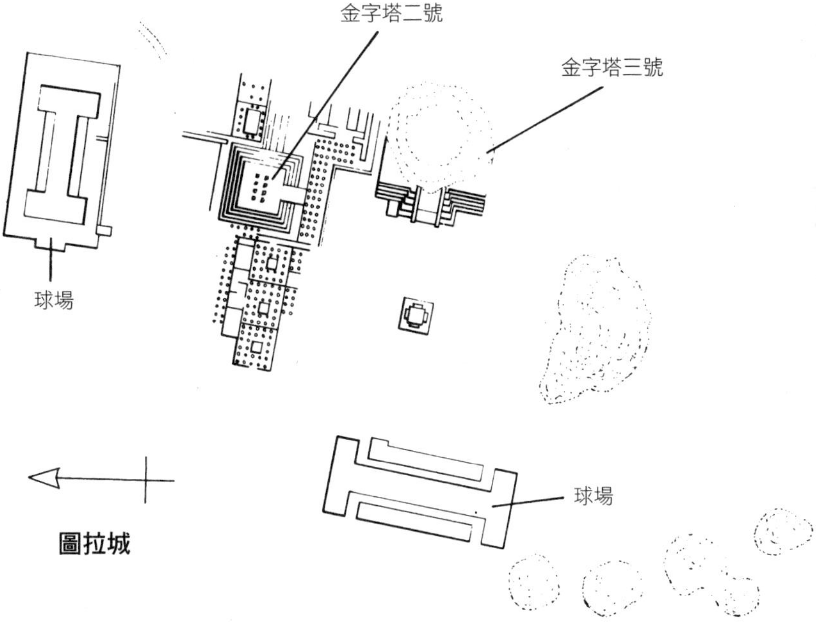

圖拉城

可能是某種工具或武器。

我記得，有些傳說提到，古代墨西哥的神祇都把「火蛇」（xiuhcoatl）當作武器[13]。這種兵刃顯然會噴射出火光，穿透人體。圖拉城金字塔雕像手裡握著的器物莫非就是「火蛇」？而「火蛇」究竟是什麼呢？

不管這些玩意是什麼，它們看起來倒像高科技產品，而且，在某些方面讓人聯想起帝華納科古城卡拉薩薩雅廣場上的雕像手中的神祕器物。

冒煙鏡子

我和桑莎特地前來圖拉／托央城一遊，因為這個地方跟奎札科特爾和他的死敵——渾名「冒煙鏡子」的泰茲喀提波卡——關係十分密切。傳說中的泰茲喀提波卡既年輕又擁有無邊的法力，但他代表的卻是黑暗邪惡的勢力，而他的圖騰是一隻尊貴的美洲虎。他「倏忽出沒，冷酷無情，有時如同一道陰影飛閃過人們眼前，有時則化身為一個面目猙獰的怪物。」[14]在中美洲神話中，他經常被描繪成一個怒目而視的骷髏頭。據說，他擁有一個神祕的法寶「冒煙鏡子」；透過這面魔鏡，他可以躲在遠處窺伺人類和神祇的活動。學者推測，它可能是一種占卜用的黑曜石水晶球：「對墨西哥人而言，黑曜石具有特殊的神性，祭司使用的法刀就是用黑曜石打造成的……伯納爾．狄雅茲（Bernal Diaz，西班牙編史

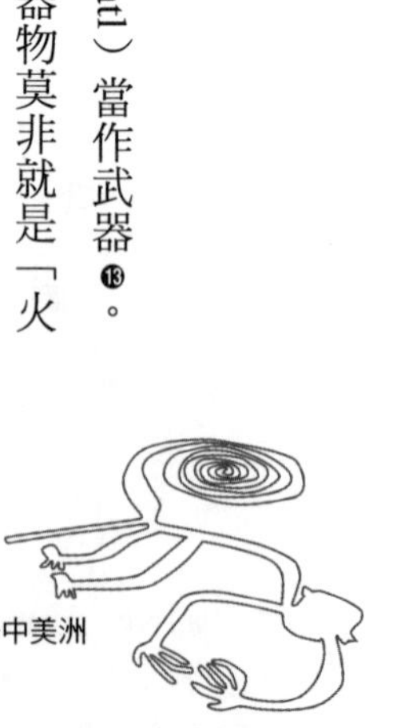

家）提到，墨西哥人管這種石頭叫『泰茲喀』（Tezcat）。黑曜石打磨成的鏡子，被巫師用來當作占卜的器具。」⓯

傳說中，代表黑暗和淫邪勢力的泰茲喀提波卡，和光明之神奎札科特爾展開殊死決鬥。在漫長的征戰過程中，雙方打得難分難解，互有勝負。當這場驚天動地的大對決宣告結束時，邪惡戰勝正義，奎札科特爾被逐出托央地區。此後，在泰茲喀提波卡的邪教影響下，殺人祭神的舊俗又在中美洲各地死灰復燃。

上文提到，傳說中，奎札科特爾戰敗後逃到海邊，搭乘一艘「蛇筏」離去。根據一則傳說的記述：「他把他那幾棟用銀子和貝殼裝飾的房屋燒毀，將財寶全都埋藏起來，然後在化身成一群鳥兒的隨從引導下，揚帆而去，消失在東海中。」⓰

這場淒涼感人的訣別，據說發生在哥查哥科斯（Coatzacoalcos），而這個地名的意思正是「蛇神的避難所」⓱。臨別時，奎札科特爾向追隨他的百姓許諾：總有一天他會回來，推翻泰茲喀提波卡的邪教政權，展開一個新的時代——那時，諸神將不再享用人血，改而接受「鮮花素果的祭品」⓲。

【註釋】

❶見胡安・迪托克瑪達《印第安王朝》，卷一，引述於康絲丹・歐文《白神與石臉》，頁三七～三八。Juan de Torquemada, *Monarchichia Indiana,* volume I, cited in Constance Irwin, *Fair Gods and Stone Faces,* W.H. Allen, London, 1964, pp.37～38.

❷摘自《古代北美洲》，頁二六八，引述於《亞特蘭提斯：洪水前的世界》，頁一六五。

❸摘自《墨西哥與中美洲神話》，頁一六一。

❹見尼格爾・戴維斯《墨西哥古代王國》，頁一五二。Nigel Davis, *The Ancient Kingdoms Of Mexico,* Penguin Books, London, 1990, p.152. 亦請參閱瑪麗・米勒與卡爾・陶比《古代墨西哥和馬雅人的神祇與象徵》，頁一四一～一四二。Mary Miller and Karl Taube, *The Gods and Symbols of Ancient Mexico and the Maya,* Thames & Hudson, London, 1993, pp.141～142.

❺摘自西凡紐士・格里斯沃德・莫爾禮著，艾瑞克・湯普森序《馬雅象形文字研究導論》，頁十六～十七。Sylvanus Griswold Morley, *An Introduction to the Study of Maya Hieroglyphs* (introduction by Eric S. Thompson), Dover Publications Inc., New York, 1975, p.16～17.

❻見《白神與石臉》，頁六二。*Fair Gods and Stone Faces,* p.62.

❼見《墨西哥金字塔的奧祕》，頁三四七。

❽見《拉路斯最新神話百科全書》，頁四三九。*New Larousse Encyclopaedia of Mythology,* Paul Hamlyn, London, 1989, p.439.

❾見詹姆士・拜禮《神王與巨人》，頁二〇九。James Bailey, *The God-Kings and the Titans,* Hodder and Stoughton, London, 1972, p.206.

❿摘自《白神與石臉》，頁三七～三八。

⓫見《神王與巨人》，頁五七。

⓬見《墨西哥》，頁一九四～一九五。*Mexico,* Lonely Planet Publications, Hawthorne, Australia, 1992, pp.194～195.

⓭見《古代墨西哥和馬雅人的神祇與象徵》，頁一八五、一八八～一八九。

⓮見《拉路斯最新神話百科全書》，頁四三七。

⓯見劉易士・史賓斯《墨西哥的魔法與祕術》，頁五一。Lewis Spence, *The Magic and Mysteries of Mexico,* Rider, London, 1922, p.51.

⓰見《拉路斯最新神話百科全書》，頁四三七。

⓱見《白神與石臉》，頁一三九～一四〇。

⓲見《羽毛蛇與十字架》，頁三五及頁六六。

第十五章

「墨西哥的通天塔」

我們開車從圖拉出發，朝向東南方行駛，沿著一連串雜亂無章的高速公路，穿過首都墨西哥市（Mexico City）郊外那一片迷濛嗆人的污濁空氣，然後一路攀升，進入松林遍佈的山陵，經過白雪皚皚的波波卡特佩特火山（Popocatepetl），行駛在田野中一條濃蔭夾道的公路上。

傍晚時分，我們抵達卓魯拉（Cholula）。這個死氣沉沉的小鎮，人口雖然只有一萬一千，市中心卻有一個寬闊的廣場。我們往東行駛，穿過狹窄的街道，越過一條鐵路，把車子停在印第安人稱為「特拉契哇泰泊特爾」（Tlahchiualtepetl）的「人造山」陰影下。我們此行的目的就是為了瞻仰這個古蹟的風采。

這座巨型建築物，號稱古代世界規模最龐大的工程計畫之一。它一度是奉祀和平之神奎札科特爾的聖殿，如今卻被天主教佔據，在其上興建一棟裝飾華麗的教堂。這座古建築的地基占地四十五英畝，高二百一十英尺，在規模上超過埃及的大金字塔三倍。在歲月

的侵蝕下，儘管輪廓已經變得模糊，周邊也長滿野草，但依稀可以看出，它原本是一座宏偉、莊嚴的古巴比倫式寶塔（Ziggurat），擁有四道整齊峭直的「階梯」，直達雲霄。寶塔的底部，每一邊幾乎長達半英里。雖然飽受踐踏凌辱，但這座古建築仍舊保持它的尊貴和美。

蒙塵的古蹟並不會永遠保持緘默。有時候它會向世人傾訴。這會兒站在寶塔下，我彷彿聽到了它的心聲。當「征服者」柯特茲（Hernán Cortés，一四八五～一五四七，西班牙探險家）率領西班牙軍隊橫掃墨西哥，「剷除一個文化，如同一個路人隨手折下路邊一朵向日葵」時❶，這座寶塔目睹墨西哥人民所遭受的身心創傷和屈辱。當時的卓魯拉城是一個偉大的宗教聖地，擁有十萬人口。為了徹底消滅墨西哥的古老傳統和生活方式，征服者挖空心思，想盡辦法糟蹋奎札科特爾的聖殿。這幫人最後想出一個伎倆：把矗立在寶塔頂端的聖殿整個砸掉，在原址建造一間教堂。

柯特茲和他的手下不過是一小撮人，而卓魯拉城卻有十萬居民。然而，當這支西班牙軍隊開拔進卓魯拉城時，他們卻擁有一個重大的戰略優勢：這群皮膚白皙、滿臉鬍鬚、身披鎧甲的外鄉人，在墨西哥土著看來，簡直就是古老傳說所預言的天兵神將——當初「羽毛蛇神」奎札科特爾離開時，曾經向百姓許諾，總有一天他會帶著徒眾「渡過東海」，回到墨西哥❷。

在這種期待心理下，純真老實的卓魯拉居民竟然讓西班牙軍隊攀登上寶塔的階梯，進入神殿的正院。在這兒，一群群打扮得花枝招展的女郎輪番唱戲，演奏各種樂器，歡迎遠來的貴賓。僕役穿梭酒席間，端來一盤盤麵包和精心烹調的菜肴。

一位西班牙編史家目睹事件的過程。根據他的記載，全城百姓不分貧富貴賤、男女老少，齊聚神殿前，「身上並未攜帶任何武器，臉上掛著歡欣的笑容，爭相擠進神殿大門，準備聆聽白人貴賓的演講。」西班牙人利用鎮民們的純真無知，趁機關閉和封鎖神殿所有入口，然後出其不意拔出佩劍，刺殺熱誠招待他們的主人❸。在這一場血腥屠殺中，總共有六千人被殺❹。西班牙人的殘暴野蠻，比起舉行殺人祭神儀式的阿茲特克人實在不遑多讓。「卓魯拉鎮民措手不及。他們身上並未攜帶刀箭和盾牌，無從抵抗西班牙人。就這樣，他們一個個糊里糊塗送了命。他們上了西班牙人的當，成了冤死鬼。」❺

諷刺的是，征服祕魯和墨西哥的西班牙軍隊，都受益於土著間流傳的神話：一位皮膚白皙、滿臉鬍鬚的神祇總有一天會回來。如果這位神祇是一個被神化的凡人，那麼，他必定是一個文明的、正派的人物，或者，更精確地說，兩個背景相似的人物，一個在墨西哥活動，成為後來的神祇「奎札科特爾」，另一位出現在祕魯，成為「維拉科查神」。入侵的西班牙人，在相貌上酷似這兩位早他們來到美洲的白人，這使得他們征服美洲的計畫進行得格外順暢。然而，跟這兩位仁慈、睿智的先輩不同的是，征服安地斯山區的皮澤洛將軍，和蹂躪中美洲的柯特茲將軍卻是兩頭餓狼。一路揮軍進擊，他們張開血盆大口，吞噬落入他們手中的土地、人民和文化。他們幾乎摧毀了一切……

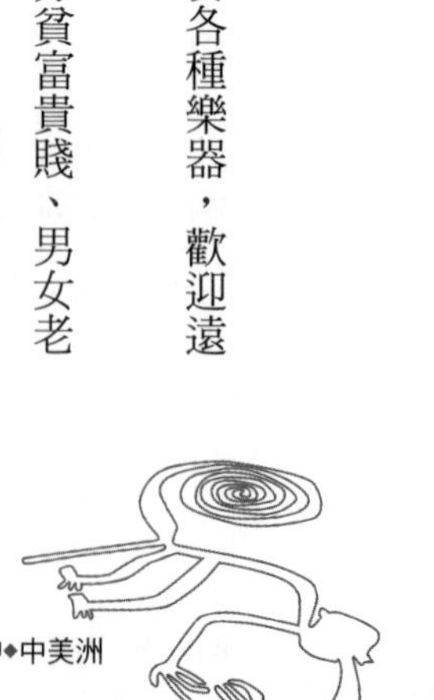

文化大浩劫

眼睛被無知、偏見和貪婪蒙蔽的西班牙人抵達墨西哥時，一舉摧毀了人類祖先留下的一筆珍貴遺產。由於他們的愚蠢，人類的後代子孫再也無法真切瞭解崛起於中美洲，一度十分昌盛輝煌的文明。

譬如，供奉在米茲特克族（Mixtec）印第安人的都城亞契奧特蘭（Achiotlan）聖殿內的那個發光「神像」，到底是什麼來歷呢？透過十六世紀一位目擊者伯哥亞神父（Father Burgoa）的記載，我們才知道當時確實有這麼一種稀世之珍：

> 這個東西價值連城。它是一顆綠寶石，大小相當於一只番椒，上面精工鐫刻著一隻小鳥兒，和一條盤蜷著身子伺機展開攻擊的小蛇。這顆寶石十分晶瑩，透明得能夠從內部發射出光芒，有如炮火一般明亮。這是一件非常古老的珠寶，現在已經沒有人曉得它的來源，也沒有人知道為什麼它會被供奉在神殿內，受老百姓膜拜。[6]

今天，如果我們有機會檢視這類「非常古老」的寶石，我們會探究出什麼祕密來呢？它究竟有多古老？我們永遠找不到答案，因為天主教會派到亞契奧特蘭城的第一位傳教士貝尼多神父（Fr Benito），從印第安人手中搶走了這件珠寶：「有個西班牙人出價三千金幣收購這顆寶石，但神父拒絕了。神父把整顆寶石碾碎，磨成粉末，然後將粉末和水一塊攪拌，倒在地上，用腳狠狠踐踏……」❼

阿茲特克皇帝蒙特祖瑪（Montezuma）致贈西班牙統帥柯特茲的兩件禮物，是極為珍貴的墨西哥歷史文物，但落入莽夫手裡，也難免遭逢同樣的噩運。這兩件禮物是圓形的日曆，大小相當於車輛，一個用白銀打造，一個用純金鑄成，上面都鐫刻著美麗的象形文字，蘊含珍貴的歷史資料。柯特茲將軍接下禮物後當場下令把它熔化，鑄成金塊和銀錠❽。

在中美洲各地，一些人四處搜括歷史文物，將它們堆集在一塊，放一把火燒掉。他們以這種方式，有系統地消滅印第安人的古老文化和知識。例如，一五六二年七月，在曼尼城（Mani，位於今天猶加敦半島美里達市（Merida）南郊）市中心廣場上，狄亞哥・迪蘭達神父（Fr Diego de Landa）親手燒毀成千上萬的馬雅古籍抄本、故事畫冊和書寫在鹿皮上的象形文字書卷。同時，他也砸碎了無數神像和神壇——根據他的說法，這些東西都是「魔鬼的玩意兒，用來欺騙印第安人，防止他們信奉基督……」❾他還在別的城市幹過焚書砸神像的事。據他自己招認：

我們搜查到大批書籍（全都用印第安人的文字寫成）。由於書中記載的全是迷信的

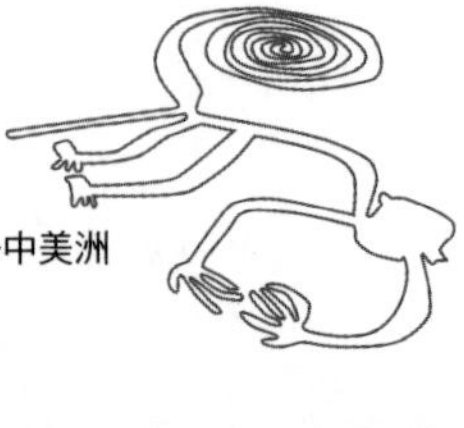

圖21 墨西哥猶加敦半島奇琴伊察古城戰士廟。前面是一尊「查克穆爾」神像，眼睛凝視西方——傳統中代表死亡的方向。神像背後，神廟後邊，裝設著一個用幾根低矮柱子支撐的祭壇。神像雙手捧著放置在腹前的盤子，是用來承受剛被挖取出來的人心。信徒們相信，殺人祭神可以延緩世界末日的來臨。

圖22 奇琴伊察古城的庫庫爾坎的奎札科特爾神殿。當初興建這座宏偉莊嚴的寶塔時，建築師運用先進的大地測量學技術，以營造特殊的光影效果：每年春分和秋分時節，這座寶塔準時投下迷離交錯的光影，在北面的階梯上創造出一條大蛇蜿蜒爬行的幻象。

圖23、24 拉文達廢墟出土的「殺嬰壇」正面和側面。殺嬰祭神的儀式據說與奧梅克人有關。奧梅克人被稱為中美洲的「母文化」，因為它是目前所知中美洲最古老的文明。

圖25、26、27、28 奧梅克人頭雕像，每一尊重達六十噸，所描繪的人物五官容貌，顯然不是美洲本地人種。

圖29，30、31、32 與奧梅克人頭像埋藏在同一地層中的另一批雕像，所描繪的卻是留著鬍子的白人（出土於拉文達和阿爾班山廢墟）。一如南美洲安地斯山神祇維拉科查，傳說中的中美洲神祇奎札科特爾身材高大，皮膚白皙，滿臉鬍鬚。

圖33 拉文達奧梅克文明遺址出土的「蛇中人」雕像。人物頭飾上鐫刻的X形十字架，令人聯想到其他地區——例如安地斯山帝華納科古城和古代埃及——發現的十字架和蛇的圖形。這些圖形都出現在耶穌誕生之前。此外，值得注意的是，人物所乘坐的「羽毛蛇」，看起來彷彿是一種奇異的機械。

圖34 坐落於帕連克馬雅古文化遺址的「碑銘神殿」，是一座精美的階梯式金字塔。

圖35 碑銘神殿內的墓室，據說就是帕連克統治者帕卡爾的埋葬地點。

圖36 拓印自石棺棺蓋的圖案，顯示一名男子坐在某種奇異的機械內。

圖37 墨西哥圖拉古城金字塔平台上矗立的一群神像。

圖38 其中一尊神像手中持有武器。中美洲神話提到一種名為「火蛇」的噴火武器，據說可以貫穿和分解人類的身體。

圖39 烏斯瑪爾廢墟的「魔法師金字塔」。根據馬雅人的傳說，有一個法力無邊的侏儒，在一夜之間興建起這座高達一百二十英尺的金字塔。

圖40 來自墨西哥市的遊客，聚集在特奧蒂瓦坎古城月亮金字塔頂端，瞭望城中那條寬廣筆直、依照天文學原理設計的大道「亡靈之路」。大道東邊矗立著宏偉的太陽金字塔。建立特奧蒂瓦坎城的文明，已經從人類歷史中消失。

圖41 從奎札科特爾神殿眺望太陽金字塔（前方）和月亮金字塔。

玩意兒和魔鬼的謊言，我們乾脆放一把火把它們燒掉。當地土著眼睜睜在旁觀看，心痛極了，難過極了。❿

心痛的豈只是「土著」！任何想探究古代文化和歷史真相的人，不管活在什麼時代，都會為這場文化大浩劫感到心痛。

參與西班牙占領軍剷除中美洲傳統文化行動的還有很多「神職人員」，其中有些人的作風，比起狄亞哥·迪蘭達還要殘酷無情，還要有「效率」。這夥人中，聲名最狼藉的要算是墨西哥主教胡安·迪祖瑪拉嘉（Juan de Zumarraga）；據他自己招認，在任內他總共砸毀二萬尊印第安神像和五百間印第安神廟。一五三〇年十一月，他把已經皈依天主教的一位阿茲特克貴族綁在火刑柱上活活燒死，罪名是：私下膜拜印第安人的「雨神」。不久之後，這位主教又在帖斯科科城（Texcoco）市集廣場上生起一堆大火，將過去十一年西班牙占領軍從阿茲特克人手中掠奪的珍貴文物，諸如天文資料、繪畫、手稿和象形文字書卷，一股腦兒燒得乾乾淨淨⓫。隨著上升的火焰和四下飛揚的灰燼，我們對中美洲古代文化和歷史的瞭解，也從此化為烏有。

古代中美洲各民族留下的文字記錄，今天倖存的究竟有多少呢？答案是：由於西班牙人的暴行，留存到今天的抄本和書卷，數量不到二十。

據說，那幫人燒毀的文件，有許多記載著「遠古的歷史」。

究竟是怎麼樣的歷史呢？其中包含什麼祕密呢？

巨人與高塔傳說

就在焚書行動如火如荼展開之際，有些西班牙人已經開始領悟：「一個真正偉大的文明，曾經存在於阿茲特克人之前的墨西哥。」[12]說來詭異，最早醒悟的就是那位燒書燒得最起勁的狄亞哥．迪蘭達。顯然，在曼尼城演出一場公開燒書的表演之後，他的心靈經歷過一番「大徹大悟」。垂暮之年，他痛下決心，全力蒐集猶加敦半島土著的神話和口傳歷史，以挽救他曾不遺餘力摧毀的古代文化和智慧。

聖芳濟修會的修道士伯納狄諾．迪薩哈岡（Bernardino de Sahagun）是一位編史家；他記載的中美洲歷史和傳說使我們獲益良多。據說，這位傑出的語言學家「四處尋訪印第安耆老，央求他們使用阿茲特克象形文字，就記憶所及，寫下阿茲特克族的歷史、宗教和傳說。」[13]他將歷年蒐羅的古代墨西哥人種、神話、社會和歷史資料彙編成一部十二卷的鉅著。問世後，這部著作卻遭西班牙當局查禁。所幸有一份抄本流傳下來，雖然並不完整。

另一位聖芳濟修士狄亞哥．迪杜蘭（Diego de Duran）一生孜孜不倦，致力於蒐集本土神話和傳說，試圖挽回已經淪喪的古代文化和知識。一五八五年，他造訪卓魯拉城。其時，墨西哥社會正經歷一場史無前例的劇變。在卓魯拉城，狄亞哥修士訪問一位據說年紀超過一百歲的老者，聽他訴說當初興建寶塔的故事：

起初，太陽的光還沒被創造出來，卓魯拉這個地方一片黑暗混沌。大地平坦遼闊，沒有山丘；整個平原被水環繞，沒有樹，也沒有生靈。太陽和光從東方升起之後，世界上立刻出現一群畸形的巨人，占據所有土地。他們愛上美麗的太陽和光，決定建造一座塔；這座塔非常高，塔頂碰觸到天堂。他們蒐集建築材料，接著又找到一種黏性很強的泥巴和瀝青，立刻開始動手建造高塔……這座塔終於建到最大的高度，塔頂碰觸到天堂。天堂之主非常生氣，就對天上的居民說：「你們有沒有看到，地上的凡人被太陽的光和美色迷住，建造一座狂傲的高塔，直通到我們這兒來。你們去教訓他們，不要讓這些凡夫俗子混進天堂，跟我們生活在一塊。」於是，天上的居民紛紛出擊，有如閃電一般；他們摧毀了高塔，把造塔的人驅散到世界各地。⓮

中美洲的這個傳說，跟基督教《聖經》講述的巴別塔（Tower of Babel，亦稱巴比倫塔。據《聖經》記載，是當時人類興建，希望能通往天堂的高塔）故事有七八分雷同，而《聖經》的故事是從更古老的美索不達米亞傳說演變而來的。為了探索這個故事的意義，我特地前來卓魯拉城查訪。

中美洲的高塔傳說和中東地區的巴別塔故事之間，關係顯然非常密切。兩者的共同點顯而易見，但是，我們也不能忽視其間的重大差異。當然，東西方兩個故事之所以有這些共同點，也許是因為早在哥倫布發現美洲之前，這兩個地區的文化已經有過接觸，但未被歷史所記載。有一個理論，倒是可以同時解釋兩個故事之間的共同點和差異：高塔傳說的兩個版本，源自一個共同的、極為古老的祖先，爾後數千年間各自演變發展，形成現在的樣子。到底有沒有這種可能呢？

永恆的建築物

《聖經》〈創世紀〉講述的「通天之塔」故事是這樣的：

那時，天下人的口音言語都是一樣。他們往東邊遷移的時候，在迦南地遇見一片平原，就住在那裡。他們彼此商量說：「來吧，我們要做磚，把磚燒透了。」他們就拿磚當石頭，又拿石漆當灰泥。他們說：「來吧，我們要建造一座城和一座塔，塔頂通天，為要傳揚我們的名，免得我們分散在全地上。」耶和華降臨，要看看世人所建造的城和塔。耶和華說：「看哪，他們成為一樣的人民，都是一樣的言語，如今既做起這事來，以後他們所要做的事，就沒有不成就的了。我們下去，在那裡變亂他們的口音，使他們的言語彼此

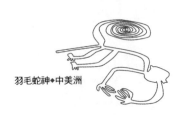

不通。」於是，耶和華使他們從那裡分散到全地上。他們就停工，不造那城了。因為耶和華在那裡變亂天下人的言語，使眾人分散在全地上，所以那城名叫巴別。⑮

這段經文最讓我感興趣的一節是：巴別塔的建造者聲稱，他們之所以要建造一座永恆的建築物，為的是讓他們的名字永垂不朽——即使他們的文明和語言被遺忘。那麼卓魯拉高塔的建造者，是否也有相同的動機呢？

根據考古學家推算，在墨西哥，只有少數幾座古建築物具有兩千年以上的歷史。卓魯拉城絕對是其中的一座。沒有人能夠確定，它的城垛究竟是在多古遠的時代開始興建的。有跡象顯示，這座城於西元前三百年開始積極擴充和發展時，一些古老的建築物早就存在了好幾千年；在它們的遺址上，現在矗立著宏偉的奎札科特爾寶塔。

考古界以往的一些發現足以證明：一個極為古老的文明所留下的遺跡，目前仍隱藏在中美洲各地，等待考古學家挖掘。例如，墨西哥市大學校園南邊，連接著首都到奎納瓦卡市（Cuernavaca）的公路旁，矗立著一座圓形的階梯金字塔，結構十分繁複，具有四道走廊和一道主梯。一九二〇年代，這座金字塔的一部分遺跡被考古學家從火山熔岩中挖掘出來。一群地質學家接受邀請來到現場，幫助鑑定這些熔岩的年代。結果出乎大家意料，經過詳細檢驗後，他們竟然做出這樣的結論：這場將金字塔三面全部掩埋（接著又將周圍六十平方英里的土地覆蓋）的火山爆發，肯定是發生在「至少七千年以前」⑯。

這項地質證據卻被歷史學家和考古學者刻意忽視，因為他們根本不相信，在那麼古遠的時代，墨西哥就已經存在一個具有建造金字塔能力的文明。值得一提的是，替「國家地理學會」（National Geographical Society）挖掘這個古蹟的美國考古學家拜倫．康明斯（Byron Cummings），面對這座金字塔上方和下部區隔分明的層級結構（包括火山爆發前和之後完成的），不得不承認：「迄今為止，這是美洲大陸上發現的最古老神廟。」他推算的日期甚至比地質學家鑑定的還要古遠。他斬釘截鐵地指出：「這座神廟在八千五百年前左右淪為廢墟。」⑰

層層疊疊的金字塔

進入卓魯拉金字塔內部，感覺上，真的就像鑽進一座人造山丘似的。裡面的隧道（總長度超過六英里）並不古老——從一九三一年到一九六六年經費枯竭為止，好幾隊考古學家在金字塔內部賣力挖掘，留下了這些隧道。可是，不知怎的，這一條條狹窄、低矮的地下迴廊卻感染上周圍建築物的古舊氣息，既潮濕又沁涼，陰森森地，令人毛骨悚然。

在一支手電筒引導下，我們一步一步走進金字塔深處。考古學家根據出土的文物斷定，這座金字塔並不是某一個朝代的產物（這點跟埃及吉薩地區的金字塔不同），而是經過極為漫長的一段時間——根據保守估計，至少二千年左右——逐步興建完成的。

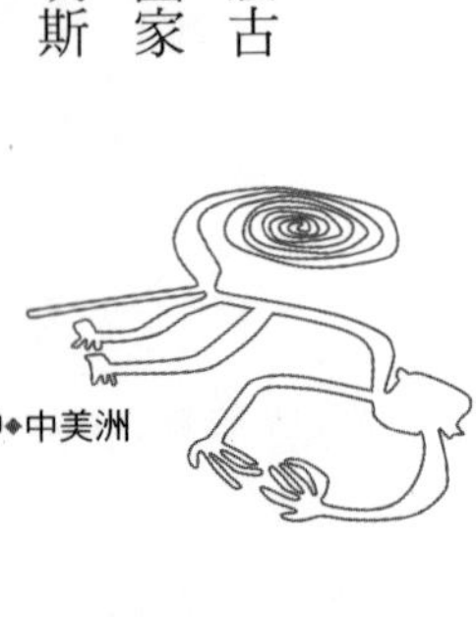

換句話說，它是一項集體工程計畫，由許多世代的勞工合力完成。參與者來自不同的文化和民族，包括奧梅克、特奧蒂瓦坎（Teotihuacan）、圖特克（Toltec）、薩波特克（Zapotec）、米茲特克、卓魯拉和阿茲特克等先後崛起於墨西哥的民族。從史前開始，這些文化都曾經影響到卓魯拉這座古城⑱。

雖然我們無從斷定究竟誰才是這座金字塔的起造者，但是，考古學家已經確認，最早的工程包括一座圓錐形的高聳金字塔，形狀如同一個底部朝天的水桶，頂端平坦，建有一間神廟。過了很多年，第二座相似的土造金字塔，被添置在原先那座金字塔上，同時，在第一座金字塔頂端加鋪堅厚的石板，使神廟的地基高出周圍的平原二百多英尺。此後一千五百年間，估計有四、五個其他民族和文化參與建築工程，使卓魯拉金字塔具備今天的面貌。這些民族先後擴充金字塔的地基，但不再增加它的高度。就這樣，有如執行一項整體工程計畫似的，卓魯拉城的「人造山」一步一步顯現出它那典型的、四層的寶塔結構。今天，它的底部每一邊長達一千五百英尺，約莫是埃及吉薩大金字塔的兩倍，而總體積則高達令人咋舌的三百萬立方公尺。誠如一位專家指出的：「這是人類在地球上建造的最大一棟建築物。」⑲

所為何來？

幹嘛要費那麼大的工夫？

中美洲的人民究竟想給自己留下什麼名聲？

穿梭在密如蛛網的隧道中，吸著地底陰涼的泥沙氣息，我只覺得頭頂那座龐大沉重的金字塔，無情地朝我直壓下來。這是全世界最大的一棟建築物；人們把它樹立在這兒，是為了奉祀一位神祕的中美洲神祇。

由於西班牙占領軍和天主教會的愚昧與偏見，今天，我們對奎札科特爾和他門徒的來歷和事蹟，幾乎一無所知。這些入侵的西班牙人，拆掉卓魯拉城的古老神殿，砸毀神像、祭壇和鐫刻著日曆的石碑，燒毀無數文物，包括手抄本、繪畫和象形文字書卷。這幫人試圖消滅中美洲人民的歷史和文化，而他們幾乎成功了。然而，流傳在百姓之間的神話，卻鮮明地、肯定地告訴我們：最早建造卓魯拉金字塔的是一群「畸形巨人」。

【註釋】

❶見《白神與石臉》，頁十二。
❷同上，頁三～四。
❸見《墨西哥金字塔的奧祕》，頁六。
❹見《墨西哥》，頁二二四。
❺目擊者的記述，收錄於《墨西哥金字塔的奧祕》，頁六。
❻摘自《墨西哥的魔法與祕術》，頁二二八～二二九。
❼同上。

❽見《墨西哥金字塔的奧祕》，頁七。

❾見《西班牙人入侵前後的猶加敦半島》，頁九。亦見《墨西哥金字塔的奧祕》，頁二〇。

❿摘自《西班牙人入侵前後的猶加敦半島》，頁一〇四。

⓫見《墨西哥金字塔的奧祕》，頁二一。

⓬同上，頁二三。

⓭同上，頁二四。

⓮摘自狄亞哥．迪杜蘭〈新西班牙的古代歷史〉（一五八五年），收錄於伊格納修斯．唐納里《亞特蘭提斯：洪水前的世界》，頁二〇〇。Diego de Duran, "*Historia antiqua de la Nueve Espana*"（1585）, in Ignatius Donelly, Atlantis: *The Antediluvian World*, p.200.

⓯摘自《聖經》〈創世紀〉第十一章第一節～第九節。

⓰記載於《古代海王的地圖》，頁一九九。亦見《神王與巨人》，頁五四及《墨西哥金字塔的奧祕》，頁二〇七。

⓱見拜倫．康明斯〈奎奎科和墨西哥古代文化〉，《亞利桑那大學學報》，第四卷第八期，一九三三年十一月十五日出版。Byron S. Cummings, "*Cuicuilco and the Archaic Culture of Mexico*," University of Arizona Bulletin, volume IV:8, 15 November 1933.

⓲見《墨西哥》，頁二三。亦見寇特．孟德爾森《金字塔之謎》，頁一九〇。Kurt Mendelssohn, *The Riddle of the Pyramids*, Thames Hudson, London, 1989, p.190.

⓳見《金字塔之謎》，頁一九〇。

第十六章

「蛇神的避難所」

離開卓魯拉城，我們一路驅車朝東行駛，經過繁華的城市佩佛拉（Puebla）、奧里薩巴（Orizaba）和科多巴（Cordoba），在前往墨西哥灣畔的維拉克魯茲港（Veracruz）路上，我們穿過東馬德雷山（Sierra Madre Oriental）雲霧瀰漫的群峰，享受山中沁涼的空氣，然後降落到海平面上，行駛在長滿棕櫚和香蕉、景色無比蒼翠怡人的熱帶平原上。我們正在進入墨西哥最古老、最神祕的文明——奧梅克文明的發祥地。奧梅克（Olmec）這個名稱，意思是「橡皮人」。

奧梅克文明的歷史，可追溯到西元前二千年，但是在阿茲特克帝國崛起之前一千五百年，這個古文明就已經消失。不過，阿茲特克人倒是保存了很多有關奧梅克人的動人傳說，甚至稱呼他們為「橡皮人」——根據傳說，他們居住在墨西哥灣沿岸的橡膠生產地區。今天，這個地區的位置，介於西邊的維拉克魯茲港和東邊的卡門城（Ciudad del Carmen）之間。在這兒，阿茲特克人發現奧梅克人製造的一些古代儀式用品；不知為了什麼原因，他們將這些器物供奉在自己的廟堂上，十分崇敬。

我看了看手上的地圖，發現哥查哥科斯河（Coatzacoalcos River）注入墨西哥灣的地方，正是傳說中奧梅克人的家鄉。石油已經取代橡膠，成為這個地區的主要產業，將熱帶天堂轉變成義大利詩人但丁（Dante，《神曲》作者）筆下的地獄最下一層。一九七三年大量開採石油以來，哥查哥科斯這座雖然不甚富裕卻也祥和安寧的市鎮，一下子轉變成運輸和煉油中心，擁有好幾家冷氣旅館和五十萬人口。它的位置恰好在烏煙瘴氣的工業區心臟地帶。當年僥倖逃過西班牙人劫掠的歷史文物和古蹟，如今全都被迅速擴充、貪婪無比的石油工業所吞噬。因此，我們現在無法找到確鑿的證據，證實或者駁斥流傳在中美洲的一些傳聞：很久很久以前，這兒曾經發生一樁重大的事件。

我記得，「哥查哥科斯」這個地名的意思是「蛇神的避難所」。相傳遠古時代，奎札科特爾和他的門徒就是在這兒登陸墨西哥——他們搭乘「船身光亮得有如蛇皮一般」的船舶，從地球另一端渡海而來❶。也就是在這兒，奎札科特爾登上一艘「蛇筏子」揚帆而去，從此離開中美洲。在我的感覺上，「蛇神的避難所」愈來愈像是奧梅克人家鄉的名稱——它涵蓋的範圍除了哥查哥科斯城之外，還包括幾個猶未被工業侵擾的城鎮和村莊。

首先在哥查哥科斯西邊的崔斯薩波特城（Tres Zapotes），接著在南邊和東邊的聖羅倫佐城（San Lorenzo）和拉文達城（La Venta），無數典型的奧梅克雕刻品相繼出土。這些文物全都是用整塊玄武岩或其他耐久石材雕鑿而成。有些雕刻的是龐大的頭顱，重達三十噸；其他則是巨型石碑，上面鐫刻著兩個相貌截然不同的種族——都不是美洲印第安人——相會的情景。

製作這些傑出藝術品的工匠，肯定是屬於一個精緻的、高度組織化的、繁榮富裕的、科技上相當先進的文明。學者們面臨的問題是：除了藝術品之外，這個文明沒有留下任何東西，讓後人探尋它的根源和性質。唯一能確定的是，「奧梅克人」（一般考古學家都樂於接受阿茲特克人對這個民族的稱呼）於西元前一千五百年左右，帶著充分發展、高度精緻的文化，突然出現在中美洲。

三十餘噸重的人頭巨雕

我們在一個名叫艾瓦拉多（Alvarado）的漁港過夜，第二天繼續行程，朝東行駛。公路蜿蜒穿梭在肥沃的丘陵和山谷間，偶爾豁然開朗，讓我們一睹墨西哥灣的風光，然後又轉進內陸。我們穿過長滿鳳凰木的青翠牧地，經過一座座隱匿在幽谷中的小村落，不時看到園子裡一群體型碩大的肥豬，出沒在垃圾堆中搜尋食物。接著，我們攀登上一座險峻的山丘，眼前出現一片遼闊的田野和森林。遠山縹緲在晨霧中，朦朦朧朧聳立在森林邊緣。

往前又行駛了好幾英里，我們沿著下坡路駛進一座幽深的山谷。谷底蹲伏著一座城鎮，那是當初西班牙人建立的殖民城市，名叫聖狄亞哥．圖斯特拉（Santiago Tuxtla）。

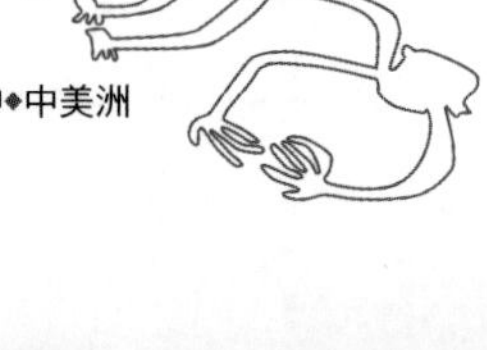

整個城鎮充滿繽紛燦爛的色彩：花俏的店面，豔紅的屋頂，鮮黃的草帽，青翠的椰子樹和香蕉樹，穿著五顏六色衣裳的孩童。好幾家店鋪和咖啡館透過擴音機，向全城播放聒噪的音樂。在市中心的左卡羅廣場（Zocalo），空氣十分潮濕悶熱；成群熱帶鳥兒睜著明亮的大眼珠，不住地撲打著翅膀，引吭高歌。一座枝葉扶疏的小公園坐落在廣場中央。公園中心，有如符咒一般，矗立著一顆巨大的灰色鵝卵石，約莫十英尺高，上面雕刻著一個戴著鐵盔的非洲男子的頭像。他的嘴唇肥厚，鼻孔壯闊，眼睛安詳地閉著，下巴緊貼

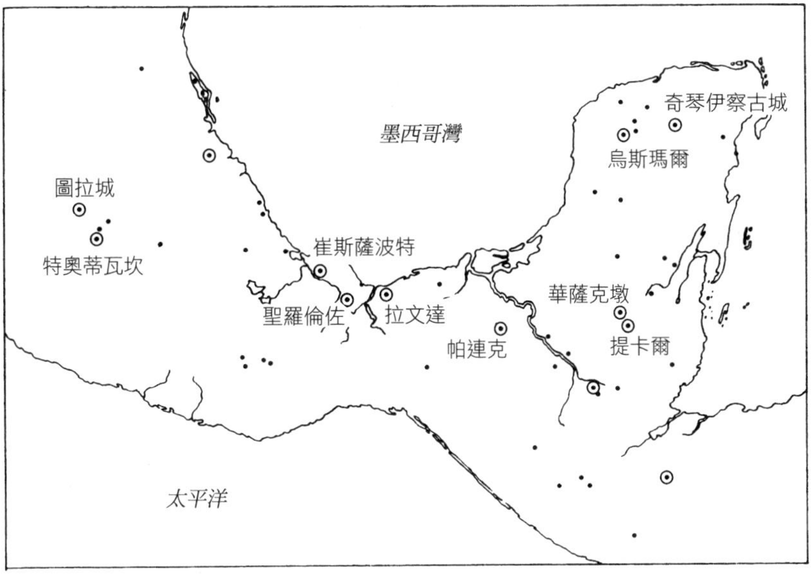

墨西哥灣沿岸的奧梅克古蹟所在地——崔斯薩波特、聖羅倫佐、拉文達，以及中美洲地區其他考古據點。

地面，整個頭像散發出一種陰鬱、沉重的氣息。

這就是奧梅克人留給我們的第一個奧祕：二千多年前製作的一座龐大的雕像，描繪一名面貌具有明顯黑人特徵的男子。當然，二千年前的美洲並沒有非洲黑人，直到白種人征服美洲後，黑人才被抓來當奴隸。然而，考古學家發現的人類化石卻顯示，在最後一個冰河時代移居美洲的許多種族中，有一個就是非洲黑人。這次大遷徙發生在西元前一萬五千年左右❷。

左卡羅廣場的巨大雕像被命名為「科巴達」（Cobata），因為它是在科巴達莊園出土的。迄今，在墨西哥各地被挖掘出的這類奧梅克雕像，總共有十六尊之多，而左卡羅廣場雕像是其中最大的一尊。專家認為，它是在耶穌基督誕生之前不久雕製完成的，重達三十餘噸。

比馬雅文化更早的奧梅克文化

從聖狄亞哥．圖斯特拉鎮出發，我們朝向西南方行駛二十五英里，穿過蒼翠的原野，來到崔斯薩波特。這座古城興起於西元前五百年到西元一百年之間，是奧梅克文化晚期的一個中心。如今，原址只剩下幾座土墩，散佈在玉米田中。一九三九年到一九四〇年間，美國考古學家馬休．史特林（Matthew Stirling）在這裡展開大規模挖掘。

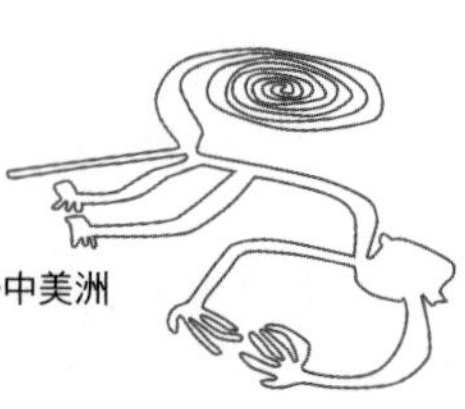

正統歷史學家堅決主張，馬雅文化是中美洲最古老的文明。他們說，他們敢保證這種觀點絕對正確，因為馬雅人用圓點和橫線標示的曆法，使他們能夠精確鑑定大量碑銘的製作年代。根據這樣的鑑定，在馬雅文化遺址出土的碑銘，年代最早的應該是西元二二八年製作的❸。因此，當史特林在崔斯薩波特古城挖掘出一塊上面刻有更早日期的石碑時，整個學界為之震撼。石碑上面用馬雅式點線符碼記載的日期，換算成西方曆法就是西元前三十二年九月三日❹。

最令人震驚的是，崔斯薩波特古城根本就不是馬雅文化遺址。它完全屬於奧梅克文化——這點毋庸置疑。史特林發現的石碑證明，創造曆法的是奧梅克人，而不是馬雅人，奧梅克文化才是真正的中美洲「母文化」。以馬雅為尊的正統學界，刻意打壓史特林在崔斯薩波特古城的重大發現，但真相是不會被永遠封殺的。奧梅克文化確實比馬雅文化古老得多。奧梅克人是一個聰慧、文明、科技上相當先進的民族。他們發明用點線符號標出日期的曆法，以一個神祕的日期——西元前三一一四年八月十三日為紀元的開始，以西元二〇一二年為世界末日。

在日曆石碑旁邊，史特林也挖掘出一個巨大的人頭像。這會兒，我正坐在這尊雕像前面。它是在西元前一百年左右製作的❺。高約六英尺，圓周十八英尺，重量超過十噸。如同聖狄亞哥．圖斯特拉城那尊雕像，它呈現的是一名非洲男子的頭部——戴著緊密的頭盔，綁著長長的顎帶，耳朵穿洞，鼻樑兩旁顯露出一道道很深的溝紋，嘴唇肥厚下垂，兩隻大眼睛冷冷地睜著，宛如兩顆杏仁。在那頂古怪的頭盔底下，兩道濃密的眉毛高高翹起，顯出一臉怒氣。

挖出這尊雕像，史特林大吃一驚。他說：

> 這是一尊人頭像，用一整塊巨大的玄武岩雕成，豎立在粗糙的石板疊成的基座上……清除周圍的泥土後，它立刻展現出一股令人望而生畏的氣概。儘管體積龐大，雕工卻十分細緻老練，五官的比例勻稱完美。跟一般美洲土著雕刻品不同的是，它使用的是寫實的雕法。五官的線條簡潔有力，呈現出黑人獨有的面貌特徵……。❻

不久之後，這位美國考古學家又在崔斯薩波特古城挖掘出令人驚異的古物：裝上輪子的小狗。這顯然是當時兒童的玩具❼。這些小巧可愛的工藝品，一舉推翻考古學界一個普遍的觀念——一般考古學家認為，直到西班牙人入侵後，中美洲土著才懂得使用輪子。史特林發現的「狗車子」至少證明，代表中美洲最古老文明的奧梅克人，理解車輪的「原理」。奧梅克人是非常聰慧的民族。他們既然懂得車輪的原理，自然會應用到兒童玩具以外的其他器物上。

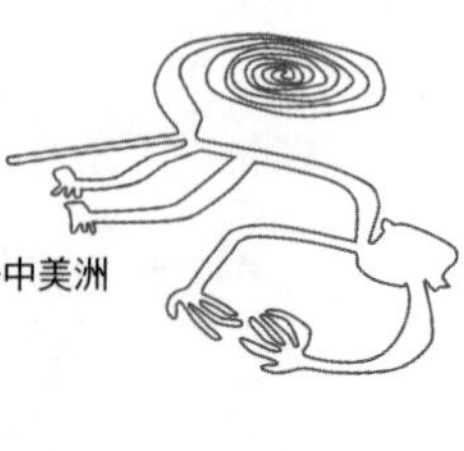

【註釋】

❶見《白神與石臉》，頁一三九～一四〇。

❷同上，頁一二五。

❸見《墨西哥》，頁六三七。亦見《墨西哥古代王國》，頁二四。

❹同上。

❺見《墨西哥》，頁六三八。

❻摘自馬休．史特林〈發現美洲最古老的藝術品〉，《國家地理雜誌》，卷七十六，一九三九年八月號，頁一八三～二一八。全篇各處都提到這尊雕像。Matthew W. Stirling, "*Discovering the New World's Oldest Dated Work of Man,*" *National Geographic Magazine*, volume 76, August 1939, pp. 183～218 passim.

❼見馬休．史特林〈墨西哥叢林中的巨大石頭臉孔〉，《國家地理雜誌》，卷七十八，一九四〇年九月，頁三一〇及頁三一四。Matthew W. Stirling, *"Great Stone Faces of the Mexican Jungle," National Geographic Magazine*, volume 78, September 1940, pp.314, 310.

第十七章

「奧梅克人之謎」

離開崔斯薩波特城之後，我們的下一站是位於哥查哥科斯市西南方的聖羅倫佐。這裡的奧梅克文化遺跡，正好坐落在「蛇神避難所」的中心。奎札科特爾的神話和傳說經常提到這個地方。考古學家使用碳十四鑑定法測出的年代最古老的奧梅克遺址，就是坐落在聖羅倫佐地區。據鑑定，這處遺跡的歷史可追溯到西元前一千五百年左右❶。然而，在那個時期之前，奧梅克似乎已經發展成熟，而且沒有跡象顯示，奧梅克文化的發展是在聖羅倫佐地區進行❷。

這其中一定有玄機。

畢竟，奧梅克人曾經建立相當輝煌的文明，進行過大規模的工程計畫。他們發展出高超的技藝，有能力雕琢和處理巨大的石塊（他們遺留下的人頭像，有些用一整塊巨石雕成，重達二十噸以上；石材是在圖斯特拉山中開採，沿著六十英里長的山路運送過來）。如果不是在聖羅倫佐地區，那麼，奧梅克人的先進科技知識和高度組織能力，究竟是在什

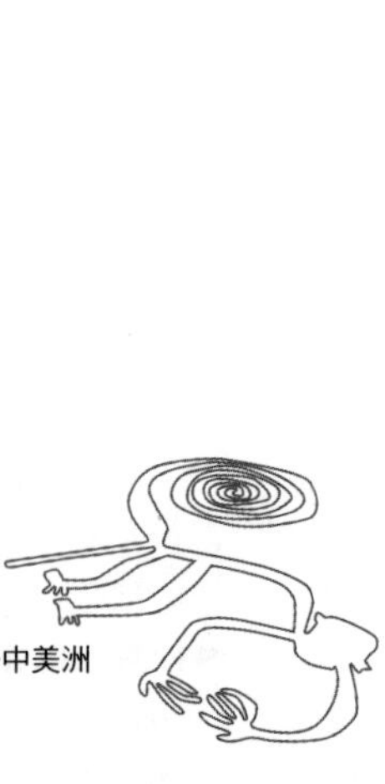

麼地方發源、演進和成熟的呢？

不可思議的是，儘管考古學家一再努力挖掘，在墨西哥，甚至在整個美洲，他們卻始終找不到任何徵象和證據，顯示奧梅克文化曾經有過「發展階段」。這個最擅長雕刻巨大黑人頭像的民族，彷佛從石頭蹦出來，突然出現在墨西哥。

精巧繁複的水閘設計

晌午時分，我們抵達聖羅倫佐。就在這裡，歷史初露曙光的中美洲，奧梅克人建造起一座高達一百多英尺的假山，作為一個更龐大的建築物（長四千英尺、寬二千英尺）的一部分。我們攀登上那座如今已長滿熱帶植物的主山，佇立峰頂，瞭望周圍無邊無際的田野。我們還看到許多比較矮小的土墩散佈在原野上。附近有好幾條深溝，是考古學家邁可・柯伊（Michael Coe）一九六六年探勘這處遺址時挖掘的。

柯伊的考古隊發現的古物，包括二十多座貯水池；這些人工水庫，由密如蛛網、用玄武岩砌成的槽溝串連成一個精密複雜的體系，其中一部分沿著山脊修建。柯伊發現，每逢下大雨，這些水閘依舊會噴湧出水來，一如三千多年前。排水設備的主要管線，從東邊一直綿延到西邊。三條支線流注入主線，設計十分先進。仔細勘查後，考古學家都承認，他們不懂這個精巧繁複的水閘系統到底有什麼用途❸。

這裡的古蹟還蘊藏另一個謎，讓考古學家百思不得其解：五尊巨大的、顯露黑人五官特徵的人頭雕像——即今天考古學界所稱的「奧梅克頭顱」——被刻意埋藏在地下，以一種獨特的形式排列。在這些奇異的、充滿宗教色彩的墳墓裡頭，考古學家還發現六十多件珍貴的文物，包括精美的玉器和小雕像。下葬之前，有些小雕像還被刻意切斷手足。

聖羅倫佐雕像的埋葬方式，使我們很難精確鑑定它們的年代——儘管在同一個地層中，考古學家也找到一些木炭屑。但跟雕刻品不同的是，木炭屑可經由碳十四鑑定法測出它的年代。鑑測結果，專家認為這些木炭屑是西元前一千二百年左右的產物❹。然而，這並不表示，墳墓中的雕像一定也是在西元前一千二百年製作的。當然有這個可能。但是，它們也可能是更早時期的作品。說不定，被埋葬在聖羅倫佐之前，這些具有藝術之美和神祕宗教力量的雕刻品，已經被許多民族保存和膜拜過。跟它們埋葬在一塊的木炭屑只能證明，在西元前一千二百年時，這些雕像就已經存在；至於它們到底有多古老，那就不得而知了。

拉文達金字塔

日落時分，我們離開聖羅倫佐，前往東邊一百五十多公里外，位於塔巴斯科省（Province of Tabasco）的維雅艾爾摩薩市（Villahermosa）。我們沿著從阿卡育康

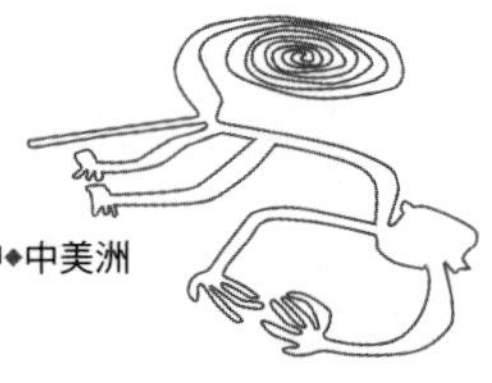

（Acayucan）通往維雅艾爾摩薩的高速公路行駛，繞過哥查哥科斯港口。這一帶地區，到處矗立著煉油廠、高壓電線鐵塔和極端現代化的吊橋。從安祥寧謐的鄉下小鎮聖羅倫佐，轉眼間，我們來到哥查哥科斯周圍髒亂喧囂的工業區。景觀的驟然轉變，著實讓人震驚。我終於領悟：我們今天還能在聖羅倫佐看到飽經風霜的奧梅克文化遺跡，完全是因為那兒還沒發現石油。

然而，拉文達一帶已經發現了石油，結果好多古蹟都永遠喪失了……

我們現在經過拉文達。

朝北望去，只見高速公路旁一條岔路盡頭，鈉光燈照耀下的石油城聳立在黑夜中，陰森森的有如一座遭受核能災變的城市。自從一九四〇年以來，這一帶地區被石油公司有系統地「開發」；一條飛機跑道貫穿當初金字塔矗立的地方；煙囪吐出濃濃黑煙，遮蔽了古時奧梅克天文家仰望星球升起的天空。可悲的是，在考古學家趕到之前，石油公司的推土機就已經把古蹟幾乎全部夷為平地；許多古建築物從此消失，沒有機會接受考古學家勘查。我們再也無法透過這些建築物，認識建造和使用它們的民族。

挖掘崔斯薩波特遺址的美國考古學家馬休．史特林，趕在石油公司大量開採之前，在拉文達積極展開考古工作。碳十四鑑定的結果顯示，西元前一千五百年到一千一百年之間，奧梅克人定居在這裡，持續占有這塊土地，包括托納拉河（Tonala River）東岸沼澤中的一座島嶼，直到西元前四百年左右才突然消失❺。就在那個時候，建築工程驟然中止，已有的建築物全都被刻意破壞或摧毀，好幾尊巨大的人頭雕像和其他較小的雕刻品，被隆重地埋葬在奇特的墳墓中，一如他們在聖羅倫佐所做的那樣。拉文達的墳墓建造得十分精緻，墓室用成千上萬的藍色細磚砌成，墓頂鋪著一層又一層五顏六色的黏土。在其中一個地點，奧梅克人從地上挖掉約莫一萬五千立方英尺的泥土，製造一個深坑，然後在坑洞底部鋪上蜿蜒曲折的石塊，再把泥土填回去。考古學家還發現三處鑲嵌拼花圖案，埋藏在數層泥磚和數層黏土底下❻。

拉文達的主要金字塔矗立在遺址南端，底部略呈圓形。整座塔模樣看起來像一個有凹槽的圓錐，塔身有十道垂直隆起的脊骨，中間有溝槽。這座金字塔高一百英尺，直徑幾乎二百英尺，總體積大約在三十萬立方英尺左右——無論以哪一種標準來衡量，它都稱得上是建築史上一大鉅構。整個遺址中間有一條軸道，幾乎達半公里長，指向正北偏西八度的位置。軸道兩旁井井有條地配置著好幾座小金字塔、廣場、平台和土墩，總面積超過三平方英里。

拉文達遺址瀰漫著一種詭譎、冷漠的氣氛；沒有人真正曉得它當初的作用。考古學家管它叫「禮儀中心」——也許這就是它當初的功能吧。然而，仔細觀察後，我們不免懷疑它還具備其他功用。說穿了，我們對奧梅克人的社會組織、禮儀和信仰體系幾乎一無所知。我們不曉得他們操哪一種語言，也不知道他們遺留給子孫的是怎樣一種傳統。我們甚至不知道，他們到底屬於哪一個種族。墨西哥灣地區的氣候悶熱而潮濕，使奧梅克人的骨骸難以保存到今天。儘管我們賦予奧梅克人各種名稱，對他們有各種特定的看法，事實上，這個民族對我們來說仍舊是一大謎團。

甚至有這麼一種可能：「他們」遺留下的謎樣雕刻品——我們假設那是他們的自畫像——根本就不是「他們」製作的，而是出自另一個更古老的、已經被遺忘的民族之手。長久以來，我一直在想：被學者們視為奧梅克人作品的那些巨大人頭像和其他工藝品，其中一部分會不會是某個古老民族的創作，然後被當作傳家寶，一代一代傳承下來，也許經過好幾千年，最後落入那些在聖羅倫佐和拉文達興建金字塔的民族手裡。

果真如此，那麼，當我們使用「奧梅克人」這個稱謂時，我們指的到底是誰呢？是指金字塔的興建者？抑或是指那些體格健壯、相貌威嚴，具有黑人五官特徵，為巨大人頭像提供原型的神祕客？

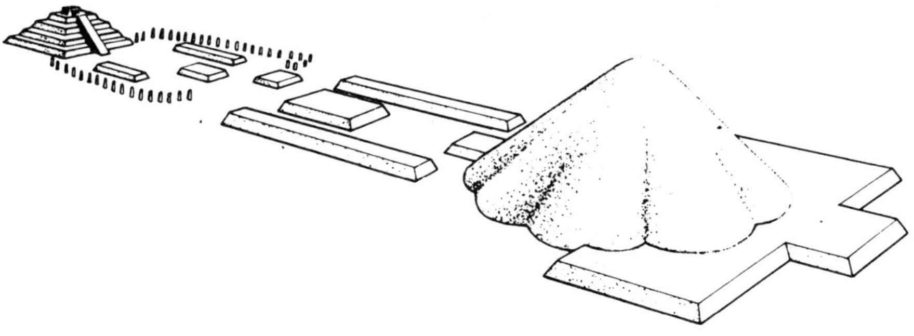

拉文達遺址示意圖。右邊那座巨大的金字塔，模樣像一個有凹槽的圓錐，頗不尋常。

埃及吉薩獅身人面雕像頭部側影。

墨西哥拉文達廢墟奧梅克人頭雕像側影。

獅身人面雕像頭部正面。

奧梅克人頭雕像正面。

雙美洲獅雕像，位於墨西哥烏斯瑪爾。

墨西哥聖羅倫佐廢墟出土的奧梅克雕像，酷似埃及的獅身人面雕像。哥倫布前的中美洲和古代埃及的許多文化，有沒有可能源出一個神祕的、在遠古時代影響世界各個地區的「第三文明」？

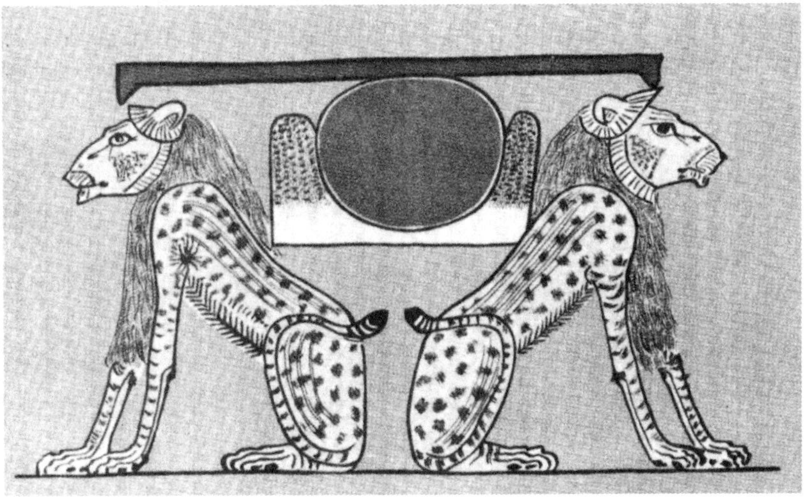

古代埃及的雙獅圖徽，描繪代表「昨日」與「今日」的兩位獅神「亞克魯」（Akeru，象形文字寫成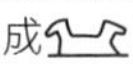）。古代埃及和中美洲的宗教，還有許多共同的意象和觀念。尤其值得注意的是，中美洲人把殺人祭典稱為P'ACHI，意思是「張開嘴巴」，而古代埃及恰巧有一種奇異的葬禮稱為「嘴巴的張開」。這兩個地區的人都相信，君主駕崩後會再生為天上的星辰。

幸好，總共有大約五十件「奧梅克」雕刻品，包括三尊巨大的人頭雕像，被本地詩人兼歷史學家卡洛斯・裴里瑟・卡瑪拉（Carlos Pellicer Camara）從拉文達廢墟搶救出來。當他發現墨西哥石油公司（PEMEX）的鑽勘危及廢墟時，他趕忙介入，積極展開遊說，爭取塔巴斯科省（拉文達所在地）政壇人士的支持，將珍貴的文物搬遷到省會維雅艾爾摩薩市郊區一座公園內。

整體來看，這五十件雕刻品可說是一個已經消失的文明遺留下的無比珍貴、無可替代的文化記錄——甚至是現今存在的唯一記錄。可是，沒有人懂得如何解讀這些記錄蘊含的玄機。

機器神

塔巴斯科省維雅艾爾摩薩市

我望著在拉文達出土的一幅非常精緻的浮雕。考古學家管它叫「蛇中人」（Man in Serpent，見一八九頁，圖33）。根據專家的解釋，這幅浮雕描繪的是「一個奧梅克人，頭上戴著冠飾，手裡握著檀香袋，整個身體被一條羽毛蛇纏繞住」❼。

這幅圖像雕刻在一塊四英尺寬、五英尺高的花崗石上。圖中那名男子坐著，伸出雙腳，彷彿在踩前面那塊踏板。他右手拎著一個形狀像小水桶的器物，左手似乎在操縱某

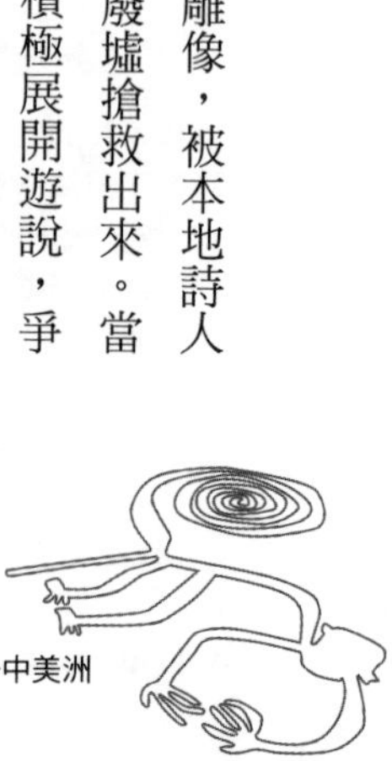

種交通工具的排擋桿。他頭上戴的「冠飾」形狀怪異，結構複雜。依我猜，它不僅僅是一項儀式用的禮帽，應該還有某種實用的功能——雖然我也說不上它到底有什麼實際用途。在這個冠飾上——或者更精確地說，在冠飾上方一根支架上——雕刻著兩個X形十字架圖形。

我又仔細瞧瞧這幅浮雕的另一個主要角色——「羽毛蛇」。它描繪的果然是一條身上長翎毛或羽毛的大蛇。羽毛蛇是奎札科特爾的象徵，歷史十分悠久，因此，我們可以推測，奧梅克人也膜拜（或至少接納）這位神祇。一般學者對這種詮釋並無異議❽。學術界的共同看法是：中美洲人民對奎札科特爾的膜拜，起源於史前時期；爾後，在各朝各代不同的民族和文化中，它都有大量的信徒。

這幅浮雕所描繪的羽毛蛇具有一種獨特的氣質。在我看來，它不僅僅是一個宗教象徵；它那僵硬、嚴謹的姿態，使它看起來幾乎像一架機器。

細訴遠古的祕密

那天晌午，我站在一尊巨大的奧梅克人頭雕像投下的陰影中，躲避猛烈的陽光。這個雕像是詩人卡瑪拉從拉文達廢墟搶救出來的。它呈現出一個老人的臉龐，鼻子寬闊平扁，嘴唇肥厚，露出兩排堅實、整齊的牙齒。老人臉上的神情顯示出一種古老的、深沉的智慧。兩隻眼眸凝視著永恆，無畏無懼，一如蹲伏在下埃及吉薩的那隻獅身人面巨獸。

我覺得，雕刻家不太可能憑空想像出一個真實的種族臉上所有的五官特徵。因此，將一個種族的五官特徵具體表現在一尊雕像上，雕刻家需要一個活生生的人充當他的模特兒。

我繞著這尊巨大人頭像，來回走了好幾趟。它是用一整塊玄武岩雕鑿而成，圓周二十二英尺，高幾乎八英尺，重達十九點八噸，整張臉孔鮮明地呈現出「具體真實的種族特徵」。事實上，如同我在聖狄亞哥·圖斯特拉城和崔斯薩波特城看到的其他雕像，這尊人頭像顯露的五官特徵，毫無疑問是屬於黑人的。

讀者不妨看一看書中的圖片（如一八七頁的圖25～28）再自行做出判斷。我個人的看法是：奧梅克人頭雕像呈現出一個「真實的」黑人，在五官的描繪上極為精確。這些體格健壯、相貌堂堂的非洲男子如何出現在三千年前的中美洲，學者至今仍說不出一個所以然來。我們也無從判斷，這些人頭像究竟是不是在三千年前雕刻的。在同一個坑洞中，考古學家也發現木炭屑。透過碳十四鑑定，我們只能測出木炭屑的年代。如要推算雕像的真正歷史，過程複雜得多。

懷抱著這樣的思緒，我繼續漫步在拉文達廢墟奇妙的雕像間。它們彷彿在悄聲傾訴遠古的祕密——蜷縮在機器中的那個男子的祕密、黑人人頭雕像的祕密……最重要的是，一個活生生的傳奇所蘊含的祕密。奎札科特爾這位傳說中的神祇，說不定是活生生的真實人

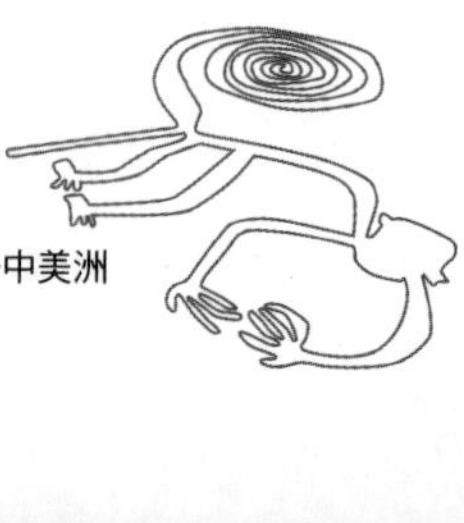

物，因為：在拉文達廢墟出土的雕像中，除了五官具有黑人特徵的那些外，還有一些雕像呈現出白種人特有的容貌：高鼻深目，身材頎長，滿臉鬍鬚，身穿長袍……

【註釋】

❶見《美洲史前文化》，頁二六八～二七一。亦見傑瑞密・沙布洛夫《古代墨西哥的城市：重建一個失落的世界》，頁三五。Jeremy A. Sabloff, *The Cities of Ancient Mexico: Reconstructing a Lost World*, Thames and Hudson, London, 1990, p.35. 及《破解馬雅密碼》，頁六一。

❷見《美洲史前文化》，頁二六八。

❸同上，頁二六八。

❹同上，頁二六七～二六八，及《墨西哥古代王國》，頁五五。

❺見《墨西哥古代王國》，頁三一。

❻見《美洲史前文化》，頁二六九。

❼見《古代墨西哥的城市》，頁三七。

❽見《美洲史前文化》，頁二七〇。

第十八章

「來自異鄉的神祕客」

一九四〇年代，美國考古學家馬休·史特林在拉文達廢墟進行挖掘，發現一些極為珍貴的文物，其中最引人矚目的是一塊雕刻著「蓄鬍男子」肖像的石碑。

上文提到，位於拉文達的古代奧梅克文化遺址，是沿著一條指向正北偏西八度的軸道設計和配置的。這條軸道的南端，矗立著一座一百英尺高、塔身有凹槽的圓錐形大金字塔。塔旁地面上有一道類似路肩的邊欄，約莫一英尺高，圍繞著一個長方形的場地，大小相當於一般街廓的四分之一。考古學家挖掘這道邊欄時，出乎意料地發現，它其實是一排圓柱的上半截。覆蓋在上面的好幾層泥土被清除後，這些高達十英尺的圓柱立刻顯露出來，總共有六百多根，緊密地排成一列，形成一道堅固無比的柵欄。這些柱子全都用整塊玄武岩雕鑿而成，從六十多英里外的採石場運送到拉文達。每一根柱子重達二噸左右。

幹嘛要費那麼大的氣力呢？辛辛苦苦建立這道石柵欄，究竟要保護什麼呢？

在開挖以前，一塊巨石的頂端就已經凸出地面，位於圍場中央，比周圍的「路肩」高出大約四英尺，陡峭地向前傾斜。石塊上面雕刻著密密麻麻的圖像。這些圖像向下延伸，消失在層層疊疊、厚達九英尺、將這道古代柵欄掩埋起來的泥土中。

史特林率領的考古隊花了兩天工夫才挖出這塊巨石。原來它是一塊龐大的石碑，高十四英尺，寬七英尺，厚幾乎三英尺。石碑上的雕像顯示兩個人相遇的情景。這兩名男子身材都很高大，穿著華麗的長袍和精美的鞋子，趾端微微翹起。其中一個人物面貌模糊，四肢斷裂，原因可能是泥沙的侵蝕，也可能是遭人蓄意破壞（這種情形經常發生在奧梅克雕像上）。另一個人物則完整無缺。後者顯然是一個白種男人，鼻樑高挺，頦下蓄著一綹飄逸的長鬚。考古學家驚歎之餘，都管他叫「山姆大叔」（Uncle Sam）❶。

我繞著這塊重達二十噸的石碑來回踱步，心裡感嘆不已：它竟然在地下埋藏了三千多年。史特林將它挖掘出來後，它才重見天日，至今已有半個世紀。它今後的命運會是如何？它會不會在這兒巍然矗立三千年，供人類世世代代子孫觀賞、憑弔？在這段漫長的歲月中，人事的變化會不會使它重新被埋藏在地底下，從人們眼前消失？

也許這兩種情況都不會發生。我想起奧梅克人發明的中美洲古代曆法。根據他們——以及他們的繼承者，名氣比較響亮的馬雅人——的推算，人類所剩的時日已經不多，不可能再有三千年的時光。「第五太陽紀」即將結束，一場驚天動地的大地震正在醞釀中，準備在西元二〇一二年聖誕節前兩天，將人類全部毀滅。（請參閱本書第十三章）

我又仔細瞧了瞧這塊大石碑。有兩件事似乎可以確定：第一，石碑上雕刻的兩名男子相會場面，基於某種原因，對奧梅克人來說意義非常重大，因此，他們才會花那麼大工夫，建立一道固若金湯的石柵欄，將這塊莊嚴華貴的石碑團團圍繞住，保護得十分嚴密。第二，如同那些黑人頭像，奧梅克工匠雕刻這塊石碑上的白人肖像時，顯然也用活生生的人當模特兒。碑上人物臉部的五官特徵是那麼的逼真，不可能是憑空想像出來的。

拉文達廢墟出土的雕像中，還有兩尊具有白種人的容貌特徵。其中一尊以淺浮雕的方式鐫刻在一塊直徑大約三英尺，略呈圓形的石板上。像中人物穿著類似綁腿的鞋襪，臉上的五官具有明顯的盎格魯撒克遜（Anglo-Saxon）人種特徵，頦下蓄著一綹尖翹的大鬍子，頭上戴著一頂形狀古怪的寬鬆帽子。他左手揮舞著一幅旗幟或某種兵器，右手空著，橫放在胸前。一條花俏的腰帶，纏繞著他那纖細的腰。另一幅白人肖像雕刻在一根細長的石柱上，衣著相似，臉上也有鬍子。

這些容貌奇特的異鄉人究竟是誰？他們在中美洲幹什麼？他們是什麼時候來到中美洲的？他們跟出現在這兒的其他異鄉人——定居在悶熱潮濕的橡膠叢林中，替奧梅克雕刻家擔任模特兒的那些黑人——彼此之間究竟是什麼關係？

正統學界一貫主張，西元一四九二年之前，美洲一直處於孤立的狀態中，跟西方世界沒有接觸。思想比較前衛的學者，拒絕接受這種教條式的觀念。他們提出一個新的、看似合理的看法：奧梅克雕像描繪的那些深目高鼻、滿臉鬍鬚的人物，可能是古代活躍於地中海的腓尼基人；早在西元前一千年到二千年之間，他們就已經駕駛船舶，穿過直布羅陀海

峽，橫越大西洋，抵達美洲。提出這個觀點的學者進一步指出：奧梅克雕像描繪的黑人，應該是腓尼基人的「奴隸」；腓尼基人在非洲西海岸捕捉這些黑人，千里迢迢帶到美洲去❷。

我愈仔細審視拉文達廢墟出土的奇異雕像，就愈不能接受這些見解。也許，在哥倫布之前許多年，腓尼基人和其他西方民族真的曾經穿越大西洋。這方面的證據並不缺乏，但限於篇幅，本書不擬詳加論析❸。我只想指出一個問題：縱橫四海的腓尼基人，在古代世界許多地區留下他們獨有的手工藝品，卻沒有在中美洲的奧梅克人聚居地，留下屬於他們的任何東西。這兒發現的黑人頭像，以及描繪留著鬍子的白種男人的浮雕，在風格上、在雕工上，都完全看不出是腓尼基人的作品。事實上，就藝術風格來說，這些強勁有力的作品似乎並不屬於任何已知的文化、傳統和藝術類型。不論是在美洲或是在舊世界，這些藝術品都沒有先例。

拉文達廢墟出土的藝術品，似乎沒有根源……當然，這是不可能的，因為人世間一切藝術表現方式，都有根源隱藏在某個地方。

「假設的第三者」理論

我想，要尋找這些問題的答案，我們可能得瞧一瞧埃及古文明學者提出的「假設的第三者」（hypothetical third party）理論。他們提出這樣的觀點，為的是想解開埃及歷史的一大謎團。

考古學上的證據顯示，古埃及的文明並不像一般人類社會那樣緩慢地、艱辛地發展演進，而是突然冒出來，已經完全成形，一如中美洲的奧梅克文化。事實上，埃及社會從原始過渡到先進，為時十分短暫，並不符合一般歷史法則。在其他社會需要幾百年，甚至幾千年才能發展完成的科技，在埃及卻仿彿一夜之間出現，先前毫無任何跡象。

例如，王朝之前的時代（西元前三千五百年左右）遺留下的埃及文物顯示，當時的埃及人還不懂得使用文字。那個時期結束不久，突然間，我們今天經常在埃及古蹟上看到的象形文字，卻神奇地出現了，而且已經發展成熟。這個時候的埃及象形文字，可不僅僅是物體和動作的「圖畫」而已；它已經具備複雜的句法結構，擁有一些只代表聲音的符號和一套詳盡的數碼。即使最早的象形文字，也已經風格化和規格化。證據顯示，早在埃及第一個朝代的初期，先進的「草書」已經被普遍使用了❹。

令人訝異的是，埃及象形文字的發展，似乎沒有經歷過從簡單到複雜，逐步演進的階段。相似的情況也出現在古埃及人的數學、醫學、天文學和建築技術上。古埃及無比豐富和龐雜的宗教神話體系，顯然也沒有經歷逐步演進的過程——連《亡靈書》（*Book of the Dead*）❺這樣精緻的作品，其主要內容在王朝時代開始時就已經存在❻。

然而，研究埃及文明的學者，大都不願正視埃及文化在遠古時代所表現的成熟。這種

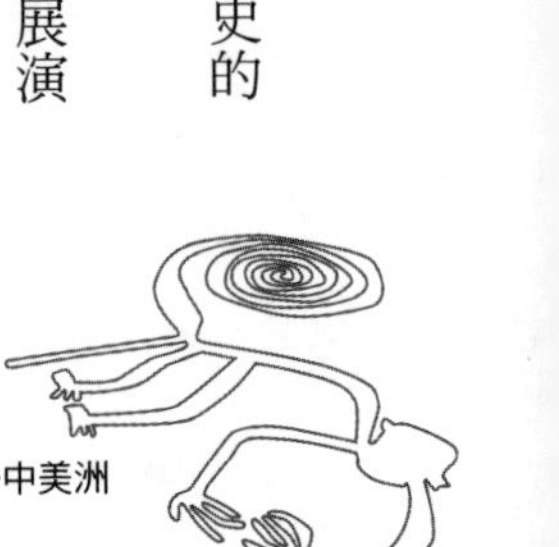

早熟所蘊含的意義，對思想比較開通的學者來說卻是非常值得探討的。對王朝時代初期的埃及素有研究的學者魏斯特（John Anthony West），在其著作中指出：

這麼複雜的文明，怎麼會突然冒出來，而且已經發育完全？我們不妨把一九〇五年的汽車和今天的汽車比較一下，立刻就可以看出，它們之間經歷過一個「發展」階段。然而，在埃及我們卻無法做這樣的比較。在古埃及文化中，一切事物都是一開始就已經存在的。

這個問題的答案當然很明顯，但是，一般學者卻不願加以正視，因為它違背現代學術界的思想模式。事實上，埃及文明並不是「發展」出來的，它是從別人手中繼承來的遺產。❼

多年來，魏斯特一直就是正統學界的眼中釘、肉中刺。然而，也有一些主流學者對埃及文明的突然崛起感到非常困惑。已故的倫敦大學「愛德華茲埃及學講座」教授華德．艾默瑞（Walter Emery）將整個問題做一個總結：

耶穌降生之前大約三千四百年時，埃及發生重大的變化，整個國家從新石器時代的雜亂部落社會，一下子轉變為組織嚴密的王國……

在這期間，文字出現了，建築技術和各種工藝發展達到巔峰；所有的證據都顯示，這個時期的埃及存在著一個昌盛輝煌的文明。這一切全都在相當短的時間內完成。埃及人在文字和建築上的重大發展，似乎沒有明顯的根源。❽

一個簡單的解釋是：古代世界的另一個文明突然影響到埃及，使埃及的文化驟然提升，取得決定性的重大進展。位於美索不達米亞地區幼發拉底河下游的蘇美古國（Sumer），極可能扮演這個角色。儘管有許多差異，但埃及和蘇美的建築技術和風格卻有不少共同點，顯示這兩個地區之間必定存在著某種關聯。但是，單憑這些共同點，並不足以讓我們推論，這個關聯是一種因果關係——一個社會直接影響另一個社會。誠如艾默瑞教授指出的：

> 根據我們的觀察，這個關聯是「間接」的；也許有一個「第三者」存在，將文化傳播到幼發拉底河流域和尼羅河地區……現代學者大都不願正視這麼一個可能性：遠古時代，曾經有人從一個假設的，至今猶未被發現的地區，遷居到幼發拉底河與尼羅河。如果我們承認，有一個「第三者」將高度發展的文化分別傳播到埃及和美索不達米亞，那麼，我們就可以解釋，為什麼這兩個文明之間會存在那麼多共同點和根本差異。❾

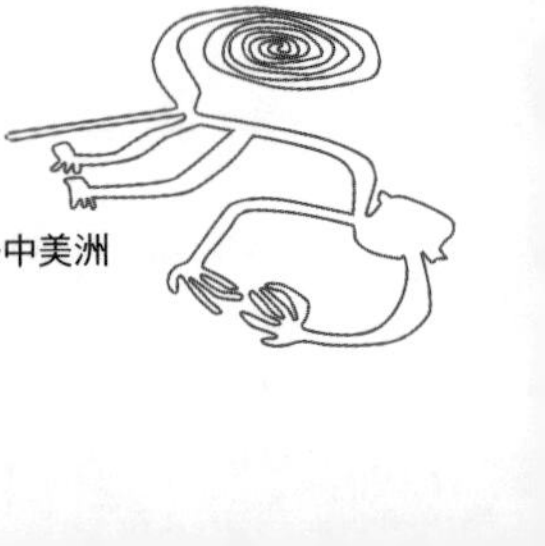

這個理論至少能讓我們瞭解，為什麼埃及人和美索不達米亞地區的蘇美人，膜拜幾乎相同的月亮神祇——埃及人管祂叫索斯（Thoth），蘇美人稱祂為辛恩（Sin）——而這些神祇在這兩個國家的眾神中都是最古老的。權威的埃及學專家華理士・布奇爵士（Sir E. A. Wallis Budge）指出：「這兩位神祇實在太相似，不可能只是單純的巧合……我們不應該說誰向誰借用神祇，但有一點似乎可以確定：古代埃及和蘇美的知識階層都曾向一個共同的、極為古老的文明，借用過神學體系。」❿

因此，我們現在面對的問題是：布奇和艾默瑞兩位學者都提到的「第三者」——那個「共同的、極為古老的文明」，「假設的、至今猶未被發現的地區」——指的究竟是誰？在什麼地方？如果這個「第三者」真的在埃及和美索不達米亞留下一筆豐厚的文化資產，那麼，他們是不是也可能在中美洲留下相同的東西呢？

有些學者爭辯說，文明在墨西哥「起步」比在中東地區晚得多。但是，這樣的觀點並不足以解決問題。我們必須考慮這個可能性：最初的時候，文明同時崛起於這兩個地區，但往後的發展卻迥然不同，結局也不一樣。

據此我們可以推論：帶來文明的「第三者」在埃及和蘇美成功地推展教化事業，建立持久而傑出的文化；另一方面，在墨西哥（以及祕魯），他們卻遭受重大挫折——也許，開始時一切都很順利，他們指導當地百姓雕鑿石頭，製作巨大的人頭像和浮雕，但隨後不知怎的，整個文明卻開始走下坡，衰頹得十分快速。所幸，文明之火並未從此熄滅，但直到西元前約一千五百年（即所謂的「奧梅克時代」），中美洲文化才漸漸復甦。到了這個時候，當初雕鑿的巨大石像——古代中美洲人的重大精神象徵——已經被歲月侵蝕得面目全非，而它們的根源也全被遺忘，轉化成一則則有關巨人和虯髯客的神話和傳說。

果真如此，那麼，當我們注視那些巨大黑人頭像的杏仁眼，或「山姆大叔」雕像高鼻深目、輪廓分明的五官時，我們看到的，很可能是遠古時代曾經出現在這個地區的一些臉孔。這些極為傑出的藝術品，保存了一個已經消失的，包含好幾個種族的古文明遺留下的影像。

簡言之，這就是應用在中美洲文明的「假設的第三者」理論：古代墨西哥文明的崛起，確實受到外來的影響，但這個影響並非來自東半球；中東地區和美洲的某些民族，在極為遠古的時代，可能從一個「第三者」文明繼承到一筆豐厚的文化遺產，從而建立起輝煌的文明。

冒險步進瓦哈卡城

離開維雅艾爾摩薩市之前，我特地到「奧梅克與馬雅文化研究中心」（Centre for Investigation of the Cultures of the Olmecs and Maya，簡稱CICOM）走一趟，向那兒的學者探詢，這個地區是不是還有其他重要的奧梅克文化遺址。出乎我的意料，他們建議我

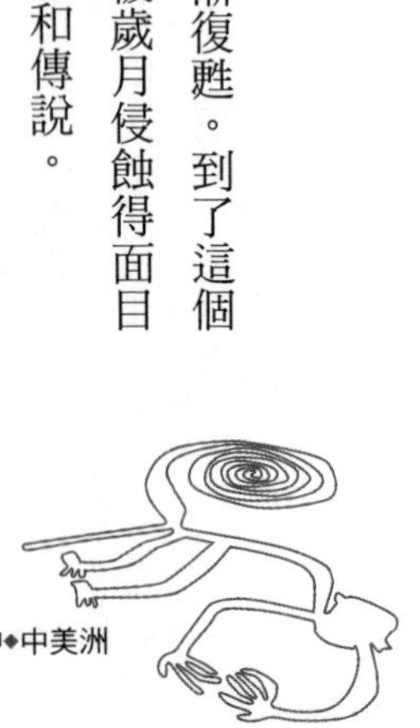

到荒郊野外去尋找。據說，在西南方數百公里外的瓦哈卡省（Oaxaca province）阿爾班山（Monte Alban），考古學家挖掘出一些「奧梅克式」手工藝品和若干浮雕。學者認為，這些浮雕所描繪的人物就是奧梅克人。

我和夥伴桑莎決定，從維雅艾爾摩薩市出發，直接開車到位於東北方的猶加敦半島。經由這條路線到阿爾班山得繞一個大圈子，但我們認為值得，因為可以趁此訪查其他奧梅克遺跡。況且，一路驅車翻山越嶺，進入瓦哈卡城所在的幽谷，景色十色壯麗，可以消解旅途的疲勞。

我們先朝西行駛，經過拉文達廢墟，再次穿過哥查哥科斯市，越過薩育拉（Sayula）和洛馬波尼達（Loma Bonita）兩個小鎮，來到位於交通要衝的圖斯特佩克鎮（Tuxtepec）。一路前行，我們漸漸離開了被石油工業污染得面目全非的鄉野，翻越過一座座蜿蜒起伏、有如地毯般鋪滿青草的山丘，行駛在五穀已經成熟的田野間。

從圖斯特佩克鎮前行，連綿不絕的大山一座接一座矗立在我們眼前。我們轉向南方，沿著第一七五號公路行駛，前往瓦哈卡城。從地圖上看，這段路程只有這兒到維雅艾爾摩薩市一半遠。上路後，我們才發現，這條道路九彎十八拐，有如一道狹窄陡峭的天梯直通雲霄，把開車的人折騰得腰酸背痛，神經衰竭。路上，我們經過一層又一層屬於不同氣候的高山植物生長區，最後來到雲端，看到巨大的植物，有如英國科幻小說家約翰．溫德姆（John Wyndham）描寫的三尖葉，顯得十分詭異，散發出一種幽祕的超現實氣息。從維雅艾爾摩薩市開車到瓦哈卡城，全程不過七百公里，卻花了我們十二個鐘頭。我緊緊抓著方向盤，但因為繞著彎彎曲曲的山路行駛太久，旅程結束時，兩隻手全都浮腫起泡。我的視線變得模糊不清，心裡老想著一路上沿著第一七五號公路，在長滿三尖葉的深山中，我們經過的那一座座令人頭暈目眩的峽谷。

瓦哈卡城以三樣東西聞名全世界：上等蘑菇、大麻和美國小說家勞倫斯（D.H. Lawrence，一八八五～一九三〇）——一九二〇年代，勞倫斯在這兒撰寫他那部以瓦哈卡城為背景的小說《羽毛蛇》（*The Plumed Serpent*）。今天，這座城市依舊保持著它那放浪不羈的氣息；半夜三更，城裡的酒吧咖啡館，鋪著鵝卵石的狹窄街道，古老的建築物和寬闊的廣場，到處人潮洶湧，流連不去。

我們住進旅館房間，打開窗子，可以俯瞰「燕子客棧」（Hotel Las Golondrinas）三個庭院中的一個。床鋪十分舒適；頭頂是一片燦爛皎潔的星空。然而，儘管渾身疲累，我卻始終無法入眠。

我心裡老想著那些臉上蓄著鬍子，將文明帶來美洲的神祇和他們的徒眾。在墨西哥，一如在祕魯，他們的教化事業似乎遭受重大的挫折。流傳在這個地區的神話都提到這點。第二天早晨，抵達阿爾班山時，我才發現，證據不僅僅存在於神話而已。

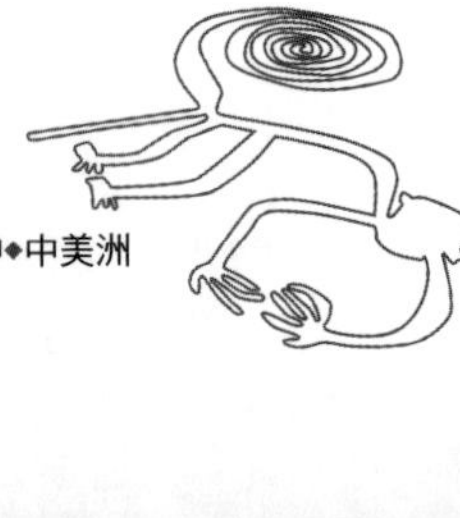

【註釋】

❶見《白神與石臉》，頁一四四。

❷同上，頁一四一～一四二。

❸在《白神與石臉》全書隨處可見此論調。亦請參閱賽路斯．高爾登《哥倫布之前：舊世界和古代美洲之間的接觸》。Cyrus H. Gordon, *Before Columbus: Links Between the old World and Ancient America,* Crown Publishers Inc., New York, 1971.

❹見華德．艾默瑞《古埃及》，頁一九二。Walter Emery, *Archaic Egypt,* Penguin Books, London, 1987, p.192.

❺古埃及法老死後，放在陵墓和石棺中供死者閱讀的書。

❻見華德．艾默瑞《古埃及》，頁三八。亦見華理士．布奇譯《埃及亡靈書》之譯序。E. A. Wallis Budge trans., *The Egyptian Book of the Dead,* British Museum, 1895, Introduction, pp. xii, xiii.

❼摘自約翰．安東尼．魏斯特《天空之蛇》，頁十三。John Anthony West, *Serpent in the Sky,* Harper and Row, New York, 1979, P.13.

❽摘自《古埃及》，頁三八。

❾同上，頁三一及頁一七七。

❿見華理士．布奇《古埃及：從神物到神祇》，頁一五五。E. A. Wallis Budge, *From Fetish to God in Ancient Egypt,* Oxford University Press, 1934, p.155.

第十九章

「上窮碧落下黃泉」

根據「假設的第三者」理論，古代埃及和美索不達米亞從一個相同的、古遠的祖先繼承一筆共同的文化資產，因此，這兩個地區的文明才會有許多相似的地方和一些顯著的差異。然而，至今還沒有學者認真探索，這個古遠的文明究竟崛起於何處，興盛於何時，內涵和本質為何。如同太空中的「黑洞」，它隱而不見。但是，從它對埃及和蘇美文明具體可見的影響，我們可以深切感受到它的存在。

這個神祕的始祖，隱而不見的文明根源，有沒有可能也在墨西哥留下它的痕跡？如果可能，那麼，我們肯定會在墨西哥的古文明和中東的古文明之間，找到某些文化上的相似點。我們當然也會發現一些重大的差異——畢竟，在漫長的歷史時期中，這兩個地區的文化是互不統屬、分頭發展的。蘇美和埃及兩地的文化時有接觸，差異自然比較小，然而，西元一四九二年哥倫布「發現」新大陸之前，中東地區的兩個文明和遙遠的中美洲文明之間，鮮有接觸的機會，因此差異也比較大。

說來詭異，不知為了什麼緣故，古代埃及人對侏儒具有特別的好感，對他們格外尊敬；無獨有偶，打從奧梅克人開始，中美洲已開化的民族也特別崇敬侏儒。有些學者指出，兩地的人民都相信，侏儒和神祇關係密切。在埃及和中美洲的文化中，侏儒是廣受歡迎的舞者，而藝術家也喜歡描繪他們跳舞的神采和姿態❶。

四千五百多年前，埃及王朝時代初期，太陽城海里歐波里斯（Heliopolis，開羅附近，為信仰太陽神的中心地）的祭司特別敬仰法力無邊的「九神」（Ennead）；同樣，在中美洲，阿茲特克人和馬雅人也都崇奉由九位神祇組成的一個全能的神權體系❷。

墨西哥和瓜地馬拉的古代奎契族（Quiche）馬雅人，尊奉一部名為《波波武經》（*Popol Vuh*）的神聖經書。其中好幾段文字清楚顯示，這個民族相信「星辰轉世」——人死後靈魂會轉化為天上的星星。例如，英勇的孿生兄弟烏納普（Hunahpu）和斯巴蘭克（Xbalanque）被殺害後，靈魂「在一簇光芒中冉冉上昇，直達天堂……這時天空和大地一片光明。從此他們定居在天上。」跟隨這對孿生兄弟一起飛昇的，還有四百位死難的夥伴，「於是，他們又跟烏納普和斯巴蘭克相聚在一塊，轉世為天上的星星」❸。

上文提到，有關「神王」奎札科特爾的傳說，焦點大多集中在他以文明導師的身分從事的活動。然而，他在古代墨西哥的徒眾也相信，他的肉身死亡後，靈魂「轉化為一顆星星」❹。

巧的是，在四千多年前的金字塔時期，埃及的國教也尊奉相同的信念：法老駕崩後會轉世為星星。祭司在葬禮上誦經，促請神祇讓崩殂的君王早日投生天界：「王啊，您是這顆偉大的星星，獵戶星座的夥伴，跟隨獵戶星座橫越蒼穹……您從東方天際升起，在吉時良辰投生轉世……」❺在祕魯南部的納茲卡高原，我們看見過描繪在地面上的獵戶星座圖形，將來我們還會遇見它……

這兒，我們不妨先看一看古代埃及《亡靈書》。書中部分內容幾乎和埃及文明一樣古老；對當時的埃及人來說，這部書不啻是一本陰間旅遊指南，專門替轉世的靈魂指點迷津。它指示死者如何克服來世的種種險阻，如何化身為神話中的怪獸；它還提供死者相關「口令」，好讓死者的靈魂順利進入陰間的各個階段或層次❻。

古代中美洲民族也相信，人死後靈魂會遭遇重重險阻——這難道只是單純的巧合嗎？他們相信，陰間總共九層，而死者的靈魂必須花四年時間，穿越過一路上遭逢的各種障礙和考驗❼。陰間的每一層都有一個令人毛骨悚然的名稱，諸如「撞擊山」、「亂箭穿心谷」、「刀山」等等。在古代中美洲和埃及，人們都相信，死者的靈魂搭乘一艘船，由「舟神」掌舵，把他從陰間的一站渡到另一站❽。西元八世紀馬雅城市提凱爾（Tikal）的統治者「雙梳」（Deuble Comb）的陵墓，就有一幅壁畫描述這種情景❾。類似的圖像也出現在上埃及「帝王谷」（Valley of the Kings）的王陵，其中最值得注意的是第十八王朝法老圖特摩西斯三世（Thutmosis Ⅲ）陵墓中的壁畫[10]。埃及法老和馬雅君王駕崩後，靈魂搭船進入陰間時，隨從都包括一隻狗或一位狗頭人身神祇，一隻鳥或一位鳥頭人身神祇，一隻猿猴或一位猴頭人身神祇[11]。這難道也是單純的巧合嗎？

在古代墨西哥，陰間的第七層被稱為「帖奧科約夸洛雅」（Teocoyolcualloya），意思是「猛獸吞噬人心的地方」[12]。

值得注意的是，古代埃及陰間的其中一站「審判廳」，也具備幾乎完全相同的一系列象徵。這難道也是巧合？在陰間之旅的關鍵一站，死者的心臟被放置在天秤上，另一端放置一根羽毛；這顆心臟若是充滿罪惡，天秤就會向它那邊傾斜，然後，知識與魔法之神索斯就會把審判結果記錄在木板上，命令一頭兇猛的野獸——半鱷魚半河馬，且有幾分像獅子的「食屍獸」——將這顆心臟吞噬掉[13]。

最後，讓我們再看一看金字塔時代的埃及。法老享有的特殊地位，使他得以免除陰間的磨難，直接轉世為星星。誦經是法老葬禮的一部分。同樣重要的是一種名為「張嘴」的神祕儀式，據說歷史非常悠久，可以追溯到王朝之前的時期。首席祭司率領四位輔祭出席葬禮，手中揮舞一種名為「佩申克赫甫」（peshenkhef），有如菜刀一般的神器，用來「撬開」法老遺體的嘴巴，以確保他的靈魂會順利飛昇天空。現存的浮雕和壁畫顯示，在法老的葬禮上，已製成木乃伊的屍體確實被人用「佩申克赫甫」重重敲了一記。此外，最近的證據也顯示，位於吉薩的大金字塔內部的一個房間，可能就是這種儀式舉行的場所[14]。

古埃及的這些習俗，都可以在古代墨西哥找到奇異的、扭曲的翻版。上文提到，西班牙人入侵之前，墨西哥盛行殺人祭神的犧牲儀式。值得注意的是，犧牲儀式也是在金字塔舉行，由一位首席祭司和四位輔祭主持；他們手持一種類似刀刃的神器，重擊犧牲者的身體，以確保他的靈魂避開陰間的磨難，直接飛昇天堂⑮。這難道是偶然的巧合嗎？

我們發現愈多這一類的「巧合」，就愈有理由相信，這兩個地區的文化和習俗之間，可能存在著某種根深柢固的關聯。另一個有力的證據是，古代中美洲各個民族都稱「犧牲」為「帕奇」（P'achi），意思就是「張開嘴巴」⑯。

因此，我們不得不提出這樣的問題：這些文化習俗，儘管出現在兩個相距遙遠的地區和不同的歷史時代，有沒有可能，這些不僅僅是一連串令人驚異的巧合，而是遠古時代遺留下的一個共同的、模糊的、扭曲的傳統和記憶？我們不能說，埃及的「張嘴儀式」直接影響墨西哥的類似禮儀（反過來也是如此），因為兩者之間畢竟存在著根本的差異。儘管如此，我們還是有理由相信，兩者之間存在許多相似點，可能是由於這兩個地區從一個共同的祖先手中繼承到一筆文化遺產。對這筆遺產，中美洲民族和埃及人的處理方式固然不同，但是，一些共同的象徵和術語，雙方都各自保存下來。

限於篇幅，在這兒，我們不打算進一步探討埃及和中美洲文化之間古老的、難以捉摸的關聯。但是，在討論其他課題之前，我們應該指出，類似的一種「關聯」，存在於古代墨西哥和美索不達米亞蘇美古國的信仰體系中。再一次提醒讀者，這方面的證據顯示的並

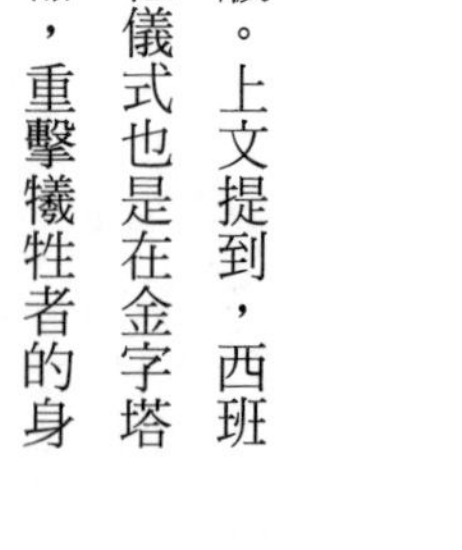

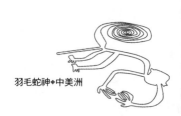

不是任何的直接影響，而是一筆共同的，古老的文化遺產。

以翁尼斯神（Oannes）為例。

「翁尼斯」是希臘人對蘇美神祇「烏安」（Uan）的稱呼。在本書第二部，我們曾經探討這位水陸兩棲的神；據說，是祂把文明和技藝帶到美索不達米亞地區⑰。根據五千年前流傳下來的神話，烏安晚上棲息在海底，每天早晨鑽出波斯灣水面，從事教化人類的工作。在中美洲馬雅人的語言中，「烏安納」（Uaana）是指「居住在水裡的人」⑱。這不會是單純的巧合吧？

我們再看看另一位蘇美神祇——代表原始暴力的海洋女神蒂雅瑪特（Tiamat）。根據美索不達米亞地區的傳說，這個生性殘暴貪婪的女妖魔，有一次，不知怎的，竟然跟所有神祇作對，在世界上製造一場驚天動地的大暴亂，後來才被天神馬杜克（Marduk）殺死：

> 蒂雅瑪特，她張開嘴巴，準備吞噬他。
> 他祭起一陣神風，使她不能閉上嘴巴。
> 神風直灌進她的肚子，使她心痛如絞。
> 她拚命張著嘴巴。
> 他射出一支箭，貫穿她的肚子。
> 他挖出她的內臟，把她的心撕成兩半。

> 他狠狠修理她，把她的生命摧毀。
> 他把她撂倒，縱身一跳，站在她身體上。[19]

最後怎麼處理蒂雅瑪特的屍體呢？

馬杜克想出一個好主意。他一面凝視這個女妖怪的屍身，一面「構想藝術創作」[20]，於是，創造世界的偉大藍圖開始在他心中成形。第一步，他把蒂雅瑪特的頭顱劈開，將她的動脈血管切斷。接著，他把她整個身子撕成兩半，「就像撕開一條曬乾的魚」，用其中一半做天堂的屋頂，另一半則用來鋪地面。她的乳房，被他造成山丘；她的口水，被他轉化成雲霧。他引導底格里斯和幼發拉底兩條大河，從她的兩隻眼睛流出來。

這則傳說可真詭異，充滿血腥暴力，而且十分古老。

中美洲古代文明也有類似的神話。在這個版本中，扮演屠妖英雄的是身為造物主的奎札科特爾；蒂雅瑪特的角色則由「大地女妖」奇帕克特麗（Cipactli）取代。趁著奇帕克特麗在水中游泳，奎札科特爾伸手握住她的四肢，將她的身子活生生撕成兩半，一半用來造天，一半用來造地。她的頭髮和皮膚，被他轉化成各種花草。「她的眼睛變成井和泉；她的肩膀變成山脈」[21]。

中東的蘇美和美洲的墨西哥，神話竟然如此相似。這究竟是單純的巧合，抑或是一個已經消失的文明遺留下的文化「指紋」？如果是後者，那麼，這個遠古文明的英雄，可能

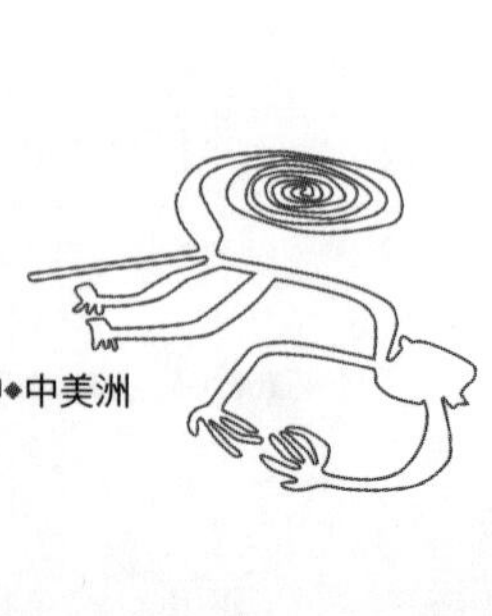

就是那些雕像的主人翁。他們的面容被保存在石頭上，世世代代流傳下來，時而顯現，時而隱晦，經歷了好幾千年歲月，終於在本世紀被我們的考古學家挖掘出來，賦予「奧梅克人頭」和「山姆大叔」之類的名稱。

這些遠古英雄的面容也出現在阿爾班山的廢墟。可是，在那兒，他們講述的卻是一則悲淒的故事。

阿爾班山：英雄的殞滅

咸信已有三千年歷史的阿爾班山廢墟㉒，坐落在山頂被鏟平的一座山丘上，俯瞰著瓦哈卡城。廢墟中央是一個長方形「大廣場」，四周環繞著好幾座金字塔和其他建築物，全都依照精確的幾何關係排列。當初，這整個場地顯然是根據一份精心設計的藍圖興建的，四處瀰漫著一種和諧、勻稱、整齊的氣氛。

離開維雅艾爾摩薩市之前，我曾造訪「奧梅克與馬雅文化研究中心」，諮詢那兒的專家。來到阿爾班山後，我依照他們的指示，先到廢墟西南角落看一看。就在這兒，我看到了堆集在一座低矮金字塔旁的文物。這些正是我專程趕來一看的東西：好幾十塊石碑，上面雕刻著黑人和白人肖像……生前平起平坐……死後平躺在這兒……

這些雕像，如果真的屬於一個已經被時間湮沒的偉大文明，那麼，從它們描繪的人物我們可以看出，這個文明是講求「種族平等」的。拉文達廢墟出土的黑人頭像，臉上的神情是那麼高貴威嚴、充滿自信，我們實在很難相信，這些人物生前曾經當過奴隸。我們在拉文達看到的那些臉孔瘦削、頦下蓄著鬍子的白人肖像，也同樣流露出一種尊貴的氣質。這種人是不會輕易向人屈膝的。

然而，阿爾班山廢墟的雕像，記錄的卻似乎是這些尊貴人物的隕落。兩地出土的雕像，顯然不是同一批工匠的作品。比起拉文達雕像，這兒的雕像顯得粗糙得多。但是，有一點是確定的：不論他們是誰，不管他們的作品有多低劣，阿爾班山的雕刻家所呈現的人物，正是我在拉文達雕像上看到的那些黑人和留著山羊鬍子的白人。拉文達廢墟出

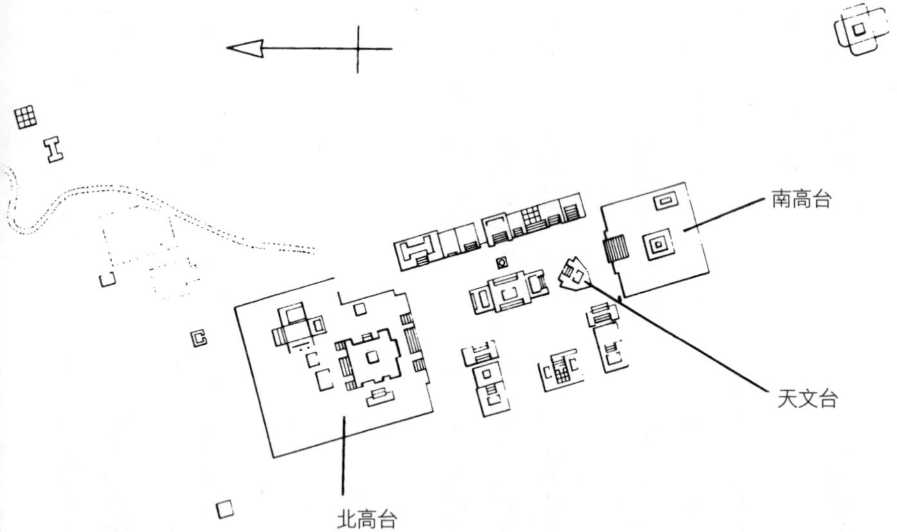

阿爾班山廢墟

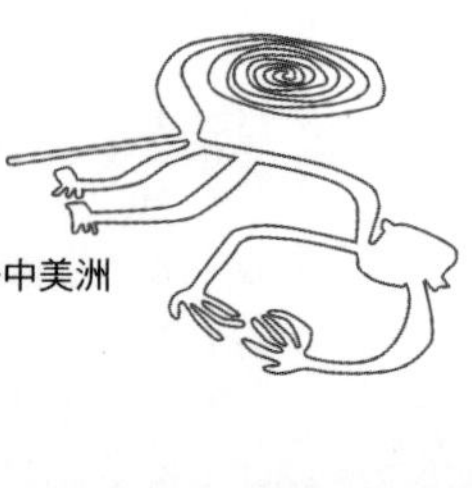

土的雕像，充滿活力和威權。阿爾班山雕像所描繪的卻是一具具死屍。雕像上的黑人和白人，全都赤裸著身體，其中大多數曾經遭受閹割去勢。有些蜷縮著身子，宛如胎兒，似乎在躲避敵人的追打；還有一些伸開四肢，仰天躺在地上。

考古學家認為，這些雕像顯示的是「戰俘的屍體」[23]。

哪一場戰爭的俘虜？在哪裡被俘呢？

這兒是哥倫布出生前的中美洲，位於西半球，然而，阿爾班山雕像描繪的戰地死傷慘況，卻不見一個美洲土著，死難者全都是來自東半球的白人和黑人。這不是挺詭異的嗎？

由於某種原因，正統學界不願探究這個問題，儘管根據他們的推算，這些雕像年代十分久遠，甚至可以追溯到西元前一千年到西元前六百年之間[24]。如同其他廢墟出土的文物，這些雕像的年代，是檢測相關有機物質後鑑定的。雕像本身很難用客觀的方法鑑定年代，因為它是鐫刻在花崗岩石碑上。

奇異的文字迷宮

一套精巧複雜、體系完備的象形文字，在阿爾班山廢墟被發現，學者至今猶未解讀出它的意涵。這些文字大部分雕刻在石碑上，跟粗糙的白人和黑人肖像並列。專家公認，它是「墨西哥迄今發現的最古老文字」[25]。證據顯示，當初居住在阿爾班山一帶的民族，建築技術非常先進，尤其擅於觀測天象。形狀有如箭頭的天文台矗立在廢墟中，和中央軸道呈四十五度角，而軸道本身則刻意偏離南北直線數度。鑽進這座天文台，我才發現，裡頭裝設著密如蛛網的窄小隧道和一道道陡峭的階梯；通過這些隧道和階梯，可以觀測天空的各個區域。

古代阿爾班山居民，和崔斯薩波特居民一樣，遺留下確鑿的證據，證明他們的數學知識相當高深，懂得使用「點線計算法」。他們也使用奧梅克人發明、馬雅人改進的奇特曆法。根據這套曆法，世界將在西元二〇一二年十二月二十三日毀滅。

這套曆法，以及馬雅人對時間異乎尋常的關注，如果真是一個古老的、已經被遺忘的文明留下的文化遺產的一部分，那麼，馬雅人應該稱得上是這筆遺產最忠實、最熱誠的守護者了。誠如考古學家艾瑞克·湯普森（Eric Thompson）在一九五〇年指出的：「『時間』是馬雅宗教至高無上的奧祕。它主導馬雅人的整個思想，影響之大可以說是史無前例的。」[26]

我繼續訪查中美洲其他廢墟，一步一步被吸引進這座奇異的、令人敬畏的文化迷宮。

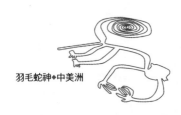

【註釋】

❶見下列各書：《古代埃及百科全書》，頁六九～七十；《古代墨西哥和馬雅人的神祇與象徵》，頁八二；哈烈特《小矮人基達布》，頁八四～一〇六。*The Encyclopedia of Ancient Egypt*, p.69～70. *The Gods and Symbols of Ancient Mexico and the Maya*, p.82. Jean-Pierre Hallet, *Pygmy Kitabu*, BCA, London, 1974, pp. 84～106.

❷見《古代埃及百科全書》，頁八五，及《墨西哥和中美洲神話》，頁一四八。*The Mythology of Mexico and Central America*, p.148.

❸見戈特茲與莫爾禮譯《波波武經：古代奎契族馬雅人的神聖典籍》，頁一六三～一六四。Delia Goetz and Sylvanus Griswold Morley, trans., *Popol Vuh: The Sacred Book of the Ancient Quiche Maya*, University of Oklahoma press, 1991, p. 163～164.

❹同上，頁一八一，及《墨西哥和中美洲神話》，頁一四七。

❺見傅克納譯《古代埃及金字塔經文》，頁一五五，第四六六段經文。R.O. Faulkner, trans., *The Ancient Egyptian Pyramid Texts*, Oxford University press, 1969, p. 155. 書中蒐錄的經文，有許多處提到法老的「星辰轉世」，例如第二四八、二六四、二六五、二六八及五七〇（「我是照亮天空的一顆星星」）各段。

❻有興趣的讀者可參閱大英博物館出版，傅克納譯《古代埃及亡靈書》，一九八九年。R. O. Faulkner, trans., *The Ancient Egyptian Book of the Dead*, British Museum Publications, 1989.

❼見《西班牙人入侵前的墨西哥神祇》，頁三七。

❽見《古代墨西哥和馬雅人的神祇與象徵》，頁一二八～一二九。

❾這幅壁畫刊登於一九八九年十月出版的《國家地理雜誌》（National Geographic Magazine）第一七六卷第四期，頁四六八：「『孿生舟神』是馬雅神話中的重要神祇；在祂們引導下，『雙梳』搭乘一艘獨木舟進入陰間。伴隨這位大行君王的是一隻大蜥蜴、一隻猴子、一隻鸚鵡和一隻狗。」在本書第五部，我們將進一步探討「狗」在各民族神話中的意義。

❿這幅壁畫的局部細節，刊印於羅梅爾《帝王谷》，頁一六七，及魏斯特《古埃及旅行之鑰》，頁二八二～二九七。John Romer, *Valley of the Kings*, Michael O'Mara Books Limited London, 1988, p.167, and J.A. West, *The Traveller's Key to Ancient Egypt*, Harrap Columbus, London, 1989, pp. 282～297.

⓫古埃及神話中，狗代表「開路神」烏普奧特（Upuaut），鳥（通常是一隻兀鷹）代表太陽神荷羅斯（Horus），猿猴代表知識與魔法之神索斯（Thoth）。見《古埃及旅行之鑰》，頁二八四，及《古代埃及亡靈書》，頁一一六～一三〇，古代中美洲部分，請見註❾。

⓬見《西班牙人入侵前的墨西哥神祇》，頁四十。

⓭見布奇譯《埃及亡靈書》，頁二一。E.A. Wallis Budge, *The Egyptian Book of the Dead*, Arkana, London and New York, 1986, p.21.

⓮見布法爾與吉伯特《獵戶星座之謎》，頁二〇八～二一〇、二七〇。Robert Bauval and Adrian Gilbert, *The Orion Mystery*, Wm. Heinemann, London, 1994, pp. 208～210, 270.

⓯見《古代墨西哥和馬雅人的神祇與象徵》，頁四十及頁一七七。

⓰見艾瑞克．湯普森《馬雅人的歷史與宗教》，頁一七五。Eric S. Thompson, *Maya History and Religion*, p.175.

⓱史蒂芬妮．戴里《美索不達米亞神話》，頁三二六；傑瑞米．布雷克與安東尼．格林《古代美索不達米亞的神祇、妖魔和象徵》，頁一六三～一六四。Stephanie Dalley, *Myths from Mesopotamia*, Oxford University Press, 1990, P.326; Jeremy Black and Anthony Green, *Gods, Demons and Symbols of Ancient Mesopotamia*, British Museum Press, 1992, PP.163～164.

⓲見《墨西哥金字塔的奧祕》，頁一六九；《神王與巨人》，頁二三四。

⓳摘自《拉路斯最新神話百科全書》，頁五三～五四。

⓴見《拉路斯最新神話百科全書》，頁五四。

㉑見《西班牙人入侵前的墨西哥神祇》，頁五九；英格．葛連汀能《阿茲特克人》，頁一七七。Inga

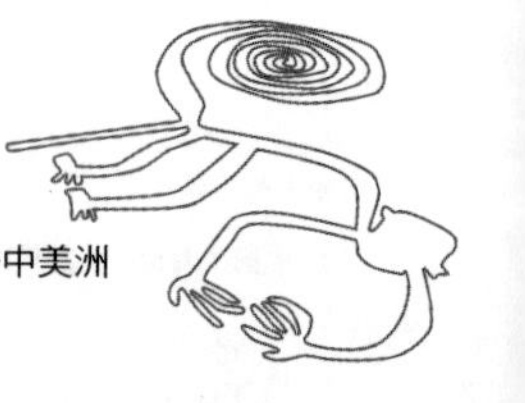

Glendinnen, Aztecs, Cambridge University Press, 1991, P.177. 亦請參閱《古代墨西哥和馬雅人的神祇與象徵》，頁一四四。

㉒見《墨西哥》，頁六六九。

㉓見《古代墨西哥的城市：重建一個失落的世界》，頁五三。

㉔見《墨西哥古代王國》，頁五三，及《墨西哥》，頁六七一。

㉕見《墨西哥古代王國》，頁五四。

㉖見艾瑞克·湯普森《馬雅象形文字》，頁一五五。J. Eric Thompson, *Maya Hieroglyphic Writing*, Carnegie Institution, Washington DC, 1987, P.155.

第二十章 「魔法師的金字塔」

墨西哥奇雅帕斯省（Chiapas Province）帕連克（Palenque）廢墟

傍晚時分，我坐在馬雅人的「碑銘神殿」（Temple of the Inscriptions）東北角下面，朝向北方，眺望暮色愈來愈濃的叢林，一直望到叢林外烏蘇瑪辛達河（Usumacinta）的沖積平原。

這棟廟宇聳立在一座百英尺高的九級金字塔頂端，總共有三間殿堂。整棟建築物結構十分簡潔和諧，給人的感覺是柔美，而不是柔弱。它深深植根於土地，飽歷風霜，古老而永恆——它是純幾何學加上想像力的產物。

我把視線轉到右方，看見那棟建立在金字塔地基上、氣派恢宏的長方形皇宮。一座狹長的四層石塔矗立在皇宮中央；據說，那是古代馬雅祭司觀測天象的場所。

羽毛鮮豔的金剛鸚鵡，在我周圍的樹梢上飛掠。木葉間，我看到好幾棟宏偉的建築物蹲伏在荒煙蔓草中，即將被日漸擴大的叢林吞蝕。這些建築物包括「葉狀十字架神

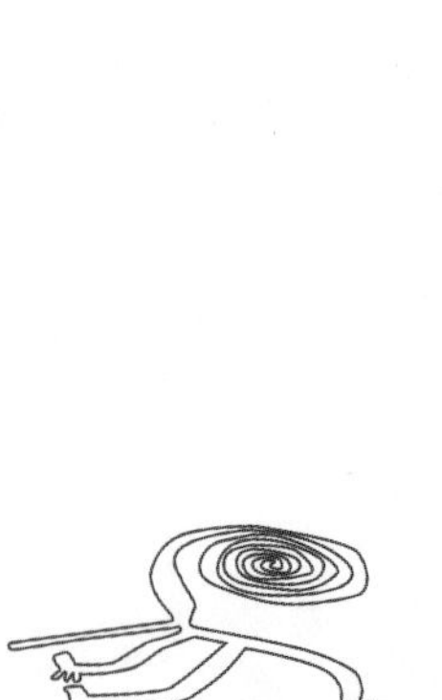

殿」（Temple of the Foliated Cross）、「太陽神殿」（Temple of the Sun）、「伯爵神殿」（Temple of the Count）和「獅子神殿」（Temple of the Lion）——全都是考古學家所取的名字。馬雅人的思想、信仰和古老的記憶，一大部分已經遺失，再也無法挽回。雖然我們早已經懂得詮釋馬雅人的曆法，但是，他們那套繁複精巧的象形文字，我們到現在才開始研究如何解讀。

我站起身來，爬上最後幾級階梯，進入「碑銘神殿」的主廳。後牆嵌著兩塊灰色大石板，上面鐫刻著六百二十個馬雅象形文字，排得十分整齊，如同棋盤上的一顆顆棋子。這些文字有些看起來像人的臉龐，有些像怪物的面孔，還有一些彷彿是蠢蠢欲動的某種神話怪獸。

這兩塊碑銘到底敘述什麼？現在還沒有人弄清楚，因為它的文字是由圖形和音符混合組成，至今猶未被完全破解。不過，有一點倒是可以確定：碑上的一些文字提到古老的、好幾千年前的時代，也提到參與過史前重大事件的民族和神祇❶。

帕卡爾陵墓

象形文字碑銘左邊，用大石板鋪成的神殿地板上，有一個樓梯口，下面架設著一道陡峭的階梯，直通到隱藏在金字塔深處的一個房間。這兒就是帕卡爾大君（Lord Pacal）陵墓所在地。這道階梯是用光滑的石灰岩砌成，狹窄而潮濕，走起來讓人提心吊膽。我採取蟹行方式，打開手電筒，挨著南邊的牆壁小心翼翼走下樓梯，進入那一團陰暗中。

西元六八三年，這道階梯被封閉後，再也沒有人知道它的存在，直到一九五二年六月，墨西哥考古學家艾伯多·魯茲（Alberto Ruz）撬開神殿的地板，它才重見天日。一九九四年，考古學家在帕連克廢墟發現另一座類似的陵墓，然而，魯茲畢竟是第一個在美洲金字塔內發現這種建築物的人，值得大書特書。建造這道階梯的工匠，在完工後特意用瓦礫將它填塞。考古學家花了四年時間，才將瓦礫全部清

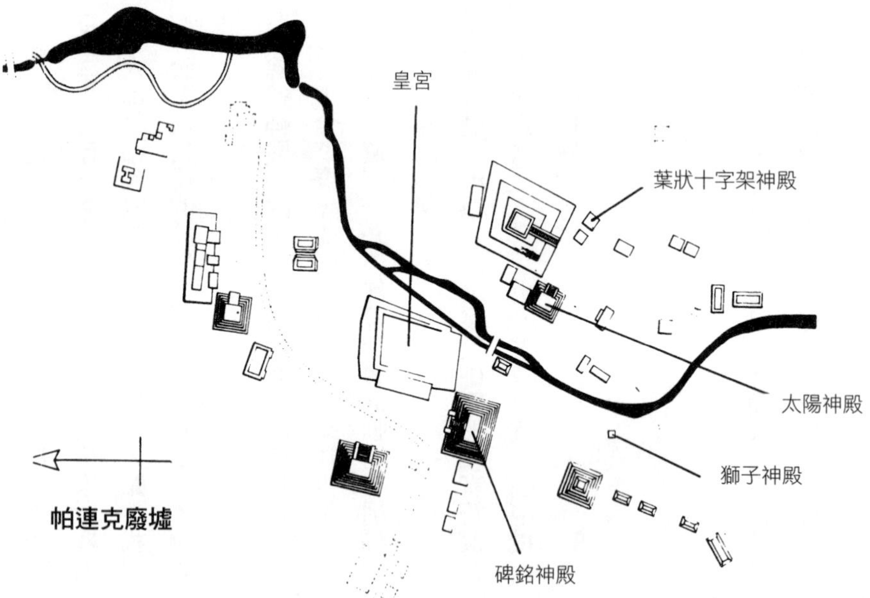

除，打通這道階梯。

進入金字塔底部，考古學家發現一間狹窄的、用石柱支撐的拱形廳堂，地板上散佈著已經腐朽的骨骸。據考證，這些骨骸是屬於兒童所有。他們可能是五個或六個陪葬的小孩。廳堂另一端有一塊巨大的三角形石板。魯茲把它撬開，發現裡頭隱藏著一座奇特的墳墓。根據他的描述，這座陵墓看起來像「用冰塊雕鑿成的大房間，又像一個頂端和四壁都被刨得十分光滑的岩穴，更像一座荒廢的小教堂，圓形屋頂下懸掛著一個個鐘乳石，地板上長出粗大的石筍，好像燃燒的蠟燭滴落的蠟。」❷

墓室長三十英尺，高二十三英尺，拱形屋頂也用石柱支撐。四周的牆壁裝飾著灰泥浮雕，描繪的是高視闊步的「九神」——統治黑夜的九位馬雅神祇。墓室中央，在「九神」俯瞰下，躺著一具巨大的石棺，蓋子用一塊重達五噸的石板製成，雕刻得十分精美。棺中躺著一副高大的骨骸，身上堆滿各種珍貴的玉器。死者臉上戴著二百塊玉片鑲嵌成的面具。據說，這就是西元七世紀帕連克城統治者帕卡爾的遺體。根據碑銘的記載，這位君王八十歲駕崩，然而，考古學家在石棺中發現的這副用玉器裝飾的骨骸，經鑑定只有四十歲左右❸。

拾級而下，我走到樓梯底部，穿過一間廳堂，看見陪葬的幾個小孩躺在地板上，眼睛直直瞪著帕卡爾的陵墓。這間地下廳堂坐落在金字塔深處，距離頭頂的神殿約莫八十五英尺，空氣格外潮濕陰涼，充滿腐朽的黴味。石棺嵌在墓室地板上，形狀十分奇特，底部向外伸張，就像古代埃及法老的木乃伊篋。但是，木乃伊篋是用木材製成，基座特別寬廣，好讓篋子直直豎立地上；帕卡爾的棺槨卻是用整塊石頭雕鑿而成，而且是平放在地上的。既然如此，為什麼馬雅工匠要費那麼大的工夫，加寬石棺的基座，他們應該知道，這樣做並沒有實際的用途。有沒有可能是因為他們盲目抄襲古代流傳下來的棺槨模型，儘管加寬的基座已經喪失當初的作用❹？帕卡爾石棺是否顯示，古代埃及和中美洲之間確實存在著某種文化關聯，甚至分享過一筆共同的文化遺產，一如靈魂轉世的神話所顯示的？

帕卡爾石棺的長方形蓋子也是用石頭鑿成，厚達十英寸，寬三英尺，長十二英尺半。顯然，這種棺蓋也是依照古老的模型打造，一如古埃及人使用的那種雕琢精美、氣派恢宏的棺蓋。事實上，如果我們把它移置到埃及的帝王谷也絕不會顯得突兀或不搭配。不過，兩者之間確實存在著一個重大差異。雕繪在石棺蓋上的圖像，怎麼看都不像是埃及的文化產物。我把手電筒對準棺蓋，仔細一瞧，只見上面鐫刻著一個剃光鬍鬚的男子，身上穿著一件緊身衣服，袖子和褲管末端反折，裝飾得十分花俏。這個人半躺著，坐在一張圓背折椅裡，下背和大腿緊貼著座墊，頸背舒適地靠在椅端的頭枕上，眼睛凝視著前方。他伸出兩隻手，仿佛在操作汽車的變速桿或飛機的操縱儀；兩隻腳沒穿鞋子，隨隨便便地疊放在他身前。

這就是馬雅君王帕卡爾？

如果真是他，為什麼在石棺的雕像上，他仿佛在操作某種機器呢？一般學者都認為，

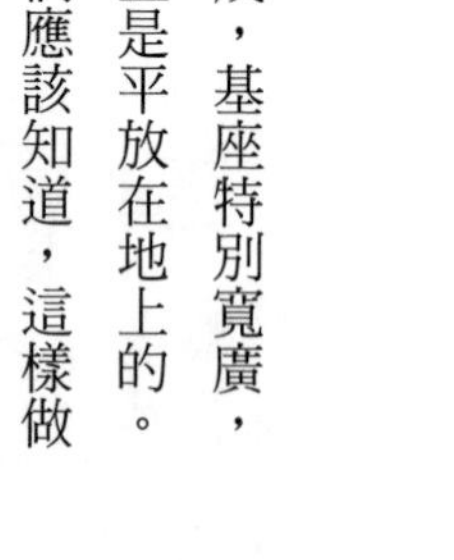

馬雅人並沒有機器呀。據說，他們連「輪子」是什麼東西都不知道。然而，雕像上所顯示的帕卡爾卻坐在一個裝設著各種儀表、按鈕和管線的機械裡。這玩意看起來倒像某種高科技產品，而一般學者卻說，這幅圖像顯示的是「靈魂從陽世進入陰間的過程」❺或者「國王被骼髏怪物活生生吞噬的情景」❻。

我想起奧梅克浮雕所呈現的「蛇中人」（見本書第十七章）。它看起來也挺像藝術家用近乎童稚的手法所描繪的高科技機械。「蛇中人」是在拉文達廢墟出土，而拉文達跟臉上留著鬍子的神祕客——顯然是白種人——關係頗為密切。比起拉文達出土的文物，帕卡爾的陵墓可沒那麼古老；兩者的時代至少間隔一千年。不過，考古學家卻在石棺中找到一尊玉製小雕像，年代比其他陪葬品顯得古老許多，而它所描繪的就是一位身穿長袍，頷下蓄著一撮山羊鬍的白種老人。

侏儒之家

猶加敦半島烏斯瑪爾（Uxmal）廢墟

午後，山雨欲來，我開始攀登坐落在帕連克廢墟北方七百英里的一座金字塔。這座塔十分陡峭，呈橢圓形，而不是一般的正方形；底部長二百四十英尺，寬一百二十英尺，塔身非常高聳，達一百二十英尺，俯瞰著周圍的平疇曠野。

自遠古以來，這座酷似西方童話中的巫師城堡的建築物，就一直被稱為「魔法師的金字塔」（Pyramid of the Magician），有時人們也管它叫「侏儒之家」（House of the Dwarf）。根據馬雅人的傳說，一個神通廣大的侏儒在一夜之間興建起這座金字塔，因此人們才給它取這些個名字。

愈往上攀登，階梯就變得愈狹窄，仿彿故意整人似的。我本應傾身向前，緊貼著塔身慢慢拾級而上，以確保生命安全，但不知怎的，我卻仰起臉龐，只顧眺望頭頂那一片烏雲密佈、雷聲隆隆的天空。一群群飛鳥四下盤旋，不斷聒噪著，仿彿在逃避即將來臨的暴風雨。幾個鐘頭前就已經把太陽遮蔽的雲層，這會兒被大風吹得滿天翻滾，宛如一鍋沸騰的開水。

馬雅人的傳說把「魔法師金字塔」和侏儒的法力連接在一起，這點並不奇特，因為在中美洲地區，人們都認為侏儒是第一流的建築師和泥瓦匠。一則典型的馬雅傳說就毫不含糊地指出：「蓋房子對他們來說簡直易如反掌，只消吹一吹口哨，石頭就會移動，各就各位。」❼

讀者想必還記得，一則非常相似的南美洲神話提到，當初安地斯山神祕古城帝華納科興建時，巨大的石頭「在號角吹奏下，穿越天空飛過來」❽。

在中美洲和遙遠的安地斯山區，人們都相信，某種神祕的聲音能使大石頭飄浮在空中，就像變魔術一樣。

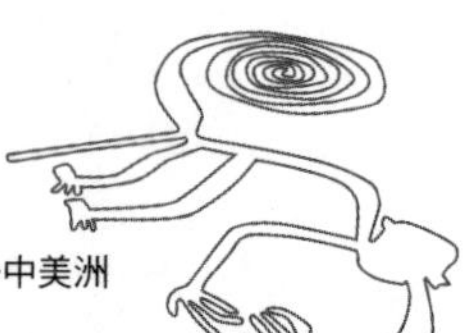

我們到底應該怎樣看待這種現象呢？也許純粹出於巧合，這兩個在地理上相隔十分遙遠的地區，各自創造出如此相似的「神怪故事」。但是，這種巧合未免太巧，似乎不太可能發生。我們不妨考慮另一種可能：這類故事保存著兩地人民對某種古代建築技術的共同記憶，而這種建築技術十分高超，能夠輕易地將巨石從地上舉起，有如「神蹟」一般。值得注意的是，古代埃及的傳說也提到類似的神蹟。這難道也是單純的巧合嗎？根據一則典型的埃及神話，一位魔法師曾經施展神通，讓「一塊長二百腕尺、寬五十腕尺的巨大拱形石頭」飄浮在空中❾。

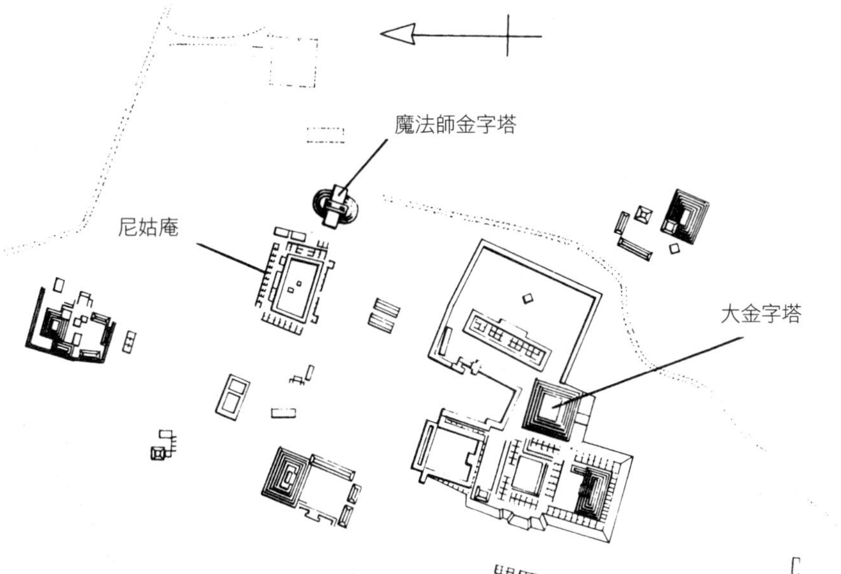

烏斯瑪爾廢墟

我正在攀登的這道階梯，兩旁裝飾著華麗的圖案——十九世紀美國探險家約翰·史蒂芬斯（John Lloyd Stephens）把它稱為「雕刻的鑲嵌拼花圖案」[10]。詭譎的是，儘管「魔法師金字塔」的興建是在西班牙人征服中美洲之前好幾個世紀，這兒的鑲嵌拼花圖案，卻一再出現類似基督教十字架的符號。事實上，這座金字塔上鐫刻的「基督教」十字架有兩種：一種是十二、十三世紀「聖殿騎士團」（Knights Templar）和其他十字軍組織崇奉的寬掌十字架，另一種是聖安德魯（Saint Andrew）的X形十字架。

我攀登上最後幾級階梯，來到矗立於「魔法師金字塔」頂端的神殿。它只有一間廟堂，拱形屋頂用石柱支撐。成群蝙蝠懸吊在天花板下。就像屋外的飛鳥和烏雲，牠們也受到即將來臨的暴風雨驚擾，顯得十分煩躁不安。一大窩蝙蝠倒吊著身子，毛茸茸擠成一團，不斷拍撲著牠們那細小堅韌的翅膀。

我坐在神殿周圍的台階上歇息一會兒。從這兒望下去，我看到更多十字架圖徽。毫不誇張地說，十字架遍佈這整座古老、奇異的馬雅建築物。我想起，在安地斯山帝華納科古城「普瑪門」四周的巨石上，我曾經看見一些十字架圖徽，那是古代工匠在哥倫布出生前鐫刻的[11]。拉文達廢墟出土的奧梅克「蛇中人」雕像，上面也鐫刻著兩個X形十字架；據專家考證，那是耶穌基督出生前的作品。這會兒，在烏斯瑪爾廢墟馬雅文化遺址的「魔法師金字塔」上，我又看到十字架符號。

臉上留著鬍子的神祕客……

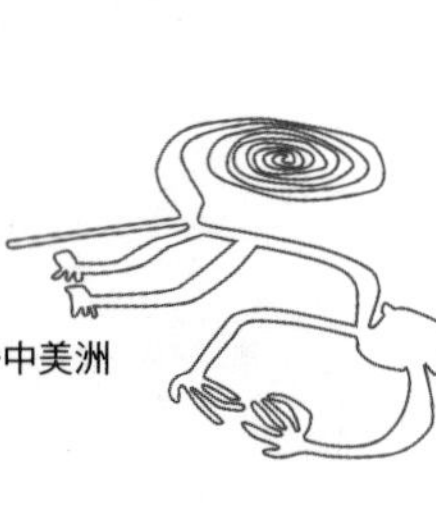

身上有羽毛的蛇……

十字架符號……

這些奇特的象徵，一再出現於不同的歷史時代、相隔十分遙遠的文化。這難道真是意外的巧合嗎？為什麼這些象徵會如此頻繁地被表現在藝術品中，鐫刻在建築物上？

預言科學

我一直懷疑，我看到的可能是某個祕密教派或團體遺留下的符號和聖像；在漫長的黑暗時代中，他們守護著文明的火把，讓它繼續在中美洲（以及其他地區）燃燒。我注意到，在這趟美洲之旅中，我每到一個曾經有外來先進文明跟本土文化發生接觸的地方，鬍子神祕客、羽毛蛇和十字架的象徵就會突然出現。而我感覺到，這種文化接觸十分古老——古老到人們已經把它遺忘。

我又想到，西元前大約一千五百年時，奧梅克人突然走出史前的混沌，建立起輝煌的文明。考古學上的證據都顯示，從一開始，奧梅克人就膜拜石像和石碑上的鬍子神祕客。我愈來愈相信有這麼一種可能：那些奇特的雕刻品，有一部分是某個古文明留下的遺產，在西元前一千五百年之前的許多年，就留傳給中美洲的民族，後來交由一個祕密文化組織——也許是奎札科特爾教派——保管和守護。

這個古文明的遺跡，很多已經被時間湮沒了。不過，中美洲的民族——尤其是興建帕連克和烏斯瑪爾古城的馬雅人——不但保存了那些謎樣的石頭雕像，甚至還保藏一些更神祕、更奇妙的東西，使他們更有資格自詡為一個古老、先進的文明真正的繼承者。

在下一章，我們會發現，馬雅人保存最完整的，是古代天文學家發展出來的一種和「時間」、「測量」及「預言」有關的神祕科學——甚至可以乾脆稱為「預言科學」。同時，他們也繼承了這個古文明對一場浩大的、淹沒整個世界的古代洪水的記憶，以及一筆奇特的知識遺產。這項知識層次極高，不可能是馬雅人發展出來的，連我們自己也是在最近才取得這種知識……

【註釋】

❶見珍妮佛·魏斯伍德編《祕境的地圖》，頁七〇。Jennifer Westwood, ed., *The Atlas of Mysterious Places*, Guild Publishing, London, 1987, p.70.

❷引述自《祕境的地圖》，頁六八～六九。

❸同上，亦見邁可·柯伊《馬雅人》，頁一〇八～一〇九。Michael D. Coe, *The Maya*, Thames and Hudson, London, 1991, pp.108～109.

❹見《白神與石臉》，頁九四～九五。

❺見《祕境的地圖》，頁七〇。

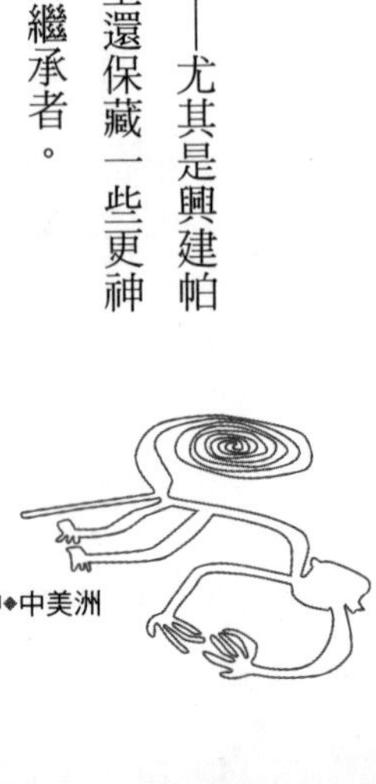

❻見《馬雅人的時間觀念》，頁二九八。

❼見《墨西哥和中美洲的神話》，頁八，及《馬雅人的歷史與宗教》，頁三四〇。

❽見本書第十章。

❾見華理士．布奇《歐西里斯神與埃及的復活神話》，卷二，頁一八〇。E.A. Wallis Budge, *Osiris and the Egyptian Resurrection,* The Medici Society Ltd., 1911, volume II, p.180.

❿見約翰．史蒂芬斯《中美洲、墨西哥奇雅帕斯省和猶加敦半島旅遊散記》，卷二，頁四二二。John L. Stephens, *Incidents of Travel in Central America, Chiapas and Yucatan,* Harper and Brothers, New York, 1841, Vol. II, p.422.

⓫見本書第十二章。

第二十一章

「計算世界末日的電腦」

馬雅人知道，他們的先進知識源自何處。根據他們的說法，這些知識是「始祖」（the First Men）遺留下來交給他們繼承的。始祖是奎札科特爾的門徒；他們的名字是巴蘭姆—奎澤（Balam-Quitze，意為「笑面虎」）、巴蘭姆—阿卡布（Balam-Acab，「夜行虎」）、馬烏庫塔（Mahucutah，「大豪傑」）和伊奎—巴蘭姆（Iqui-Balam，「月光虎」）❶。古代馬雅人的神聖典籍《波波武經》記述這幾位祖先：

具有大智慧，能夠洞察人世間的一切幽祕。他們的眼光是如此清澈深透，不須移動身子邁出步伐，他們就能看清隱藏在遠處的事物……睿智的始祖，他們的視界十分遼闊；森林、石崖、湖泊、海洋、山脈和山谷，盡收眼底，一覽無遺。他們值得子孫永遠孺慕敬仰……他們通曉一切，無所不知；他們曾探測天空的四個角落和大地的整個形貌。❷

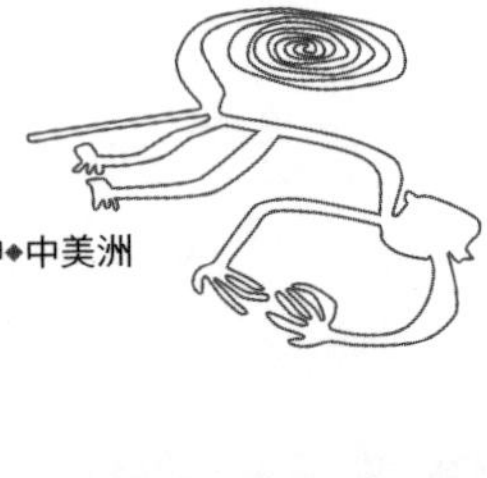

這個族群的智慧和成就，惹惱了天上幾位最有權勢的神祇。祂們聚集在一塊商議：「讓凡人懂得那麼多事情是挺危險的。萬一他們想跟我們——他們的創造者，無所不知、無所不能的造物主——平起平坐，那該怎麼辦呢？……難道也讓他們當神祇嗎？」❸

顯然，這種情況不能再繼續下去。經過一番會商，眾神決定採取適當的行動。於是，祂們降下諭旨：

讓他們的眼光只及眼前的事物；讓他們只看到地球的一小部分……於是，天心之神將霧氣吹進他們的眼睛，遮蔽他們的視覺，就像在一面鏡子上吹口氣那樣。他們的眼睛變得模糊起來，只能看到身邊的事物，只能看清眼前的東西……就這樣，始祖的智慧和所有知識全都被毀於一旦。❹

讀過《舊約聖經》的人都知道，基於同樣的理由，上帝把亞當和夏娃逐出伊甸園。人類的始祖吃了「智慧樹」的果實之後：

神說：「那人已經與我們相似，能知道善惡。現在恐怕他伸手又摘生命樹的果子吃，就永遠活著。〔讓我們〕把他趕出伊甸園去吧……」❺

學界公認，《波波武經》保存的是最純粹的、哥倫布之前的中美洲傳說。因此，我們很驚訝地發現，這些傳說和《舊約》〈創世紀〉所記載的故事竟然這麼相似。如同我們曾經提到的那些「東半球／西半球」文化關聯，這兩個故事之間的相似點，並不牽涉「誰影響誰」的問題；事實上，它們是同一事件的兩種詮釋。據此，我們可以推論：

・作為一種隱喻，《聖經》伊甸園所呈現的，可說是《波波武經》人類祖先曾經享有過的那種極樂的、「神樣」的知識。

・這種知識的精髓是「洞察一切」和「知曉一切」的能力。亞當和夏娃嘗過生長在「智慧樹」上的禁果之後所取得的，正是這種能力。

・最後，亞當和夏娃被逐出伊甸園，正如《波波武經》四位人類始祖被剝奪「洞察一切」的能力。從此「他們的眼睛變得模糊起來，只能看到身邊的事物……」。

這麼看來，《舊約》的〈創世紀〉和《波波武經》講的都是人類「喪失神的恩寵」的故事。在這兩個傳說中，恩寵的喪失跟「知識」有密切的關聯，而這種知識非同小可——它能使擁有它的人具有神一般的力量。

這到底是什麼樣的一種知識呢？《聖經》語焉不詳，只說那是「分辨善惡的智慧」。《波波武經》的敘述就詳盡得多。它告訴我們，人類始祖的知識包括「看清隱藏在遠處的

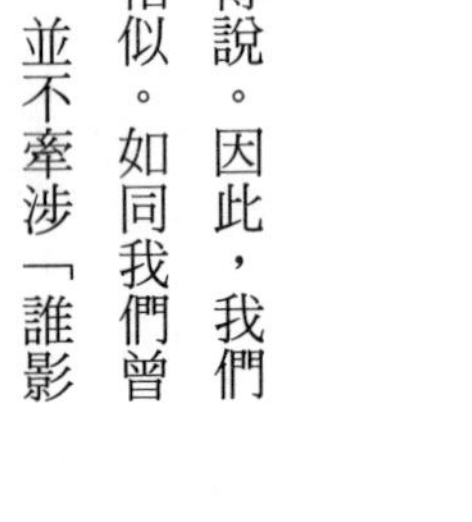

事物」的能力；它也提到，始祖通曉天文地理，「曾經探測過天空的四個角落和大地的整個形貌」。

地理學和地圖有關。在本書第一部，我們曾羅列一些證據，顯示在遠古時代，一個神祕的文明曾派遣製圖家，對整個地球進行徹底的探勘和測繪。《波波武經》提到的人類始祖和他們擁有的神奇地理知識，是不是跟這個古文明有關呢？這會不會是一種扭曲的記憶呢？

地理學和地圖有關；天文學則牽涉到星星。通常，這兩門學問焦不離孟，相輔相成，因為在海上長時間航行必須靠星星指引，而繪製精確的地圖，則必須派出探勘人員，航行到世界各個角落。

在馬雅人的《波波武經》中，人類始祖不但勘查過「大地的整個形貌」，而且觀測過「天空的四個角落」，這難道是偶然的意外？學界公認，馬雅文明最傑出的成就是觀測天文；透過先進的數學計算方法，他們在天文學的基礎上建立一套靈巧的、繁複的、極為精確的曆法。這難道也是單純的巧合？

奇特的科學知識

一九五四年，中美洲考古學權威艾瑞克・湯普森（J. Eric Thompson）坦言，當他發現馬雅文明中存在著一些顯著的矛盾時，他感到大惑不解——一方面，馬雅文明的整體成就並不算突出；另一方面，他們卻擁有先進的天文／曆法知識。他問道：「是怎樣的一種心靈怪癖，促使馬雅知識份子觀測天象，卻不去研究車輪的原理；他們比任何半開化民族都熱衷於探索人類永恆的問題，卻不肯花點工夫，把石柱支撐的拱門改進成真正的拱門；他們有能力以百萬為單位，進行繁複的計算，卻不懂得怎樣稱一袋玉蜀黍的重量。」❻

這些問題的答案，也許比湯普森想像的簡單得多。馬雅人對天象的觀測，對時間的深刻瞭解，對繁複的數學計算的掌握，也許根本就不是什麼「心靈怪癖」。也許這是一項文化遺產，馬雅人繼承自一個古老的、知識先進的文明，是一個完整而特殊的知識體系的一部分。如果我們能從這個角度來看問題，那麼，湯普森觀察到的那些矛盾就能夠獲得合理的解釋，而我們也不必再花時間，在這方面進行無謂的爭論。我們已經知道，馬雅人的曆法繼承自奧梅克人（一千年前，奧梅克人使用完全相同的曆法）。因此，真正的問題應該是：奧梅克人從哪裡取得這套曆法？一個文明，如果想制定這麼精確的曆法，科技發展該達到哪一種程度呢？

以「太陽年」（sloar year）為例。在今天的西方社會，我們仍舊使用一五八二年創制於歐洲，建立在當時最先進的科學知識上的太陽曆——鼎鼎有名的「格里高里曆」（Gregorian calendar）❼。它所取代的「羅馬儒略曆」（Julian calendar，羅馬獨裁官凱撒制定的曆法），把地球繞太陽運行一周的時間計算為三百六十五點二五天。教宗格里高

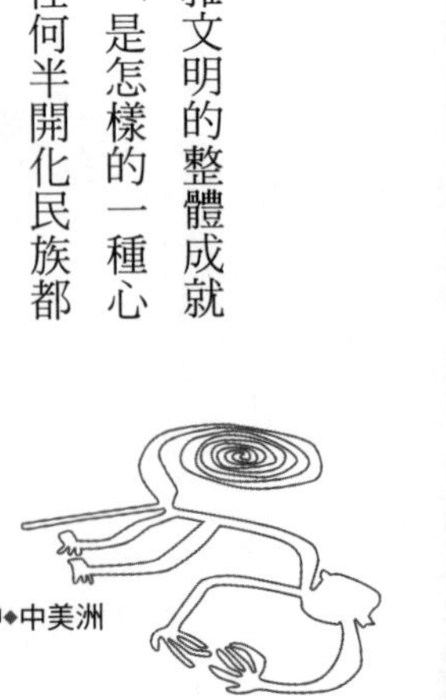

里十三世（Pope Gregory XIII）修訂的曆法，提供了更為精細、準確的計算：三百六十五點二四二五天。一五八二年以來的科技進展，使我們現在知道，太陽年的正確長度是三百六十五點二四二二天，因此，格里高里曆有一個小小的誤差——多了零點零零零三天。十六世紀制訂的曆法能有這樣的精確度，也算是難能可貴的了。

說也奇怪，馬雅曆法的根源雖然比十六世紀的格里高里曆古老得多，但卻更加精確。根據它的計算，太陽年的長度是三百六十五點二四二〇天，比正確的數字只少零點零零零二天而已❽。

同樣的，馬雅人知道月亮繞地球運行所需的時間。根據他們估算，這個週期是二九點五二八三九五天，極為接近使用最精確的現代方法計算出來的數字——二九點五三〇五八八天❾。馬雅祭司也擁有非常精確的時間表，據以預測日蝕和月蝕；他們相信，這些現象只會發生在日月軌道交點（node）前後十八天之內❿。此外，馬雅人的數學成就也值得一提。他們利用一種棋盤式器具，從事精密的距離測量計算，而我們直到十九世紀才發現（或重新發現？）這種方法⓫。他們充分理解和運用「零」的抽象觀念；對於「位計數法」（place numerations），他們顯然也相當熟悉。

這些都是深奧的知識。且讓我們聽聽湯普森的解釋：

> 「零」及「位計數法」現已成為人類文化傳統的一部分，使用起來非常方便，因此，

我們實在很難理解，西方人竟然花了很長一段時間才把它創造出來。擁有偉大數學家的古代希臘和古代羅馬，對這兩樣東西都一無所知。用羅馬數字書寫「一八四八」需要十一個字母：MDCCCXLⅧ。當羅馬人還在使用笨拙的計數方法時，馬雅人已經發展出先進的位值符號系統，足以媲美我們今天所擁有的一套。[12]

這個中美洲部落民族，在別的方面表現不怎麼突出，卻在那麼古遠的時代，「偶然發現」這麼新穎的計數方法——科學史專家奧圖・紐格鮑爾（Otto Neugebauer）稱之為人類最珍貴的發明之一[13]。這是不是有點不可思議呢？

上帝的計算機

現在，我們不妨探討一下「金星」的問題。對中美洲所有古代民族來說，這個星球具有格外重大的象徵意義，因為他們把金星看成奎札科特爾的化身。（在馬雅方言中，「羽毛蛇神」奎札科特爾也被稱為古庫瑪茲或庫庫爾坎，如本書第十四章所述：他們都跟金星有密切關係。）

和古代希臘人不同的是，馬雅人認為金星不但是「晨星」，同時也是「黃昏星」。在這方面，馬雅和古代埃及人看法一致。馬雅人對金星的觀察相當精細。在天文學上，一個

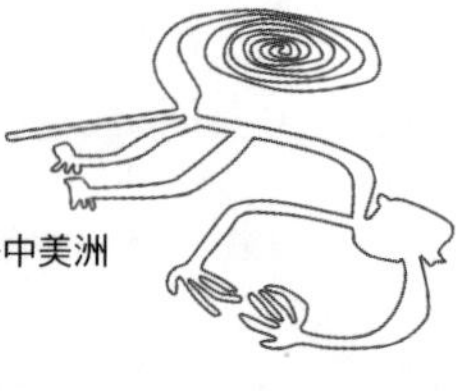

行星的「會合週期」(synodical revolution）指的是它運行一周，回到天空中某一個特定點所需的時間——從地球上觀察。每二二四點七天，金星繞太陽運行一周，而地球則在比較寬廣的軌道上運行。這兩個星體的運行結合起來，所造成的效果是：大約每五八四天，金星就在地球天空的同一個地點昇起。

不論是誰發明馬雅人繼承的這個精巧、複雜的曆法系統，他們一定察覺到上述的現象，而且，他們還找到一些靈巧的方法，將這個現象和其他連鎖週期結合在一起。此外，從相關資料我們可以看出，古代曆法師瞭解，五八四天只是一個近似值；他們也知道，金星的運行是不規則的。因此，他們為金星在漫長時期中的「平均」會合週期推算出一個精確的數字，而這個數字已經被現代科學家確認。這個數字是五八三點九二天；馬雅人以無比繁複的方法，將它融進他們的曆法體系⓮。例如，為了讓它配合所謂的「聖年」（tzolkin，一共二百六十天，分成十三個月，每個月二十一天），曆法師要求，每六十一個金星年必須修正四天。此外，在每第五個循環期中，第五十七個會合週期結束時必須修正八天。經由這一類步驟，馬雅曆法師將「聖年」和金星的會合週期緊密結合在一起，誤差小到每六千年只有一天⓯。尤其令人讚歎的是，他們還擬出進一步的、計算極為精確的調整方案，讓金星週期和「聖年」不但能夠和諧相處，同時也跟太陽年保持正確的關係。馬雅人不憚其煩，苦心經營這套曆法，為的是確保它在極為漫長的一段時期中能夠運作無誤。

「半開化」的馬雅人，為什麼需要這樣精確的高科技產品呢？有沒有可能，這套曆法的制訂，原本是配合一個更古老、更先進的文明的需求，而馬雅人不過是撿現成的？

讓我們看一看馬雅曆法的最高成就，所謂的「長算」（Long Count）。這套計算日期的方法，具體表現出馬雅民族對人類以往歷史的看法和信念；他們相信，「時間」是在「大週期」（Great Cycles）內進行的，而這些週期都經歷過一次又一次的世界創造和毀滅（參閱本書第十三章）。根據馬雅曆法，目前這個大週期在黑暗混沌中開始於「亞號四孔姆庫八」（4 Ahau 8 Cumku），相當於西方曆法的「西元前三一一四年八月十三日」[16]。上文提到，馬雅人相信，這個大週期將在「亞號四坎欽三」（4 Ahau 3 Kankin，相當於西元二〇一二年十二月二十三日）那天結束，屆時整個地球都會毀滅。馬雅曆法的「長算」，目的就是記錄目前這個大週期內時間的流逝——一年一年地計算分配給目前這批人類的五千一百二十五年[17]。

我們不妨把「長算」看成上帝的計算機；一年又一年，它不斷地記錄和核算人類向宇宙欠下的與日俱增的債務。計算機上出現「五一二五」這個大限數字時，就是上帝跟我們算總帳的時候；屆時，這筆債的每一分錢都會算得清清楚楚。

至少，馬雅人是這麼想的。

馬雅曆法的「長算」當然不是用西方人的數字進行。馬雅人自有一套表示數字的符號，那是他們從奧梅克人手中取得的，而奧梅克人又是從……沒有人知道是誰。這套數字符號包括：圓點（代表一或最小的整數或二十的倍數）、橫線（代表五或五乘二十的倍數）以及一個代表零的象形文字。計算時間的單位是：欽（kin，即「天」）、烏伊納爾（uinal，二十天）、盾（tun，三百六十天的「計算年」）、卡盾（Katun，等於二十個盾）和巴克盾（bactun，等於二十個卡盾）。此外還有皮克盾（pictun，等於八千個盾）和卡拉布盾（calabtun，等於十六萬個盾），以用來處理範圍更大的計算⑱。

這一切足以說明，儘管馬雅人相信，目前人類是活在一個必定會結束的「大週期」中，而世界也必將會「毀滅」，但是，他們也知道，時間是無窮無盡的——它無視於個別生命和文明的興起和衰亡，繼續以神祕的循環週期無休無止地進行。在探討這個問題的一部重要著作中，考古學家湯普森指出：

> 在馬雅人的思維中，時間進行的路線一直延伸到古遠的時代——古遠到人類的心靈無法想像和理解。然而，馬雅人卻鼓起勇氣，沿著這條路線追溯時間的起點。這些孜孜不倦的探險家，一步一步走進永恆深處；每往時間的根源跨近一步，他們眼前就出現一幅嶄新的景象：世紀融入千年期，千年期融入萬年世。在瓜地馬拉奎里格（Quiriga）廢墟出土的一塊石碑上，馬雅曆法家計算九千多萬年前的一個日期；在另一塊碑銘上，我們發現四億年前的一個日子。這些都是實際的演算，精確地標明日月的位置，就像我們在西方曆法上標明復活節降臨的月份。面對馬雅曆法的天文數字，我們西方人都會感到

目眩神迷……。[19]

對一個在別的方面表現並不怎麼突出的文明而言，馬雅人對時間根源的追溯，是不是太「前衛」了一點呢？馬雅建築有其局限，但大體來說還算傑出。然而，除此之外，實在很少東西可以證明，這個居住在叢林的印第安民族有能力（或需求）追溯時間的地點。

直到一百多年前，大多數西方知識份子才揚棄烏舍爾主教（Bishop Usher）的看法——世界是在西元前四〇〇四年創造的。他們現在承認，世界比基督教主張的要古老得多[20]。換言之，在達爾文提出「進化論」之前，古代馬雅人對地質時間的久遠和地球的古老，瞭解得比英國、歐洲和北美洲任何人都精確。

因此，我們不得不問：馬雅人怎會去探索幾百萬年，甚至幾億年的問題？難道這只是文化發展的一個畸形現象？使馬雅人得以探索、理解這種複雜問題的曆法和數學知識，可不可能是他們從某一個民族手中繼承來的？如果答案是肯定的，那麼，我們不得不進一步追問：這種如同電腦電路平面圖一般精密的曆法，究竟是誰發明的？意圖何在？難道只是為了——正如一位權威學者聲稱的——「磨練腦筋，增長智力，就像玩字謎遊戲一樣」[21]？難道沒有更實際和更重大的目的嗎？

上文提到，如同中美洲其他古老文化，馬雅人最關切的，一再探索的問題是「世界末日」。他們試圖計算——如果可能的話，儘量拖延——「世界末日」來臨的那一天。創制

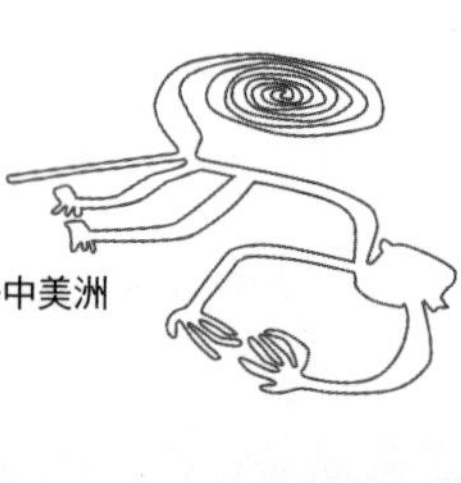

馬雅神祕曆法的人，就是為了達成這個目的嗎？它的功能，就是預測未來可能發生的一場宇宙或地質大災難嗎？

【註釋】

❶見《波波武經》，頁一六七。

❷同上，頁一六八～一六九。

❸同上，頁一六九。

❹同上。

❺《舊約》〈創世紀〉第三章，第二十二～二十四節。

❻見艾瑞克・湯普森《馬雅文明的崛起與衰亡》，頁十三。J. Eric Thompson, *The Rise and fall of Maya Civilization*, Pimlico, London, 1993, P.13.

❼即現行公曆，一五八二年由教宗格里高里十三世頒行。

❽見威廉・蓋茨（William Gates）為狄亞哥・迪蘭達《西班牙人入侵前後的猶加敦半島》所做的註釋，頁八一。

❾見《馬雅象形文字研究導論》，頁三二。

❿見《馬雅人》，頁一七六；《墨西哥金字塔的奧祕》，頁二九一；《馬雅文明的崛起與衰亡》，頁一七三。

⓫見《墨西哥金字塔的奧祕》，頁二八七。

⓬摘自《馬雅文明的崛起與衰亡》，頁一七八～一七九。

⑬見《馬雅人》，頁一七三。

⑭見《馬雅文明的崛起與衰亡》，頁一七〇。

⑮同上，頁一七〇～一七一。

⑯見《破解馬雅密碼》，頁二七五。

⑰同上，頁九及頁二七五。

⑱見荷西．阿圭耶斯《馬雅因素：通往科技之外的路》，頁二六。Jose Arguelles, *The Mayan Factor: Path Beyond Technology*, Bear and Co., Santa Fe, New Mexico, 1987, p.26及《古代墨西哥和馬雅人的神祇與象徵》，頁五十。

⑲摘自《馬雅文明的崛起與衰亡》，頁十三～十四及頁一六五。

⑳見《大英百科全書》，卷十二，頁二二四。這名愛爾蘭的大主教說，「從《聖經》的數目算出來，亞當到耶穌是四千零四年，耶穌到他的時代是一千八百多年，所以加起來不到六千年。」

㉑見《馬雅文明的崛起與衰亡》，頁一六八。

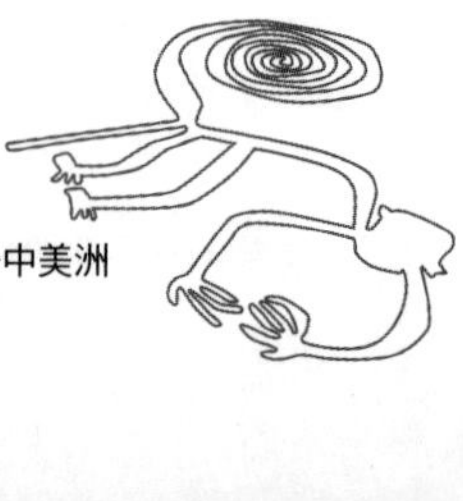

第二十二章 「眾神的都城」

許多中美洲傳說都透露出一個重大的訊息：人類的「第四太陽紀」結束得十分淒慘。一場驚天動地的大洪水消退後，接踵而來的是漫長的黑暗時期。太陽從天空消失；大地一片陰暗。然後：

眾神聚集在特奧蒂瓦坎（「神祇的居所」），焦急地商議，究竟應該由誰來擔任下一個太陽。黑暗中，眾神只看得見一簇火光（火神威威泰奧特（Huehueteotl）的具體化身；當初就是這位神祇把火帶到大地，賦予萬物生命）。大地經歷一場浩劫後，這簇火光依舊搖曳不停。眾神紛紛為生靈請命：「我們得選出一位神祇，犧牲自我，投身火中，這樣天空才會出現太陽。」❶

接下來的場面十分感人：兩位神祇，納納瓦欽（Nanahuatzin）和鐵奇茲泰卡特爾

（Tecciztecatl），爭相犧牲自己，以拯救地上的生靈。結果，一位神祇在火堆中央被迅速燒成灰燼；另一位躺在火堆邊緣的火炭上，被慢慢烤成燒肉。「眾神守候良久，天空終於出現紅霞，有如黎明一般。東方天際冒出一個赤熱熱的大火球。賦予萬物生命的太陽終於出來了……」❷

就在大地復甦、萬物重生的當兒，奎札科特爾出現了。他的使命是引導地上的生靈，開啟人類「第五太陽紀」。因此，他化身為人——臉上蓄著鬍鬚的白人，就像南美洲的維拉科查。

維拉科查把首都設在安地斯山的帝華納科城。在中美洲，奎札科特爾的首都據說是「第五太陽」的誕生地——眾神的都城特奧蒂瓦坎。

城堡、神殿和天界地圖

墨西哥市東北五十公里，特奧蒂瓦坎古城

我站在涼風習習的城堡圍場內，眺望北方，瞅著矗立在濛濛晨曦中的太陽金字塔和月亮金字塔（Pyramids of the Sun and the Moon）。在長滿蒼翠灌木、四周環繞著遠山的原野上，赫然出現一條軸道——當地人管它叫「亡靈之路」（Street of the Dead）——兩旁散佈著廢墟；這兩座宏偉的金字塔聳立其間，就像交響樂團中的兩位樂手，參與演奏了一首

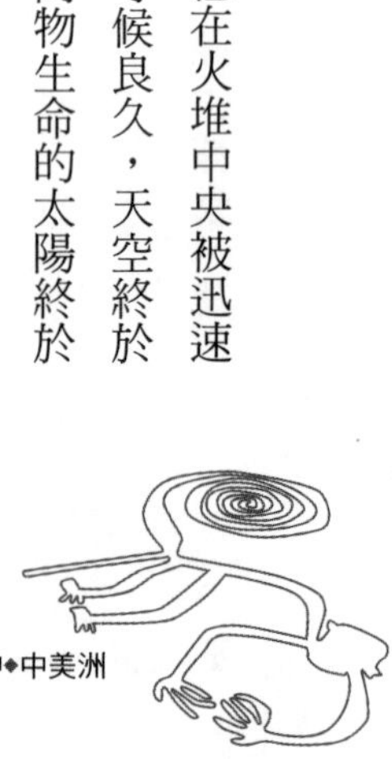

曲子。城堡的位置，靠近這條寬廣筆直、長達四英里多的軸道。月亮金字塔位於軸道北端，而太陽金字塔則稍微偏離軸道，坐落在東邊。

面對這樣一個建立在幾何學原理上的古城，一般遊客都會期望，城中的軸道沿著南北或東西的方向伸展，但出乎每個人意料，當初設計特奧蒂瓦坎城的建築師，卻刻意讓這條「亡靈之路」稍微傾斜，指向北方偏東十五度三十分的位置。當初為什麼要選擇如此怪異的方向？專家提出好幾種解釋，但都缺乏足夠的說服力。愈來愈多學者覺得，這樣的佈局可能和天象有關。例如，其中一位學者指出，「亡靈之路」直向「它興建時天上金牛宮七星（the Pleiades）

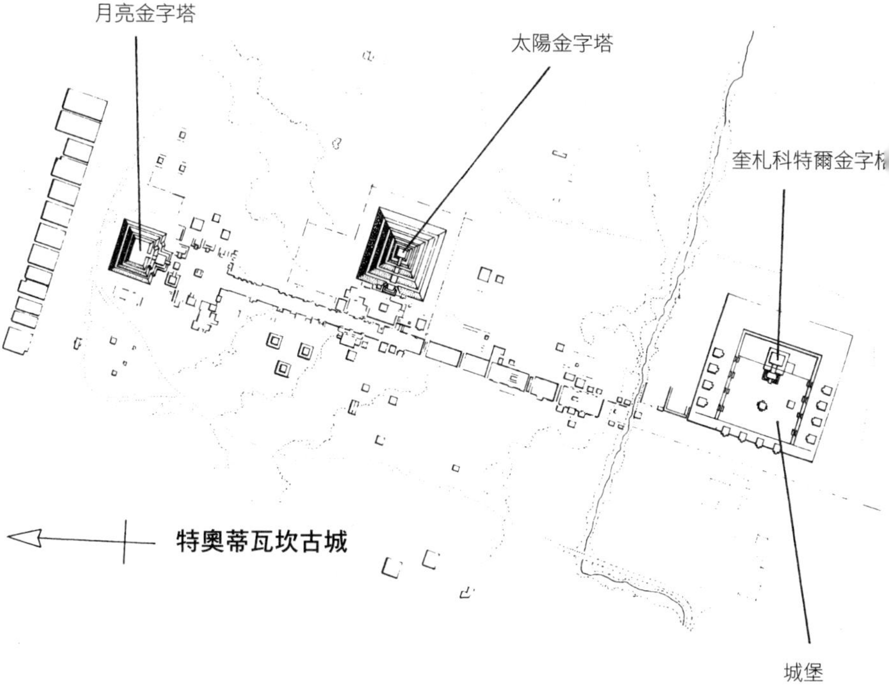

的位置」❸。霍金斯教授（Professor Gerald Hawkins）以為，城中的軸道可能代表「天狼星（Sirius）——金牛宮七星軸線」❹。布魯克林文理研究所（Brooklyn Institute of the Arts and Sciences）人種學系主任哈格爾（Stansbury Hagar）則認為，「亡靈之路」代表的可能是天上的銀河❺。

哈格爾進一步指出：沿著這條軸道兩旁，有如固定衛星一般羅列的許多金字塔、土墩和其他建築物，分別代表天上的某些行星和其他星體。根據他的理論，當初的建築師把特奧蒂瓦坎城設計為「一幅天界地圖」：「他們把想像中的天界——神祇和亡靈居住的地方——複製在地面上。」❻

一九六〇年代和一九七〇年代，居住在墨西哥的美國工程師哈勒斯登（Hugh Harleston, Jr.），在特奧蒂瓦坎古城展開全面的，以數學原理為依據的勘查，以實地檢驗哈格爾的理論。一九七四年十月，哈勒斯登向「美洲文化學者國際會議」（International Congress of Americanists）報告他的發現。他的論文充滿大膽的、新穎的見解。其中最耐人尋味的發現，牽涉到古城中的堡壘和坐落在遼闊的、四方形的圍場東邊的奎札科特爾神殿。

學界公認，這座神殿是中美洲地區保存得最完善的古蹟之一。它能夠完整保存下來，是因為這座史前建築物部分被埋在另一座後來興建的、矗立在它前面（略微偏西）的土墩下。考古學家挖掘這座土墩，發現下面埋藏著一座造形優美的六級金字塔。這會兒，我正站在它前面，觀賞這座七十二英尺高，地基寬達八萬二千平方英尺的古老神殿。

當初塗抹在神殿上的油漆五彩繽紛，如今只剩下斑駁殘跡，然而，出土後的神殿卻依舊顯得雍容華貴，令人屏息。神殿的主要裝飾品是一系列巨大的蛇頭雕像，栩栩如生地從石牆中伸出來；另一些則羅列在中央那道宏偉的階梯兩旁。這些模樣有點像人類的爬蟲，長長的嘴巴齜著尖尖的牙，嘴唇上居然還留著一撇八字鬍。每一尊蛇頭像的脖子都環繞著一圈精工雕琢的羽毛——奎札科特爾最顯著的象徵。

哈勒斯登在報告中指出，「亡靈之路」兩旁羅列的主要建築物，彼此之間顯然存在著一種繁複的數學關係。事實上，這種關係還延伸到軸道之外。它所顯示的是：當初的建築師把特奧蒂瓦坎城設計為太陽系的模型，各部分尺寸和太陽系本身成一定的、精確的比例。根據哈勒斯登的推論，如果我們把奎札科特爾神殿的中線看成太陽的位置，那麼，從這兒出發，沿著「亡靈之路」軸道羅列的建築物，所顯示的似乎是太陽系各星體的正確軌道距離。這些星體包括：靠近太陽的四顆行星、火星和木星之間的小行星群、木星、土星（由「太陽」金字塔代表）、天王星（由「月亮」金字塔代表）、海王星和冥王星——代表最後兩顆行星的建築物，坐落在古城北邊數公里外，至今仍埋藏在土墩下❼。

如果這種相互關係不是單純的巧合，那麼，它至少證明，古時的特奧蒂瓦坎擁有一批優秀的天文學家，精於觀測天象；他們的成就，直到相當晚期才被現代科學家超越。一七八九年之前，西方天文學家並不知道天王星的存在，而一直等到一八四六年，西方人才找到海王星。至於冥王星則遲至一九三〇年才被西方人發現。特奧蒂瓦坎城到底有多古老？根據最保守的估計，城中的主要建築物（包括堡壘、亡靈之路、太陽金字塔和月亮金字塔），年代至少可以追溯到耶穌出生的時候[8]。一般學者認為，在那個時候，東半球和西半球的文明都不知道外行星的存在，遑論它們之間的軌道距離；至於這些外行星距太陽多遠，更沒有人知道。

埃及和墨西哥之間的關聯

完成對特奧蒂瓦坎金字塔和街道的研究後，哈格爾做出這樣的結論：「我們到現在還不瞭解，以特奧蒂瓦坎城為主要中心，從事天象觀測的天文教派，在古代美洲究竟有多昌盛，更不瞭解它的重要性和高度發展。」[9]

難道這只是一個天文「教派」？我們為什麼不乾脆承認，它有資格被稱為我們所謂的「科學」？教派也好，科學也好，我們可不能說它只「昌盛」於古代美洲，因為種種跡象顯示，它跟古代世界其他地區也有密切關聯。

例如，考古天文學家利用最新發展的電腦測繪天象技術，勘查埃及的金字塔，結果發現，吉薩高原三座舉世聞名的金字塔，在配置上精確地反映獵戶星座的三顆明星[10]。古埃及祭司在尼羅河西岸沙地上描繪的天象圖，絕對不只這三顆星星。在下冊第一部和第

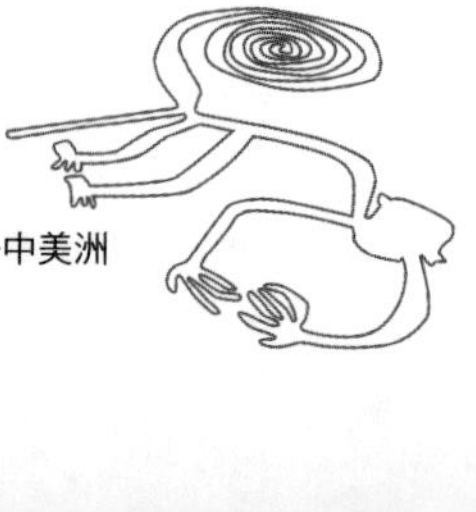

二部，我們會發現，埃及祭司的整體規劃，還把大自然的一個產物——尼羅河——包含在內，讓它恰如其分地扮演「銀河」的角色。

古代埃及人和墨西哥人把天象圖納入城市規劃時，絕不會將宗教功能排除在外。特奧蒂瓦坎城的建築物，一如吉薩高原的金字塔，除了其他功能外，還在社區民眾的生活中發揮重大的宗教作用。這點毋庸置疑。

十六世紀西班牙神父伯納狄諾．迪薩哈岡（Bernardino de Sahagun）蒐集的中美洲傳說證實，在遠古時代，特奧蒂瓦坎城至少曾扮演過一個特殊的、重要的宗教角色。根據這些傳說，特奧蒂瓦坎之所以被稱為「眾神的都城」，是因為「君王駕崩後安葬在這兒，靈魂不會從此消亡，而會轉世為神祇」⓫。換言之，這裡是「凡人變成神祇的地方」⓬。此外，特奧蒂瓦坎城還被稱為「凡人行走神祇之路的地方」及「創造神祇的地方」⓭。

這似乎也是吉薩高原三座金字塔的宗教作用。難道這又是一個偶然的巧合？全世界最古老的文獻，使用古代象形文字書寫的《古代埃及金字塔經文》明確地指出：在巨大金字塔內舉行的儀式，終極目標是促成法老靈魂轉世——「敞開蒼穹之門，暢通天界之路」，以期故王能早日「超昇天界，與諸神為侶」⓮。

有些學者認為，作用在於「讓凡人轉變為神祇」（從形而上的角度來看）的金字塔，是分別在古代埃及和古代墨西哥發展出來的，彼此之間並無任何關聯。在我看來，這種觀點未免太過奇異，不切實際。把天象圖納入神聖場所的規劃，情況也是如此。

此外，還有一些耐人尋味的相似點頗值得一提。

一如埃及的吉薩高原，墨西哥的特奧蒂瓦坎古城也有三座主要金字塔：奎札科特爾神殿金字塔、太陽金字塔和月亮金字塔。一如在吉薩，這兒三座金字塔的相對位置，並不如我們預期的那樣均衡勻稱；相反地，其中兩座雖然直接相對，另一座卻刻意偏離向一邊。還有一點必須指出：在吉薩，大金字塔（Great Pyramid）和基夫拉恩金字塔（Pyramid of Chephren，即卡夫拉王金字塔）的頂端齊平，儘管前者的塔身比後者高。同樣地，在特奧蒂瓦坎，太陽和月亮兩座金字塔看起來等高，雖然實際上前者比後者高些。之所以會造成這種現象，原因是：太陽金字塔建立在比較低窪的地面上，而月亮金字塔矗立的地點則比較高。埃及吉薩的兩座金字塔情況完全相同。

這一切都能說是偶然的巧合嗎？我們何不乾脆承認，古代墨西哥和埃及之間，確實存在著某種文化關聯？這樣解釋不是更符合邏輯嗎？

基於本書第十八、第十九章羅列的理由，我不以為這兩個地區之間——至少在有歷史記載的時期——曾經進行過直接的、密切的交往。然而，一如馬雅曆法和古代南極洲地圖，這裡牽涉到的極可能是一項文化遺產：埃及的金字塔和特奧蒂瓦坎的廢墟，反映的是一個神祕古文明遺留下的科技、地理知識和天文觀測成果（甚至還包括宗教）。根據馬雅人的神聖典籍《波波武經》，這個古文明曾「探測過天空的四個角落，勘查過大地的整個形貌」。

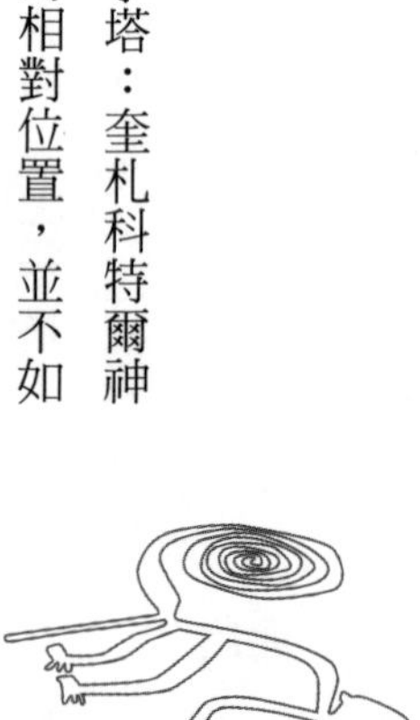

一般學者認為，吉薩金字塔大約是在四千五百年前興建的。對於特奧蒂瓦坎城建立的年代，學界卻沒有一致的看法。城中的亡靈之路、奎札科特爾神殿、太陽和月亮金字塔的興建日期，都不曾被明確鑑定過。學者大多認為，這座城市興盛於西元前一百年到西元六百年之間，但有些專家則指出，特奧蒂瓦坎城的崛起，時間應該更早，約莫在西元前一千五百年到一千年之間。另有一批學者根據地質資料，將特奧蒂瓦坎建城日期推到西元前四千年——附近奚特里火山（Xitli）爆發之前⓯。

檢視這些爭論，我倒是發現，這群專家學者中並沒有一個人知道，究竟是誰興建特奧蒂瓦坎城——哥倫布來臨前，美洲歷史上規模最龐大、氣派最宏偉的都會。只有一點是確定的：西元十二世紀，當阿茲特克人橫掃墨西哥，建立大帝國時，他們無意中闖入這座神祕的城市；其時，城中的巨大建築物和寬闊的街道已經十分古舊，四處荒煙蔓草，整個廢墟看起來更像大自然的一部分，不像人造的都城。然而，當地百姓卻流傳一則世世代代延續下來的神話：城中的建築物是古代巨人建造的，而它們的作用是將凡人轉化為神祇。

被遺忘的古代智慧

離開奎札科特爾神殿，我朝西邊走，再穿過城中那座「堡壘」。

沒有考古證據顯示，這座巨大的圍場曾經被當成堡壘使用；我們也實在看不出，它具有任何軍事或防衛功能。一如特奧蒂瓦坎城中其他建築物和設施，「堡壘」的興建顯然經過精心規劃，耗費大量人力物力，但是，現代學者至今仍弄不清楚它的真正用途。替太陽和月亮金字塔命名的阿茲特克人也想不出一個適當的名字來稱呼這座「堡壘」。（太陽和月亮從此成為城中兩座金字塔的稱號，儘管沒有人知道當初的建築師如何稱呼它們。）最後，只好讓西班牙人給它取個不倫不類的名字：堡壘（La Ciudadela）。西班牙人想出這個名稱，顯然是因為他們看到圍場中央占地三十六英畝的大院落，四周環繞著二十三英尺高，約莫一千五百英尺長的堅厚堤防。

我漫步走向院落西端，沿著一道陡峭的階梯拾級而上，來到堤防頂端，轉身朝北方走去，踏上「亡靈之路」。我再一次提醒自己：這可不是特奧蒂瓦坎人（沒有人知道他們的來歷）對這條氣象萬千的大馬路的稱呼。西班牙人稱呼它為「亡靈之路」（Calle de los Muertos），是繼承阿茲特克人的說法。顯然，他們看到馬路兩旁羅列著許多土墩，以為那是墳墓（事實上不是）。

上文提到，在特奧蒂瓦坎城興建者的構想中，地上的這條大馬路可能是代表天上的銀河。這兒，我們不妨看看另一位美國人的研究。就像我們剛才提到的，阿弗列德·史雷默（Alfred E. Schlemmer）也是一位工程師，專門從事技術預測，尤其是預測地震[16]。他曾就這個題目，在「第十一屆全國化學工程師會議」（一九七一年十月在墨西哥市舉行）發表論文。

史雷默的論點是：「亡靈之路」也許根本就不是一條馬路。當初興建時，它可能是一排相連的蓄水池，儲滿從城北月亮金字塔通過一系列水閘流下的水，然後將它轉送到城南的堡壘。

我漫步走向城北遠處的月亮金字塔，覺得史雷默的論點不無可取之處。我發現，這條「馬路」每隔一段距離就樹立起一堵高牆，橫亙在路中央，牆腳依舊可見水閘的遺跡。此外，這裡的地勢方便把水從北邊輸送到南邊：月亮金字塔坐落的地點，比堡壘前的土地高出大約一百英尺。高牆隔出的一座座水池，很容易把水儲滿，而且，這些波光瀲灩的水池還可為城市的景觀增色，創造出比泰姬瑪哈陵（Taj Mahal）或傳說中的夏拉瑪花園（Shalamar Gardens，巴基斯坦拉合爾城附近）更旖旎動人的光影效果。最後，值得一提的是，華盛頓「國家科學基金會」資助羅徹斯特大學（University of Rochester）教授米雍（Rene Millon）領導的「特奧蒂瓦坎測繪計畫」中，提出確鑿的證據顯示：這座古城擁有「精心設計、密如蛛網」的運河和分支水道，和城外一條截彎取直的河川連接，一路貫通到現在離城十英里、古時可能就在附近的帖斯科科湖（Lake Texcoco）。」[17]

這個規模龐大的水力系統究竟有何用途？學界至今爭論不休。史雷默聲稱，他在城中發現的奇異水道具有一個實際用途：「長期偵察地震」；據他說，這是「一門古老科學，現在已經無人理解」。他指出：遙遠的地震「能夠在全球各地的液體表面形成駐波（standing wave）」；因此，他認為，「亡靈之路」一系列精心設計、審慎間隔的水池，

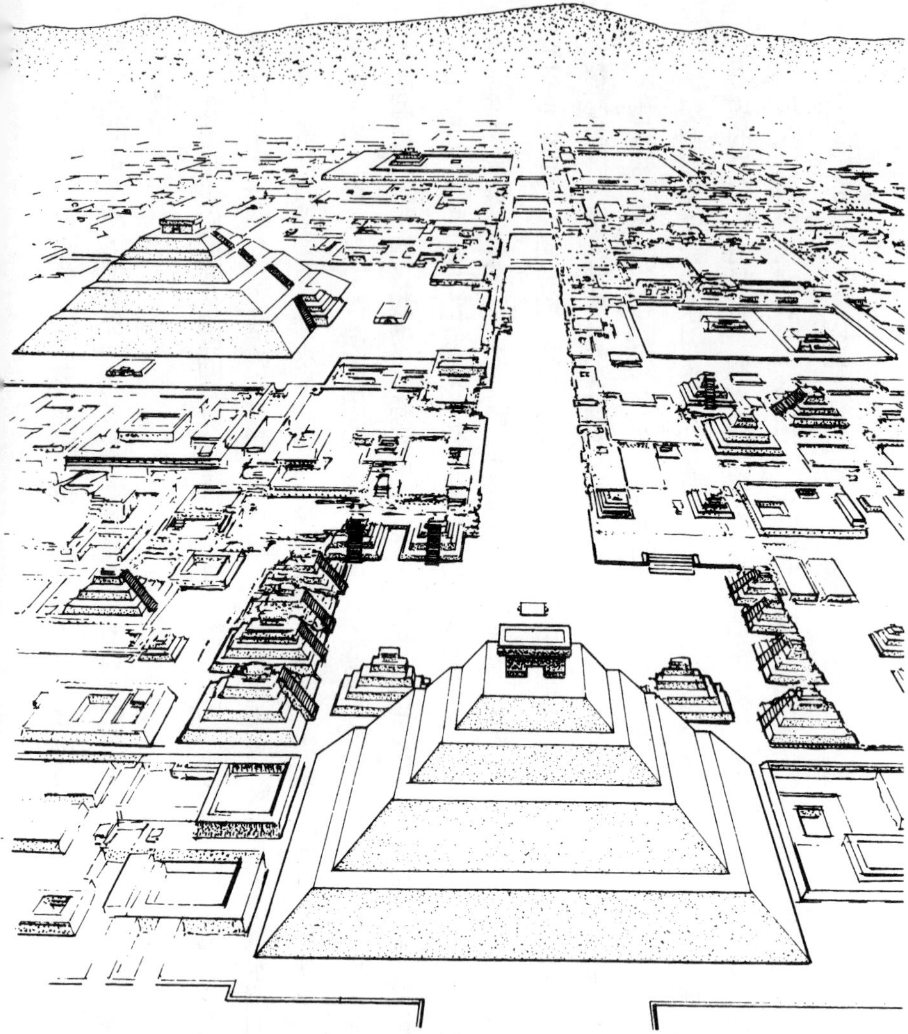

特奧蒂瓦坎古城圖。從月亮金字塔背後望向「亡靈之路」。太陽金字塔坐落在「亡靈之路」左邊。再往下走，就是矗立在遠處巨大城堡內的奎札科特爾神殿金字塔。

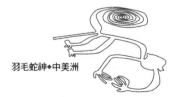

作用可能是「讓特奧蒂瓦坎城居民，根據池面上形成的駐波，研判世界各個角落發生的地震的地點和強度，藉以預測可能發生在本地區的地震」⓲。

當然，我們很難證實史雷默的理論。不過，馬雅神話倒是充滿對地震和洪水的畏懼與關切，而馬雅曆法也一再預測未來可能發生的災禍，因此，我覺得，史雷默那套表面看來牽強附會的理論，也許有幾分道理。如果史雷默說的沒錯，古代特奧蒂瓦坎居民真的瞭解共振的原理，並且把它實踐在地震預測上，那麼，我們就不得不承認，這個古老民族真的擁有先進科技。如果哈格爾和哈勒斯登這批專家說的對，特奧蒂瓦坎當初建城時，設計者確實把太陽系的星象圖納入市區的幾何規劃，那麼，我們就不得不面對一個可能性：興建這座城市的，是一個科技相當進步，至今猶未被發現的古文明。

我朝向北方，繼續沿著「亡靈之路」徜徉下去，然後轉向東方，往太陽金字塔走過去。抵達這幢宏偉的古建築之前，我停下腳步，察看一座廢棄的庭院。旁邊有一間古老的「廟宇」，石塊鋪成的地板下隱藏著幽深的祕密。

【註釋】

❶摘自《西班牙入侵前的墨西哥神祇》，頁二一五～二一六。

❷同上，頁二一六～二一七。

❸見《墨西哥古代王國》，頁六七。

❹見霍金斯《巨石陣之外》，頁一八七～一八八。Gerald Hawkins, *Beyond Stonehenge*, p187～188.

❺見《墨西哥金字塔的奧祕》，頁二二〇～二二一。

❻同上。

❼見《墨西哥金字塔的奧祕》，頁二六六～二六九。

❽見《墨西哥古代王國》，頁六七。

❾見《墨西哥金字塔的奧祕》，頁二二一。

❿見《獵戶星座之謎》全書各處。

⓫伯納狄諾神父蒐集的傳說，轉載於《墨西哥金字塔的奧祕》，頁二三。

⓬見《墨西哥：簡便指南》，頁二一六。*Mexico: Rough Guide*, HarraP-Columbus, London, 1989, p.216.

⓭見《祕境的地圖》，頁一五八；《西班牙入侵前的墨西哥神祇》，頁二四。

⓮見《古代埃及金字塔經文》，第六六七A段經文，頁二八一。*The Ancient Egyptian Pyramid Texts*, Utt. 667A, p.281.

⓯見《墨西哥金字塔的奧祕》，頁二三〇～二三三。

⓰同上，頁二七一～二七二。

⓱同上，頁二二一。

⓲同上，頁二七二。

第二十三章 「太陽、月亮與亡靈之路」

有些考古發現事先大肆宣揚，未演先轟動；其他——基於各種理由——卻靜悄悄地進行。後者包括一九〇六年修復特奧蒂瓦坎城太陽金字塔時，在頂端兩層中間發現的一塊厚實的、寬闊的雲母板。這個發現並未引起大眾注意；專家學者亦未針對它的用途做進一步研究。這點倒是可以理解，因為雲母是一種具有高度商業價值的礦物，出土後就立刻被運走。盜賣這批雲母的人，顯然是接受墨西哥政府委託，主持金字塔修復工作的李奧波度·巴特雷斯（Leopoldo Bartres）❶。

後來，考古學家又在特奧蒂瓦坎古城「雲母神殿」（Mica Temple）發現另一批雲母，但同樣也沒有引起廣泛注意。原因很難說，因為這回並未牽涉盜賣行為，這批雲母仍完整地留存在廢墟中❷。

雲母神殿是一組建築物中的一幢，坐落在太陽金字塔西面南邊大約一千英尺處，中間有一個庭院。「維京基金會」（Viking Foundation）資助的考古隊，撬開鋪在神殿地板上的堅厚石板，挖掘出兩大片雲母——它顯然是遠古時代，某一個精於切割這種礦物的民族，細心地、刻意地裝置在神殿地板下的。這兩片雲母被疊置在一塊，每一片面積達九十平方英尺。

雲母並不是一成不變的物質；在不同的岩層找到的雲母，含有不同的微量金屬。通常這些金屬包括鉀和鋁，以及不同數量的二價鐵和三價鐵、鎂、鉀、錳、鈦。特奧蒂瓦坎古城雲母神殿發現的微量金屬顯示，裝置在地板下的兩片雲母，是二千英里外巴西的特產❸。這座神殿的興建者，對這種雲母顯然有特別的需求，千里迢迢跑到老遠的地方開採搬運，否則的話，何不就近取材，既省錢又省事。

一般人不會想到把雲母鋪在地上當地板使用。這座神殿的興建者竟然把它鋪設在地板底下，生怕別人看見似的。這未免有點怪異，因為在整個美洲，甚至全世界，我們還沒發現其他古代建築具有這樣的特徵。

可惜的是，一九〇六年被巴特雷斯挖掘、盜賣的那一大片雲母，當初裝設在太陽金字塔上的位置，我們再也無法確定；對於它的用途，我們現在更無從判斷了。雲母神殿的那兩片至今保存完好，卻隱藏在地板下，顯然不具裝飾功能，看來應該是有某種特殊用途才是。值得一提的是，雲母這種礦物具有的特質，使它特別適合應用在某些科技上。例如，在現代工業，雲母是建造電容器的必要材料；它是性能極佳的一種熱電絕緣體。在核子反應爐中，雲母被當成減速劑，以緩和中子的快速作用。

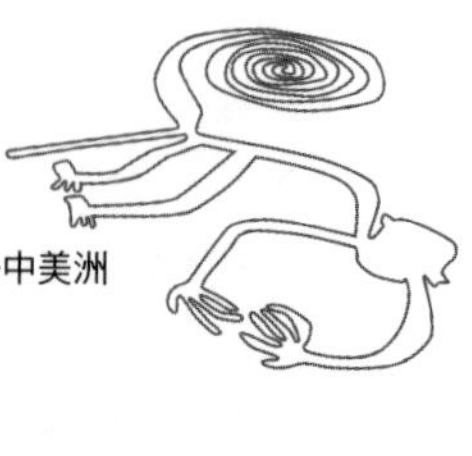

消除古文明的訊息

特奧蒂瓦坎古城，太陽金字塔

我沿著一排石階拾級而上，攀爬了二百多英尺，登上金字塔巔峰，佇立其上，眺望天頂。現在是五月十九日中午時分，太陽就在我頭頂上，一如七月二十五日中午。每年這兩個日子，金字塔的西面都會準確地朝向日落的位置。這可不是偶然的現象。

另一個同樣經過精心設計但卻更為奇特的效果，出現在春、秋時節——三月二十日和九月二十二日。每年這兩天，陽光從南到北的移動，在中午時分造成這樣一個現象：金字塔西面底下的一層出現一道筆直的、逐漸擴大的陰影。從全面陰暗到大放光明，整個過程歷時六十六點六秒，不多不少。自從太陽金字塔興建以來，年年如此，從不曾間斷過，直到這座龐大的建築物全面崩圮，化為灰塵為止❹。

這顯示，太陽金字塔的諸多功能，至少有一項是充當「永久的時鐘」，每年準時向人們報告春、秋分的來臨，方便人們在必要時修正曆法——興建這座金字塔的民族，一如馬雅人，對時間的流逝和計量異常關注。此外，它也顯示，特奧蒂瓦坎的建城者擁有大量天文學和測地學資料，將它應用在太陽金字塔的營造上，制定精確的方位，以發揮預報春、秋分的功能。

這是第一流的規劃和營運。它熬過幾千年歲月的摧殘，也熬過二十世紀初葉的一場浩劫：自詡為古蹟修復專家的李奧波度．巴特雷斯，將太陽金字塔的整個外殼徹底翻修，改頭換面一番。除了盜賣珍貴文物，使我們無法進一步瞭解這座神祕建築物的原始功能，巴特雷斯——墨西哥獨裁者狄亞茲（Porfirio Diaz）豢養的幫閒文人——還把金字塔北面、東面和南面的外層石塊、灰泥和石膏全部挖掉，深達二十多英尺。這麼一搞，後果非常嚴重，每逢下大雨，底下那層泥磚就會消溶，造成土石大量流失，整座金字塔隨時有崩塌之虞。儘管當局做了一些補救措施，暫時遏止土石流失，但這座金字塔已經被整得面目全非，難以恢復舊觀。

以現代考古學的倫理來衡量，這當然是不可原諒的罪過。二十英尺的外層石塊和灰泥被挖掉後，我們再也無法探知裝置在金字塔外殼的雕刻品、碑銘、浮雕和其他文物所蘊含的訊息。這還不是巴特雷斯的野蠻行徑所造成的最嚴重後果。證據顯示，太陽金字塔的興建者——不管他們是誰——可能把珍貴的科學資料保藏在金字塔的關鍵處所。從保存完整的西面，學者已經蒐集到相關證據（這一面，也正是春、秋分效果顯現的地方，至今仍清晰可見），然而，由於巴特雷斯的任意破壞和翻修，類似資訊再也無法從金字塔的其他三面取得。事實上，太陽金字塔被這位墨西哥「古蹟修復專家」瞎整一通後，形狀和規模都已今非昔比，而我們的後世子孫也可能永遠無法探知，特奧蒂瓦坎這座古城，到底想向他們傳達什麼重大訊息。

永恆的數字

以希臘字母π為代表的超越數，是高級數學的根基。它指的是一個圓圈的直徑與圓周的比率，其值略微超過3.14。假設這個圓圈的直徑為十二英寸，則其圓周為：12×3.14＝37.68。由於直徑是半徑的整整兩倍，我們也可以根據半徑，使用π計算任何一個圓的圓周，不過，在這種情況下，我們必須將半徑的長度乘以2π。以直徑十二英寸的圓為例，其半徑應為六英寸，圓周可依下列方法計算：6×2×3.14＝37.68；同樣地，半徑十英寸的圓，其圓周為67.8（10×2×3.14）；半徑七英寸的圓，其圓周則為43.96（7×2×3.14）。

利用π的值，根據直徑或半徑計算圓周的公式，適用於所有的圓，不論多大或多小——當然，也適用於所有的球體或半球體。今天看起來，這些公式是挺簡單的，然而，在人類歷史中，數學上的這項重大發現和突破性進展，卻是相當晚近才達成的。正統派學者的看法是，西元前三世紀的希臘數學家阿基米德（Archimedes）是第一個計算出π的正確數值3.14的人[5]。一般學者不認為，十六世紀歐洲人抵達之前，美洲有任何數學家計算出π的值。因此，當他們發現，埃及吉薩高原的大金字塔（興建於阿基米德出生前二千多年）和墨西哥特奧蒂瓦坎古城的太陽金字塔（興建於西班牙人入侵之前許多年），在設計上都使用到π的數值時，他們都大感驚訝。更讓他們覺得迷惑的是，這兩座金字塔使用π數值的方式竟然非常相似；這顯示，大西洋兩岸的古代建築師，對這個超越數都十分熟悉和理解。

任何金字塔的幾何構造都牽涉到兩個基本因素：一、頂端距離地面的高度；二、金字塔在地面的周長。以埃及的大金字塔為例，它的高度（481.3949英尺）和周長（3023.16英尺）之間的比率，恰好等於一個圓圈的半徑和圓周之間的比率，即2π❻。因此，如果我們將這座金字塔的高度乘以2π（如同我們根據一個圓圈的半徑計算它的圓周），我們就能夠精確算出金字塔的周長：481.3949×2×3.14＝3023.16。相反地，如果我們將這座金字塔的周長除以2π，也同樣可以算出它的高度：3023.16÷2÷3.14＝481.3949。

這樣精確的數學關聯，幾乎不可能出於單純的巧合。因此，我們不得不承認，埃及大金字塔的設計師確實瞭解π的原理，刻意將它的數值應用到金字塔的營建上。

現在，讓我們看看特奧蒂瓦坎古城的太陽金字塔。它四面的角度是43.5°，而埃及大金字塔的角度則為52°。太陽金字塔的坡度比較平緩，因為它的底部周長達2932.8英尺，比埃及大金字塔小不了多少，而高度卻少了許多（在巴特雷斯「修復」之前，大約233.5英尺高）。

在埃及大金字塔上發揮效用的2π公式，並不適用於太陽金字塔，4π公式卻能。如果我們將太陽金字塔的高度（233.5英尺）乘以4π，我們就能夠相當精確地計算出它的周長：233.5×4×3.14＝2932.76（和正確數字2932.8英尺相差不到半英寸）。

一如埃及大金字塔在三度空間上的設計，墨西哥太陽金字塔運用的π原理顯然並不是

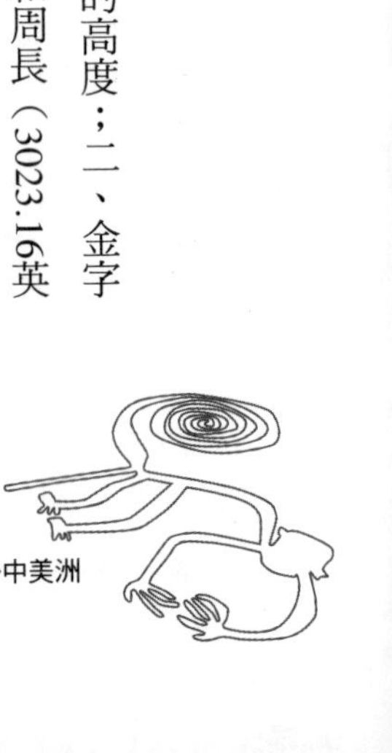

單純的巧合。這兩座金字塔在建構上都表現出π的關聯，而大西洋兩岸其他金字塔卻都沒有這個特徵。此一事實足以證明：在遠古時代，這兩個地區的人類已經掌握先進的數學知識，而且，他們在營建金字塔時，都抱持某種基本的「共同目標」。

我們剛才看到，埃及大金字塔使用的高度／周長比率是2π，而這樣的一種比率所要求的坡度是非常特殊、很難處理的52°角。太陽金字塔的高度／周長比率是4π，也同樣要求不尋常的坡度（43.5°）來配合，如果不是為了某種神祕的理由，古埃及和墨西哥建築師何不選擇比較簡單的45°角，只須將一個直角切成兩半就行了。

究竟是怎樣的一種共同目標，促使大西洋兩岸的建築師煞費苦心，不憚其煩，將π數值精確地納入這兩座金字塔的建構？金字塔興建

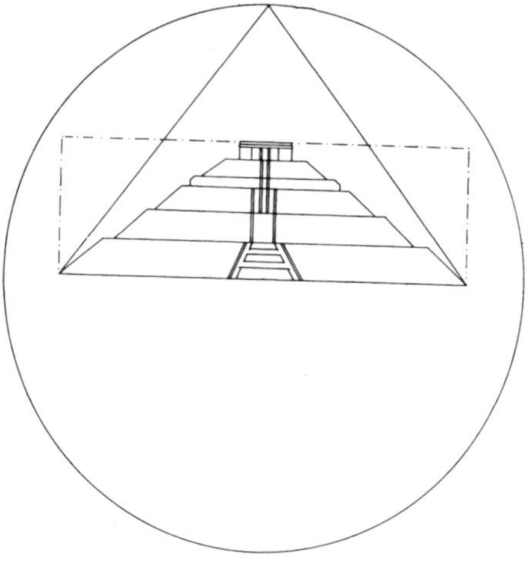

太陽金字塔高度X4π＝金字塔底部周長
吉薩大金字塔高度X2π＝金字塔底部周長

期間，墨西哥和埃及的文明似乎沒有任何直接接觸，因此，我們不得不懷疑，在遠古時代，這兩個地區曾經從一個共同的根源繼承到一些知識觀念。

埃及大金字塔和墨西哥太陽金字塔所呈現的共同數學觀念，可能和「球體」（spheres）有關，因為這種形體具有三度空間，一如金字塔，而一般的圓只有兩度空間。我們似乎可以這樣推論：為了以象徵方式將球體表現在三度空間、表面平整的建築物上，古埃及和墨西哥的建築師才不憚其煩，把π原理精確地納入這兩座金字塔的設計。此外，這些建築師的意圖似乎不在表現一般的球形，而是呈現一個特殊的球體：地球。

正統派考古學家到現在還不願承認這樣一個可能：古代世界的某些民族，在科技上相當進步，對地球的形狀和體積具有充分的認識。然而，根據美國一位科學史教授，研究古代度量衡的權威學者史特契尼（Livio Catullo Stecchini）的計算和推論，這種「異常」的科學知識，確實存在於古代世界，而這方面的證據是不容置疑的❼。史特契尼的結論主要是建立在他對埃及古文明的研究上；學界公認，他據以推論的數學和天文資料幾乎是無可挑剔的❽。在下冊第二部，我們將對這些結論和史特契尼所依據的數據資料做比較全面的檢視和探討。這裡，我們不妨先引述史特契尼的一段話，幫助我們瞭解埃及大金字塔蘊含的奧祕：

基本上，大金字塔呈現的是地球的北半球——利用投影法將這個半球體表現在平面

上，如同繪製地圖……大金字塔是以四個三角平面製作的投影。金字塔的頂峰代表北極，底部的四邊象徵赤道。因此，它的周長和高度的比率被定為2π。大金字塔是依照1：43200的比例呈現北半球。❾

在下冊第二部，我們將探討古埃及建築師為什麼選擇這樣的比例。

數學之城

我沿著「亡靈之路」往北走，抬頭一看，望見矗立在前方的月亮金字塔——謝天謝地，它仍保持原有的四層寶塔形式，未曾遭受古蹟修復專家破壞。太陽金字塔原本也是四級結構，然而，巴特雷斯一時興起，竟然在原有的第四和第五層之間硬生生嵌進新的一層，把它弄得面目全非。

所幸，太陽金字塔有一項特徵是巴特雷斯破壞不了的：從西面塔身下一個天然洞穴通往金字塔內部的地下通道。一九七一年，這條通道被偶然發現後，考古學家就展開徹底的勘探。隧道七英尺高，向東延伸三百多英尺，抵達金字塔的幾何中心點，豁然開闊，變成一個寬大的洞穴，形狀宛如四片相連的苜蓿葉子。這四片「葉子」其實是四間內室，每一間周長大約六十英尺，裡頭擺設各種手工藝品，諸如精工雕琢的青圓盤、打磨十分光滑的鏡子等等。金字塔內部還裝設一個繁複的排水系統，由許多條相互連鎖的石雕水管組成。

最讓考古學家感到迷惑的就是這個排水系統，因為金字塔內部並沒有水源。然而，水閘的存在卻顯示，古時候這裡面必定有豐沛的水流。這使我想起，在「亡靈之路」上，古城堡北邊，我曾看見沿路裝設著一座座水閘和隔離牆，證明這條大道以往曾經有水流通。工程專家史雷默的研究也特別提到這座古城的水池和它的地震預測功能（參閱本書第二十二章）。

我愈思索史雷默的理論就愈覺得，在特奧蒂瓦坎城中，「水」確實是一個隨處可見的象徵。如今回想起來，我發覺，城中的奎札科特爾神殿不但供奉「羽毛蛇」石雕像，而且充滿和水有關的象徵，尤其是各種波浪圖形和許多精美的石雕貝殼。我一面思索這些意象，一面遛達，終於走到月亮金字塔底部的廣場。在我想像中，這座寬闊的廣場一如以往又注滿了水，約莫十英尺深，顯得異常壯麗、浩瀚、寧靜。

在遙遠的安地斯山帝華納科古城，亞卡帕納亡靈金字塔（見本書第十章）四周也環繞著水。「水」是這兩座城市的主要裝飾和圖像。

我開始攀登月亮金字塔。它比太陽金字塔小，體積還不及後者的一半——根據專家估計，月亮金字塔由一百萬噸石塊和泥土組成，而太陽金字塔則用上二百五十萬噸。兩座金字塔加起來，總重量達三百五十萬噸。學者認為，處理數量如此龐大的建材，至少需要一萬五千名工人，而且，即使以這樣的人力，也至少需要三十年的時間，才能完成金字塔的建造❿。

當時的特奧蒂瓦坎城和鄰近地區，確實擁有如此充沛的人力——根據「特奧蒂瓦坎測繪計畫」（Teotihuacan Mapping Project）的專家推算，在全盛時期，這座城市人口高達二十萬，比帝國時代的羅馬城多出許多。這群學者還指出，今天倖存的古蹟所涵蓋的面積，只占古代城區的一小部分而已。巔峰時期的特奧蒂瓦坎城，面積廣達十二平方英里，擁有二千棟公寓樓房，五萬間民宅，六百座小型金字塔和廟宇，以及五百間專門從事陶器、小雕像、寶石、貝殼裝飾品、黑陶和石板製作的「工廠」⓫。

我攀登上月亮金字塔頂層，停下腳步，轉過身子放眼瞭望，只見腳下的山坡逐漸向南傾斜，形成一個山谷，而特奧蒂瓦坎古城就坐落在谷中——史前時代，一群不知名的建築師設計、營造的一座整齊得有如幾何圖形的城市。東邊，俯瞰著筆直的「亡靈之路」，太陽金字塔聳立城中，自古以來不斷「傳送出」很久以前吸納入的數學訊息，提醒人們仔細觀察地球的形狀。我覺得，興建特奧蒂瓦坎城的那個文明，刻意將複雜的資訊轉變成密碼，存放在堅固的建築物中；為了達到這個目的，他們使用數學語言。

為什麼使用數學語言呢？

也許是因為不管人類文明會遭遇什麼重大變革，一個圓圈的半徑乘以2π（或半徑之半乘以4π），永遠等於這個圓圈的圓周。換言之，他們選擇數學語言是為了實際的理由：跟一般語言不同的是，數學語言永遠都會有人理解，即使幾千年後，生活在不同文化中的人，也懂得如何解讀它。

我又被迫面對一個令人心悸的事實：人類歷史中的一整段時期可能已經被遺忘掉。佇立在月亮金字塔頂峰，俯瞰神祇居住的這座數學之城，我不得不懷疑，人類罹患了嚴重的失憶症；被我們輕蔑地稱為「史前時代」的那段黑暗日子，說不定隱藏著人類文明發展過程中的一段祕密。

所謂「史前」，不就是被遺忘的、不曾留下任何記錄的時代嗎？所謂「史前」，指的不就是我們祖先經歷過的、在我們意識和記憶中卻已經消失的那個混混沌沌的時期？就是從這麼一個混沌時期，特奧蒂瓦坎城挾帶著所有的謎團，出現在我們眼前，要求我們解讀隱藏在天文和測地學線條中的數學密碼。從相同的一個時期，浮現出奧梅克人的偉大雕刻品，馬雅人繼承自前人的那麼異常精確的曆法，祕魯納茲卡高原上的謎樣圖形，安地斯山帝華納科古城的神祕廢墟……以及其他許許多多來歷不明的奇蹟。

身為現代人的我們，彷彿已經從一場漫長的、惡夢連連的沉睡中醒過來，進入歷史的白晝，然而，夢境中那些微弱的、鬼魅一樣縈繞不去的回音，卻繼續困擾著我們……

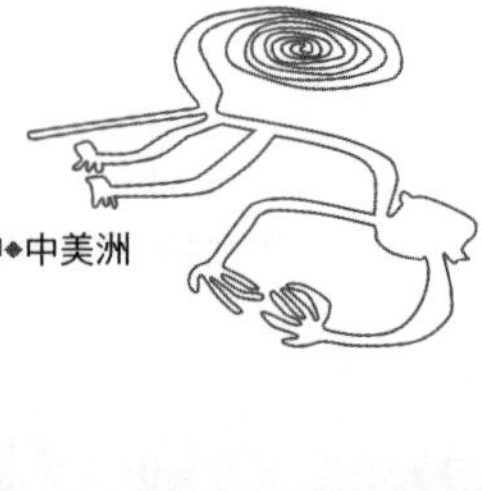

【註釋】

❶見《墨西哥金字塔的奧祕》，頁二〇二。

❷同上；亦見《特奧蒂瓦坎金字塔》，頁十六。*The Pyramids of Teotihuacan*, p16.

❸見《大英百科全書》，卷八，頁九〇；亦見《失落的國度》，頁五三。

❹見《墨西哥金字塔的奧祕》，頁二五二。

❺見《大英百科全書》，卷九，頁四一五。

❻見愛德華茲《埃及金字塔》，頁八七及頁二一九。I.E.S Edwards, *The Pyramids of Egypt*, Penguin, London, 1949, pp.87, 219.

❼讀者可參閱史特契尼為彼得．湯普金斯《大金字塔的祕密》一書所撰寫的附錄，頁二八七～三八二。Stecchini's appendix to Peter Tompkins, *Secrets of the Great Pyramid*, Harper & Row, New York, 1978, pp.287～382.

❽見《古埃及旅行之鑰》，頁九五。*The Traveller's Key to Ancient Egypt*, p.95.

❾摘自《大金字塔的祕密》，史特契尼附錄，頁三七八。

❿見《金字塔之謎》，頁一八八～一九三。

⓫見《史前的美洲》，頁二八一。*The Prehistory of the Americas*, p.281. 亦見《墨西哥古代城市》，頁一七八，及《墨西哥金字塔的奧祕》，頁二二六～二三六。

第四部

神話之謎 I

失去的記憶

第二十四章 「夢的回音」

在祖先流傳下來的一些悲壯的、不朽的神話中，我們人類保存了對遠古時代一場全球性大災難的記憶。這段記憶雖然混淆不清，卻世世代代引起全人類共鳴。

這些神話究竟源自何處？

為什麼，儘管這些神話產生自各個不相統屬的文化，故事卻是如此的相似呢？為什麼這些神話會充滿共同的象徵，擁有相同的典型人物的情節呢？倘若這些神話確實是人類的「記憶」，為什麼沒有歷史文件提到這場漫延全球的大災難？

有沒有可能是因為這些神話本身就是一個歷史記錄？神話中那些動人的、不朽的故事，有沒有可能是某些無名天才的創作，用以記錄遠古時代發生的大事，留傳給後代子孫？

方舟漂流在水面上

古代中東地區的蘇美國有一位君王，名叫吉爾格梅施（Gilgamesh）。他一生致力於追求永生。今天，我們透過鐫刻在烘乾的泥板上，用楔形文字記載的美索不達米亞神話和傳說，得知這位國王的生平事蹟。這些泥板，有些可追溯到西元前三千年，在現代伊拉克的沙漠地區大量出土，總數有好幾千。保存在那上面的是一個已經消失的文化。泥板記載的神話提醒我們，即使在那麼遙遠的古代，人類還是設法保存了更古老的記憶。在當時人們記憶中，遠古時代的地球曾經發生一場驚天動地的大洪水：

我將向世人宣告吉爾格梅施的事蹟。這位君王通曉世間一切事務；他的蹤跡遍及地球上每一個國家。睿智的君王探知人間種種幽祕，看透人世種種風情。現在，他將為我們講述一則發生在大洪水前夕的故事。風塵僕僕，身心疲累，他結束一趟漫長的旅程返回家園，將旅途上聽到的故事鐫刻在一塊石板上。❶

吉爾格梅施帶回的故事，是一位名叫烏納皮施汀（Utnapishtim）的國王向他講述的。這位君王數千年前統治過一個國家，後來經歷一場大洪水；洪水退後，上蒼賜他永生，因為他保存了人類和地球上所有生物的種子。

根據烏納皮施汀的說法，很久很久以前，四位神祇共同統治我們這個地球：蒼天之神阿奴（Anu）、大護法恩里爾（Enlil）、戰爭暨性愛女神伊施妲兒（Ishtar）、水神艾亞（Ea）。艾亞是人類的朋友和守護神。

> 在那個時代，地球上人煙十分稠密，人類不斷繁衍，整個世界充滿噪音，如同野牛吼叫，吵得天神不能成眠。大護法恩里爾聽到人間的喧囂，便對座上諸神言道：「人類的喧鬧實在刺耳，吵得我們不能安睡。」於是眾神決定消滅人類。❷

水神艾亞憐憫烏納皮施汀王。祂來到王宮，站在蘆葦牆外對殿內的烏納皮施汀說，人間即將發生一場大災難，他得趕緊建造一艘船，保全一家人的性命：

> 拆掉你的房子，建造一艘船，拋棄所有的財物，趕快逃命去吧！莫依戀世俗的財貨，拯救靈魂要緊……聽著，趕緊拆掉房子，依照一定的尺寸，以均衡相稱的長寬比例建造一艘船，將世界上所有生物的種子貯存在船中。❸

烏納皮施汀不敢怠慢，立刻動手建造一艘大船。他告訴吉爾格梅施王：「我把全部財物搬到船上，將所有生物的種子貯存在船艙裡。」

一家大小上船後，我把牛馬和其他牲畜及各行各業的工匠帶到船上……那個日子終於來臨了。破曉時分，天際湧現一堆烏雲；風暴之神阿達德（Adad）策馬馳騁，鐵騎過處傳出陣陣雷聲……風暴之神將白晝轉變成黑夜，摧毀大地如同敲碎一只杯子。一團黑霧昏昏黯黯，直湧上天堂……

頭一天，風暴席捲整個大地，四處引發山洪……天地間一片漆黑，伸手不見五指。眾神也嚇得倉皇撤退，紛紛逃奔到天神阿奴居住的天宮，蹲伏在宮殿四周，瑟縮成一團，有如一群受到驚嚇的小狗兒。愛神伊施妲兒扯起嗓門尖叫：「這些都是我的子民啊！難道我就這樣眼睜睜看著他們像一群魚兒葬身在海中？」❹

烏納皮施汀繼續描述這場洪水：

一連六天六夜，暴風不斷吹襲，波濤洶湧，洪水淹沒整個世界。暴風和洪水同時發威咆哮，有如兩支對陣交鋒的軍隊。第七天黎明，南方刮來的暴風終於平息，海面逐漸恢復寧靜，洪水開始消退。放眼瞭望，只見大地一片死寂。大海一望無際，平滑得如同屋頂的天台。地球上的生靈全都葬身水中……我打開艙門，讓陽光照射到我臉龐上。心中一酸，我彎著腰身坐下來，哀哀哭泣。兩行眼淚流下我的腮幫。在我周圍，觸目所及儘是白茫茫

> 的大水……約莫四十餘哩外，水中矗立著一座高山。我們的船漂流過去，擱淺在山腰。我把船纜緊緊繫在尼西爾（Nisir）山上……第七天早晨，我打開鳥籠放出一隻鴿子，讓牠飛出船艙；牠在水面上盤旋了一會，找不到可以棲息的樹木，只得飛回船上。我又放出一隻燕子，牠也找不到落腳的地方，只好飛回來。我放出一隻烏鴉，牠看見洪水已經消退，高興得啼叫起來，四處飛翔覓食，轉眼消失無蹤，不再回來……。❺

烏納皮施汀知道，現在可以離船登岸了：

> 我佇立山巔，把一杯酒灑在地上祭神……我把甘蔗枝、香柏枝和楊梅枝堆在山頭上……眾神聞到香氣，紛紛圍聚到祭品上，如同一群蒼蠅……。❻

這些記載可並不是蘇美古國流傳下來的唯一文字記錄。在伊拉克出土的其他泥板——有些幾乎具有五千年歷史，其他則不及三千年——我們也可以看到烏納皮施汀描述的「諾亞式人物」，只不過名字改為齊蘇德拉（Zisudra）、奚蘇錫洛斯（Xisuthros）或阿特拉哈西斯（Atrahasis）。不論名稱為何，這些人物全都有一個共同特徵：他們是一族之長，受到慈悲的神祇眷顧和開悟指示，建造一艘方舟，漂流在淹沒全世界的大洪水中，保存人類的命脈。

流傳在中東美索不達米亞地區的這則洪水神話，和基督徒《聖經》中有名的「諾亞方舟」故事，兩者之間存在著許多明顯共同點（請參閱本章附錄的《聖經》章節）❼。對於這些共同點的本質，學者至今爭論不休。真正重要的是，在地球上每一個文化圈中，類似的神話傳統都被保存了下來，遺留給後世子孫。這個悲壯的神話以鮮活的語言，講述古代發生過的一場全球性的、幾乎毀滅全人類的大災難。

中美洲神話

相同的訊息也保存在地球的另一端——距離中東地區的亞拉臘山和尼西爾山十分遙遠的墨西哥河谷。這個地區不論在文化上或在地理位置上，都被阻隔於猶太教／基督教勢力範圍之外，然而，早在西班牙人入侵之前，當地居民就已經流傳許多有關大洪水的故事。本書第三部曾經提到，美洲原住民相信，這場發生在第四太陽紀末期的大洪水，淹沒了整個地球：「豪雨驟降，山洪爆發，大地一片汪洋。高山隱沒水中，人類變成魚蝦……」❽根據中美洲阿茲特克族印第安人的神話，全世界只有兩個人逃過這場大浩劫，存活了下來。他們是一對夫妻，男的叫柯克斯柯克斯特里（Coxcoxtli），女的名為蘇齊奎澤兒（Xochiquetzal）。在天神開示下，夫妻倆建造一艘大船，漂流到一座高山上。洪水消退後，他們鑽出船艙，在當地定居下來，生養子女，但孩子們都是啞巴。一隻棲停在樹梢的鴿子教導孩子們說話，但所傳授的語言都不相同，以至於孩子們之間無法互相溝通。

跟這個故事有關的另一則中美洲傳統神話，流傳在梅卓卡尼塞克族（Mechoacanesecs）印第安人部落。比起前一則神話，它更像《舊約》〈創世紀〉和美索不達米亞泥板記載的洪水故事。根據這個傳說，天神泰茲喀提波卡（Tezcatilpoca）決定發動一場洪水，毀滅全人類。祂只放過泰茲比（Tezpi）一家人，讓他們搭乘一艘載滿飛禽走獸、糧食和植物種子的大船，逃離這場洪水，以保存人類的命脈。天神命令洪水退去後，這艘大船擱淺在一座高山上。泰茲比放出一隻兀鷹，探測洪水是否真的退去。兀鷹只顧啄食遍佈地面的人畜屍體，不再飛回船上。泰茲比只好差遣其他鳥兒；只有蜂雀啣著一根樹枝回來。泰茲比看見洪水已經退去，大地開始復甦，便帶著妻小走出方舟，在當地定居下來，生養子孫，不斷繁衍，讓地球又充滿人煙。

馬雅族印第安人的神聖典籍《波波武經》，也記載這場天神懲罰人類的大洪水。根據這部古老的經書，天神在開天闢地之後就決定創造人類。在這場實驗中，祂「用木頭雕製人像，讓他們開口說話」。這些木頭人後來失去祂的歡心，因為「他們忘記造物主的存在」。

> 於是，上天發動一場大洪水，波濤滾滾，淹沒了這些木頭人……濃稠的樹脂從天而降……大地一片陰黯，黑雨傾盆而下，晝夜不息……木頭人一個個被砸碎、摧毀、支解、

消滅。[9]

然而，還是有人逃過這場大浩劫。就像阿茲特克人和梅卓卡尼塞克人，猶加敦半島和瓜地馬拉的馬雅人相信，一個諾亞式的人物和他的妻子——馬雅人管他們叫「大父和大母」——逃離了這場洪水，重建災後的世界，成為往後世世代代人類的祖宗。

南美洲神話

讓我們將焦點轉移到南美洲，看看居住在哥倫比亞中部的齊普卡族（Chibcas）印第安人。根據他們的神話，這個部族原本過著野蠻的生活，不知農耕，也沒有法律和宗教。後來，有一個老翁從外地來到他們的村莊。他的名字叫波齊卡（Bochica），臉上蓄著一綹又濃又長的鬍鬚。在這位老者教導下，齊普卡族人學會建造茅屋，組成一個社會，開始過群體生活。

波齊卡的妻子長得非常標致，名叫齊雅（Chia）。她跟隨丈夫來到齊普卡部落，但這個婦人生性狠毒，千方百計阻撓丈夫，不讓他幫助齊普卡族人。她不敢正面跟丈夫作對，便在暗中施展魔法，發動一場大洪水淹死村中大部分居民。波齊卡大為震怒，把妻子齊雅放逐到天上，讓她變成月亮，在黑夜中放射光芒照亮地球。然後他設法使洪水退去，將僥倖逃過這一劫的幾個百姓從山頂救下來，為他們制定一套法律，教導他們耕作，替他們建立一個宗教，四時祭祀太陽。他將統治權分配給兩位酋長，然後退隱到山林中，過著苦行清修的日子。死後，他的靈魂升上天堂，變成神祇。

再往南走，我們來到厄瓜多爾。那兒的卡納里亞族（Canarians）印第安人流傳一則古老的洪水神話。根據這個傳說，洪水發生時，一對兄弟結伴逃到一座飄浮的高山上，避開了這場大災禍。

巴西的圖皮南巴族（Tupinamba）印第安人敬奉一群扮演造物主角色，將文明帶給人類的英雄。第一位英雄是莫南（Monan，意為「老叟」）。據說，創造人類後沒多久他就放一把大火，發動一場洪水，把整個世界毀滅掉。

本書第二部提到，祕魯的洪水傳說特別豐富。根據其中一個頗具代表性的傳說，洪水發生前，一隻駱馬曾警告一個印第安人。此人和駱馬相偕逃到一座名為維爾卡—科托（Vilca-Coto）的高山上：

> 抵達山巔時，他們發現許多飛禽走獸已經聚集在那兒。海水開始高漲，淹沒地球上所有平原和山丘，只有維爾卡—科托山矗立在水面上。波濤滾滾，不斷衝擊山嶺，聚集在那兒的動物都嚇得擠成一團，緊緊依偎在一塊……五天後，洪水開始消退，海平面開始降低。人類全都淹死了，只有一個人逃過這場浩劫。他就是今天地球上所有人類的祖先。⑩

哥倫布發現美洲之前，智利的亞勞克奈雅族（Araucnaians）印第安人流傳一則有關洪水的神話。根據這個傳說，只有少數幾個印第安人逃過這場劫難。他們在一座名為錫格錫格（Thegtheg，意為「雷霆」或「閃電」）的高山上找到避難所。據說這座山有三峰，能夠漂浮在水面上。

在南美洲極南端的火地群島（Tierra del Fuego），雅馬納族（Yamana）流傳這麼一則神話：「月亮娘娘發動一場大洪水，給地球上的人類帶來一場大災禍……月亮娘娘憎恨人間的紛擾和動亂……人類全都葬身在洪水中，只有少數幾個人逃到矗立在水面的五座山峰上。」⓫

火地群島另一個印第安部族皮璜契族（Pehuenche）的傳說，特別提到洪水帶來的漫長黑夜：「太陽和月亮從天空墜落，大地陷入茫茫黑暗中；直到兩隻巨大的兀鷹飛臨，將太陽和月亮馱載回天上，大地才恢復光明。」⓬

北美洲神話

在美洲大陸北端，居住在阿拉斯加的伊紐特族（Inuit）愛斯基摩人，也流傳一則洪水神話。據說，洪水伴隨地震而來，轉眼間席捲整個大地，只有少數幾個人搭乘獨木舟，倉皇逃到最高的山峰上，躲過一劫。

美國加州南部的魯瑟諾族（Luiseno）印第安人傳說，古時一場洪水淹沒全世界，只有一小群人逃到露出水面的幾座高山上，才得以保住生命。洪水消退後他們才敢回到平地上。魯瑟諾族北邊的呼倫族（Hurons）也流傳類似的洪水神話。蒙登雅人（Montagnais）是阿岡堅族（Algonquin，譯註：美國印第安人最大一族，居住於美國中西部）的一支。他們的一則傳說提到，洪水消退後，米查波（Michabo）在一隻烏鴉、一隻獺和一隻麝鼠協助下重建災後世界。米查波的名字意思是「巨兔」。

詹姆士·林德（James W. Lynd）編撰的《達科塔州歷史》（*History of the Dakotas*）是十九世紀一部權威著作，保存大量本地傳說和神話，其中一則依洛郭伊族（Iroquois）神話記載：「很久以前，大海和洪水曾經入侵陸地，淹死所有人類。」契卡索族（Chickasaws）的傳說則指出，大地雖然被洪水淹沒，「但有一個家庭和每種動物的兩隻獲救」。蘇族（Sioux）的神話也提到，大地曾經變成一片汪洋，人類全部葬身水中[13]。

大地一片汪洋

在人類的神話記憶中，這場大洪水的漣漪究竟擴散得有多遙遠，有多遼闊呢？

非常遙遠，非常遼闊。據專家估計，全世界已知的洪水神話和傳說有五百多則。安德禮博士（Dr. Richard Andree）[14]針對其中八十六則（亞洲二十則，歐洲三則，非洲七則，美洲四十六則，澳洲和太平洋地區十則）進行分析研究，結果發現，其中六十二則是各自獨立形成，與美索不達米亞及希伯來文化傳統無關[15]。

早期的耶穌會教士是第一批訪問中國的歐洲學者。據說，他們獲准進入皇宮圖書館，查閱一部傳自古代，包含「所有知識」，總共四千三百二十卷的文集。這套大書有幾則神話和傳說提到，古時人類曾經背叛神祇，致使宇宙失序，陷入全面混亂：「星體改變運行方向，天空向北傾斜，日月星辰顛倒失序，大地崩裂，洪水爆發，淹沒地上萬物。」[16]（譯註：作者並未明確指出這段引文出自哪一部中國典籍，原文無從查考。）

住在馬來西亞熱帶森林中的奇旺族（Chewong）相信，他們居住的土地「第七大陸」（Earth Seven）時常會顛倒反轉，以致天翻地覆，洪水爆發，淹沒所有生靈。後來造物主托漢（Tohan）出面干預，把「第七大陸」的底部當成新的地表，在其上建立山川和平原，栽種新植物，讓人類重新繁衍滋長。

根據寮國和泰國北部流傳的一則洪水神話，遠古時代，「上界」居住著一群名為「天士」（Thens）的神祇，而統治「下界」的則是三位英雄：普連松（Pu Leng Seung）、昆坎（Khun K'an）和昆傑（Khun K'et）。某日，天士昭告世人，每一餐進食之前，他們必須獻上一部分食物以示尊敬。凡人拒絕服從。天士一怒之下，發動一場洪水，淹沒整個大地。下界的三位統治者合力建造一艘筏子，其上築有一間小屋，裝載一群婦女和兒童。結果他們逃過了這場浩劫。

同樣地，緬甸的卡倫族（Karens）也流傳兩兄弟搭乘筏子逃避大洪水的故事。越南的神話也有類似的描述：洪水爆發時，一對兄妹帶著動物（每一種兩隻）躲進一口大木箱內，保存了地上生靈的命脈。

澳洲的一些土著，尤其是原本居住在北海岸熱帶地區的部落，相信他們的祖先是大洪水的倖存者。其他部族的神話，則將洪水的發生歸咎於「天蛇」（Yurlunggur）——此物與天上彩虹關係密切。

日本的一些傳說提到，太平洋上的島嶼是一場大洪水消退後才形成的。在大洋洲，夏威夷的土著流傳一則神話，講述世界如何被一場洪水毀滅，天神唐葛洛雅（Tangaloa）如何重建劫後的人間。南太平洋的薩摩亞人相信，古時曾經發生一場毀滅全人類的大洪水，只有兩個人逃過劫難——他們搭乘一艘船，漂流在大海上，最後抵達薩摩亞群島。

希臘、印度和埃及神話

在世界的另一邊，希臘神話也充斥著洪水的記憶。然而，一如中美洲神話，希臘人傳說中的大洪水並不是一個孤立事件，而是一連串毀滅和重建世界的事件中的一個環節。在中美洲，阿茲特克人和馬雅人認為，人類歷史是由一系列「太陽紀」構成（我們今天是活在第五——也就是最後一個——太陽紀)。同樣的,西元前八世紀希臘詩人海希奧德(Hesiod)蒐集的古代希臘民間傳說也提到,在現今的人類出現之前,地球上曾經有過四種不同的人類,每一種都比後來的先進,而每一種都在命定的時刻被一場地質劇變「吞沒」。

最早出現在地球上的人類是「金族」。據說,他們「日子過得逍遙自在,無憂無慮,有如神祇……終日飲宴歌舞……最後在睡夢中溘然長逝,安詳離開人間……」後來眾神之王宙斯(Zeus)一聲令下,這個黃金民族「沉入地底深處」。繼之而起的人類依序是:「銀族」、「銅族」、「英雄族」和我們所屬的「鐵族」。鐵族是第五種,也是最後一種出現在地球上的人類⓱。

我們最感興趣的是「銅族」的命運。根據希臘神話的描述,他們擁有「巨人的力量,四肢十分粗壯」;然而,這群頂天立地的大漢卻被眾神之王宙斯全部消滅,以懲罰巨人普羅米修士(Prometheus)盜竊天火,為人類帶來火種的罪行。暴跳如雷的宙斯於是發動一場大洪水,準備將地球上的生靈清除乾淨。

這個故事有好幾個版本。根據流傳最廣的一個版本,普羅米修士曾使一個凡間婦女懷孕。她生下的兒子取名為杜卡里昂(Deucalion),長大後成為希臘東部西薩里地區(Thessaly)錫亞國(Phthia)的君主;他的妻子是普羅米修士的兄弟伊匹米蘇斯(Epimetheus)跟潘朵拉(Pandora)所生的女兒,綽號「紅髮美人」的琵拉(Pyrrha)。

宙斯決定毀滅「銅族」時，杜卡里昂受到普羅米修士警告，連忙打造一口木箱，將「所有必需品」貯存進去，然後帶著妻子琵拉爬進箱子。眾神之王命令大雨降落人間，將地球大部分地區淹沒。人類全都葬身在洪水中。只有少數逃到高山的人得以倖存。

「就在這當口，西薩里地區的山脈崩裂，從地峽（Isthmus）到伯羅奔尼薩半島（Peloponnese），極目所見盡是一片汪洋。」

杜卡里昂和琵拉躲藏在木箱中，漂流九天九夜，終於抵達希臘南部的帕納索斯山（Mount Parnassus）。大雨停歇後，夫妻倆鑽出箱子，向諸神獻祭。宙斯派遣使神漢密斯（Hermes）往見杜卡里昂，詢問他有何意願。杜卡里昂懇求恢復人類的生機。於是，宙斯命令杜卡里昂撿起地上的石頭，反手拋到肩膀後面。杜卡里昂拋出的石頭變成男子，琵拉扔出的石頭則化為女人⑱。

希伯來人視諾亞為祖宗。同樣地，在古代希臘人心目中，杜卡里昂是國族的始祖，也是許多城鎮和神殿的建立者。

三千多年前，在吠陀時代的印度，民眾也崇仰一個類似的人物。根據當地的傳說，有一天：

一位名叫曼努（Manu）的智者正在沐浴，忽然，他發現手掌上有一隻小魚向他哀叫，請求他放過牠一條命。曼努覺得牠可憐，就把牠放進一口罈子裡。不料，第二天小魚的身子長大了許多，曼努只好把牠帶到湖裡。沒多久，偌大的湖又裝不下這條魚的身子。牠對曼努說：「把我扔進海裡去吧！這樣我就會感到舒暢些。」（其實這條魚是護持神的化身。）後來，祂警告曼努，一場大洪水就要來臨，祂送曼努一艘大船，吩咐曼努先在船上裝載各種動物（每一種兩隻）和所有植物的種子，然後自己再上船。⑲

曼努遵照指示張羅妥當，海水就驟然上升，淹沒整個世界。大地變成一片汪洋，水面上只看得見護持神的身影——這時祂已經化身為一條全身覆蓋金色鱗片，頭上長著一隻角的大魚。曼努把船纜繫在魚角上，讓護持神拖著穿過茫茫大水，走到「北山」的頂峰：

> 大魚說：「我救了你一條命。趕快把船纜繫到一棵樹上吧，免得讓大水把船沖走。你待在山頂上，看見洪水消退就一步步走下山來。」曼努遵照指示。後來洪水下降。這場大水沖刷掉地上萬物和所有生靈，只有曼努一個人活著。⑳

於是，曼努帶著船上那群動物，利用船上貯存的植物種子，重建劫後的世界，為人類開啟一個新時代。一年後，水中突然冒出一個女人，自稱是「曼努的女兒」。曼努娶她為妻，跟她生下一群子女。這對夫妻就成為現今人類的始祖。

最後值得一提的是，古代埃及神話和傳說也不乏大洪水的故事。例如，在法老塞提一世（Seti I）陵墓發現的一篇喪葬經文就提到，一場洪水將充滿罪孽的人類消滅。古埃及《亡靈書》第一七五章說明這場災難發生的原因。月神索斯指謫人類的罪行：

> 他們爭吵，他們毆鬥，他們犯罪，他們製造仇恨，他們殺害生靈，他們到處惹事生非，欺壓善良……〔所以〕我準備把我當初創造的一切全部消滅。一場大洪水將降臨世上，把地球轉變成一個大水坑，讓大地恢復太初時期的原始面貌。㉑

追尋一個奧祕

埃及月神索斯這番話，又把我們帶回古代中東神話和基督教《聖經》中的洪水故事。根據《舊約》〈創世紀〉的記載：

> 世界在神面前敗壞，地上充滿強暴。神觀看世界，見是敗壞了，凡有血氣的人，在地上都敗壞了行為。神就對諾亞說：「凡有血氣的人，他的盡頭已經來到我面前，因為地上充滿了他們的強暴，我要把他們和地一併毀滅。」㉒

如同杜卡里昂的洪水、曼努的洪水和那場毀滅阿茲特克人「第四太陽紀」的洪水，

《聖經》的洪水宣告一個時代的結束。繼之而起的是人類的一個新時代，也就是我們今天所處的、由諾亞的子孫建立的時代。然而，從一開始我們就知道，這個時代到頭來也可能會在一場大災難中結束。就像一首古老的歌謠預言的：「神向諾亞展現彩虹徵兆；下回不再用水，下回用火。」

《新約聖經》〈彼得後書〉第三章預言這場世界劫難：

第一要緊的，該知道在末世必有好譏誚的人，隨後自己的私欲出來譏誚說：「主要降臨的應許在哪裡呢？因為從列祖睡了以來，萬物與起初創造的時候仍是一樣。」他們故意忘記，從太古憑神的命有了天，並從水而出藉水而成的地，故此，當時的世界被淹沒就消滅了。但現在的天地還是憑著那命存留，直留到不敬虔之人受審判遭沉淪的日子，用火焚燒……主的日子要像賊來到一樣，那日天必大有響聲廢去，有形質的都要被烈火銷化，地和其上的物都要燒盡了。㉓

因此，根據基督教《聖經》的看法，人類的世界有兩個時代，而我們這個時代是第二個，也是最後一個。在其他文化中，世界的毀滅和重建次數不盡相同。在中國，已經消逝的時代被稱為「紀」（Ki）；據說，從太初時期到孔子誕生，其間人類已經度過十紀。每一紀結束時，「山崩地裂，海水暴漲，河流轉向，淹沒地上萬物，毀滅所有生靈……」

㉔印度宗教典籍提到「七個太陽紀」，每一個都在洪水、大火或暴風中結束。目前這個週期「第七太陽紀」終結時，「大地將在大火中崩裂」。馬來西亞沙勞越州和沙巴州土著相信，以前的天空非常「低沉」；根據他們的神話，「六個太陽已經毀滅……照亮現今世界的是第七個太陽。」㉕歐洲流傳的一些神巫書籍也提到「代表九個時代的九個太陽」；書中預言，人類還剩下兩個時代——第八和第九個太陽時代㉖。

大西洋彼岸，美國亞利桑那州霍皮族（Hopi）印第安人（墨西哥阿茲特克人的遠親）相信，人類歷史上已經出現過三個太陽，每一個都在光輝燦爛的時刻毀滅，過了一段時期，人類才再復興。阿茲特克人的宇宙觀卻認為，在我們這個太陽紀之前，世界上已經出現過四個太陽。在不同民族的神話中，世界的毀滅和重建的次數不盡相同，但是，我們並不能因此漠視這些古老傳說的共同點。世界各個地區流傳的神話，顯然都不能忘懷以往曾經發生過的一連串大災難。很多神話，以詩樣的文辭和繁複的隱喻與象徵，遮蓋這一場接一場大災難的本質。在這些神話描述下，至少兩種不同的災禍往往會同時發生，通常是洪水和地震，有時是大火和遮天蔽地的黑暗。

這使得災難的本質混淆不清。霍皮族印第安人的神話卻能簡單扼要，一針見血地告訴我們事情的真相。根據他們的說法：

第一個世界被一場從天到地的大火所毀滅。第二個世界因為地球的軸心倒反，肇始冰河覆蓋大地而毀滅。第三個世界在全球性洪水中結束。現在的世界為第四世界。它的命運將取決於居民是否能夠根據創世主的計畫而行動。㉗

我們正在追尋一個奧祕。儘管我們未必能探知造物主的意旨，但是，對於人類神話中共同講述的全球大災難，我們有必要一探究竟，以解開箇中謎團。

透過這些神話，遠古時代的人類直接向我們傾訴。但他們到底想訴說什麼呢？

【註釋】

❶摘自《吉爾格梅施史詩》，企鵝古典文學叢書，頁六一。*The Epic of Gilgamesh*, Penguin Classics, London, 1988, p.61.

❷同上，頁一〇八。

❸同上；亦見史蒂芬妮．戴里編譯《美索不達米亞神話》，頁一一〇。

❹摘自《美索不達米亞神話》，頁一一二～一一三；《吉爾格梅施史詩》，頁一〇九～一一一頁；艾德蒙．索爾柏格《巴比倫洪水傳說》，大英博物館叢刊，頁二六。Edmund Sollberger, *The Babylonian Legend of the Flood*, British Museum Publications, 1984, P.26.

❺摘自《吉爾格梅施史詩》，頁一一一。

❻同上。

❼摘錄自《舊約聖經》〈創世紀〉第六、七、八章：

耶和華見人在地上罪惡很大，終日所思想的盡都是惡。耶和華就後悔造人在地上，心中憂傷……神就對諾亞說，凡有血氣的人，他的盡頭已經來到我面前，因為地上充滿他們的強暴……看哪，我要使洪水氾濫在地上，毀滅天下。凡地上有血肉、有氣息的活物，無一不死。

上帝決定只拯救諾亞和他的家人。祂吩咐這位希伯來族長建造一艘大船，長四百五十呎、寬七十五呎、高四十五呎，船上裝載各種動物雌雄各一對，以保存世上物種的命脈。安排妥當後，上帝下令洪水淹沒地球：

正當那日，諾亞和他三個兒子閃、含和雅弗，並諾亞的妻子和三個兒婦都進入方舟。他們和百獸，各從其類，一切牲畜，各從其類，爬在地上的昆蟲，各從其類，一切禽鳥，各從其類，都進入方舟。凡有血肉、有氣息的活物，都一對一對地來到諾亞那裡，進入方舟。凡有血肉進入方舟的，都是有公有母，正如神所吩咐諾亞的。耶和華就把他們關在方舟裡頭。

洪水氾濫在地上四十天，水往上漲，把方舟從地上漂起。水勢浩大，在地上大大地往上漲，方舟在水面上漂來漂去。水勢在地上極其浩大，天下的高山都淹沒了……凡在旱地上，鼻孔有氣息的生靈都死了，只留下諾亞和那些與他同在方舟裡的。

終於，「七月十七日，方舟停在亞拉臘山上。水又漸消，到十月初一日，山頂都現出來了。」

《舊約》〈創世紀〉接著描述洪水消退後的情景：

過了四十天，諾亞打開方舟的窗戶，放出一隻烏鴉。那隻烏鴉飛來飛去，直到地上的水都乾了。他又放出一隻鴿子，要看看水從地上退了沒有。但遍地都是水，鴿子找不到落腳之地，就回到方舟諾亞那裡。他又等了七天，再把鴿子從方舟放出去。到了晚上，鴿子回到他那裡，嘴裡叼著一片新擰下來的橄欖葉子。諾亞就知道地上的水退了……於是諾亞和他的妻子、兒子、兒婦都出來了……諾亞為耶和華築了一座壇，拿各類潔淨的牲畜和飛鳥獻在壇上為燔祭。耶和華聞到那馨香之氣……

❽見《馬雅人的歷史與宗教》，頁二二二一。

❾摘自《波波武經》，頁九〇。

❿摘自佛雷瑟爵士《舊約的民間傳說：比較宗教、稗史與法律論文集》，頁一〇七。Sir J.G. Frazer, *Folklore in the Old Testament: Studies in Comparative Religion, Legend and Macmillan*, London, 1923, p.107.

⓫見約翰・畢爾赫斯特《南美洲神話》，頁一六五。John Bierhorst, *The Mythology of South America*, William Morrow & Co., New York, 1988, p.165.

⓬同上，頁一六五～一六六。

⓭見詹姆士・林德《達科塔州歷史》，引述自《亞特蘭提斯：洪水前的世界》，頁一一七。*Atlantis: The Antediluvian World*, p.117.

⓮安德禮是傑出的德國地理學家暨人類學家。他研究洪水傳說所發表的專論，被佛雷瑟爵士讚譽為：「簡潔明晰，平實客觀，堪稱學術研究之典範……」（見《舊約的民間傳說》，頁四六～四七）

⓯見腓特烈・費爾比《洪水重探：檢視地質學、考古學、古代文學及聖經中的有關證據》，頁五八。Frederick A. Filby, *The Flood Reconsidered: A Review of the Evidences of Geology, Archaeology, Ancient Literature and the Bible*, Pickering and Inglis Ltd., London, 1970, p.58.

⓰見查爾斯・貝里茲《失落的諾亞方舟》，頁一一六。Charles Berlitz, *The Lost Ship of Noah*, W.H. Alien, London, 1989, p.126.

⓱見克連伊《希臘人的神祇》，頁二二六～二二九。C. Kerenyi, *The Gods of the Greeks*, Thames & Hudson, London, 1974, pp.226～229.

⓲同上，頁二二六～二二九。

⓳摘自《拉路斯最新神話百科全書》，頁三六二。

⓴同上。亦見《舊約的民間傳說》，頁七八～七九。

㉑根據《埃及亡靈書》底比斯校訂本（Theban Recension of *The Egyptian Book of the Dead*），摘自《古埃及：

從神物到神祇》，頁一九八。

㉒摘自《舊約聖經》〈創世紀〉第六章，第十一～十三節。

㉓摘自《新約聖經》〈彼得後書〉第三章，第三～十節。

㉔見穆雷、克勞福等《中國歷史記述》，卷一，頁四十。H. Murray, J. Crawford et al., *An Historical and Descriptive Account of China*, and edition, 1836, volume I, p.40. 亦見施勒格《中國天象學》，頁七四〇。G. Schlegel, *Uranographie chinoise*, 1875, p.740.

㉕見狄克森《大洋洲神話》，頁一七八。Roland Burrage Dixon, *Oceanic Mythology*, p.178.

㉖見《碰撞的世界》，頁三五。*Worlds in Collision*, p.35.

㉗摘自《世界神話》，頁二六。*World Mythology*, p.26. 關於霍皮族世界毀滅的神話細節，可參閱法蘭克．瓦特斯《霍皮之書》。Frank Waters, *The Book of the Hopi*, Penguin, London, 1977.

第二十五章 「世界末日的多重面貌」

一如北美洲霍皮族印第安人，在伊斯蘭教興起之前的伊朗，信奉祆教（亦稱拜火教）的亞利安人相信，世界經過三個時期的創造，才出現今天的人類。第一個時期的人類天真無邪，身材高挑，長命百歲，但後來「魔王」卻向至尊之神亞胡拉．馬茲達（Ahura Mazda）發動戰爭，結果引發一場驚天動地的大災難。第二個時期，魔王重施故技，但這回未能得逞。善與惡在第三個時期相互牽制，取得完美的平衡。到了第四個時期（現今人類所屬的時期），邪惡的勢力一開始就占上風，從此世界淪入魔王的手掌，直到今天。

根據他們的預測，人類的第四個時期即將終結，但在本書中，我們最感興趣的卻是第一個時期結束時發生的大災難。這場災難並不是洪水，然而，在許多方面卻跟其他民族的洪水神話不謀而合，使我們不得不懷疑，其間必定有某種關聯。

祆教經典記載，古代伊朗人的祖先居住在地球上的樂園。這個名為「亞利安納樂土」（Airyana Vaejo）的人間福地，是至尊之神亞胡拉在人類歷史的第一個時期創造的。它是亞利安人種的神祕發源地，也是他們最初的家園。

那個時候，亞利安納樂土氣候溫和，物產富饒，每年七個月是夏天，五個月是冬季。這個草木茂盛、流水潺潺、野生動物四處出沒、五穀年年豐收的人間福地，一夕之間轉變成不見人煙的荒野，每年有十個月覆蓋在冰雪下，只有兩個月是夏天。這個惡果，起因於魔王安格拉．曼尤（Angra Mainyu）發動的戰爭。至尊之神亞胡拉說：

> 我，亞胡拉．馬茲達，創造的人間第一個樂園是亞利安納……渾身散發死亡氣息的安格拉．曼尤偏要跟我作對；他創造一條大蛇，帶來大風雪。如今每年十個月是冬天，只有兩個月是夏季。水結冰了，泥土凍僵了，樹葉落盡了……漫天大雪紛飛，大地白茫茫一片。這是最悲慘的災禍啊……。❶

顯然，亞利安納樂土的氣候突然發生劇烈的轉變。祆教經典對這點說明得很清楚。經文中提到，災難發生前，至尊之神亞胡拉召集天上眾神舉行會議；「亞利安納德高望重的牧羊人，正直的伊馬（Yima）」，率領一群有德行的凡人列席旁聽。

就在這個節骨眼上，我們開始發現，祆教的傳說和基督教《聖經》的洪水神話之間，存在著一些奇異的相似點。在天上那場集會中，亞胡拉趁機警告伊馬，魔王即將發難，人間將面臨一場大浩劫：

亞胡拉對伊馬說：「正直的伊馬……酷寒的冬季挾帶著兇猛無情的冰霜即將降臨人間。大地將被嚴冬籠罩，四處大雪紛飛……」

「世界上的三種動物全都滅絕：出沒在野外的，棲息在高山上的，居住在山谷農莊畜欄裡頭的。」

「趕快建造一座地窖吧！四面的長度要和跑馬場一樣長。不論大小，從每一種動物中選擇幾隻作為代表，帶進地窖：牛、馱運貨物的牲畜、人、狗和鳥兒。莫忘了把火種也帶進去。」❷

「把水引進那兒，讓它流動，讓鳥兒棲息在水邊常青的樹木上。從植物中選擇最芬芳可愛的，從果子中選擇最甜美多汁的，把它們的種子貯存起來。躲藏在地窖裡，這些植物和動物就不會滅絕。記住，凡是身體畸形的、不能生育的、精神錯亂的、個性奸險兇暴善妒的動物，全都不得帶進地窖；牙齒殘缺不全的人和麻瘋病患者也不許進入……」❸

除了規模不同之外，伊馬奉天神之命建造的「地窖」和諾亞奉上帝之命建造的「方舟」之間，其實只有一個差異：方舟是用來逃避淹沒全世界、毀滅地上所有生靈的洪水，而地窖則是用來躲避一個冷得出奇的、把大地覆蓋在厚厚一層冰雪下、凍死所有生靈的寒冬。

祆教的另一部經典《班達希經》（*Bundahish*），保存了祆教原始聖典《火教經》（*Avesta*）失佚的部分古代經文。這部經書對亞利安納樂土遭受的冰雪災禍有進一步的描述。魔王安格拉向人間降下「兇猛無情的冰雪」，同時也「向天堂展開攻擊，攪亂天堂的秩序」。《班達希經》告訴我們，這場攻擊使魔王得以控制「三分之一的天堂，讓它變成一片漆黑」，而此時漫天冰雪正一步一步逼臨人間❹。

寒冬、大火、地震、天變

古代伊朗信奉祆教的亞利安人，據說是從一個遙遠的家園遷徙到亞洲西部。他們的古老傳說，讓人聯想起其他民族的洪水神話；兩者之間的共同點不太可能是偶然的巧合，而伊朗亞利安人也絕對不是唯一擁有這種傳說的民族。事實上，儘管這類神話一般都跟洪水有關，但在世界許多地區，上天啟示凡人，在一場大災難中幫助少數人逃過一劫的故事，背景卻轉變為被茫茫冰雪覆蓋的世界。

例如在南美洲，居住在橫跨巴拉圭、阿根廷和智利三個邊境的大查科（Gran Chaco）地區的托巴族（Toba）印第安人，至今還流傳一則古老神話，講述當年曾經降臨人間的一場「大寒流」。向人類發出預警的，是一位名叫阿辛（Asin）的半人半神英雄：

阿辛叫一個人儘量蒐集木柴，在屋頂上鋪上厚厚一層茅草，因為嚴寒的日子就要來臨了。屋頂鋪好後，阿辛和那個人鑽進屋裡，把門關上，等待著。嚴寒的日子果然來臨。左鄰右舍打著哆嗦來到他們家，向他們借一根木柴取暖。阿辛心腸很硬，只肯把爐灰送給跟他有過交情的人。屋外的人都凍僵了，一整夜號啕大哭。到了半夜三更，男女老幼一個接一個倒斃在風雪中……這場挾帶冰雹的嚴寒持續了很長一段日子，火全都被撲滅了。地上結的霜跟皮革一般厚。❺

一如伊朗祆教神話所描述的，伴隨嚴寒而來的是遮天蔽日的黑暗。根據托巴族一位長老的說法，這場災難之所以會發生，「因為當地球充滿人類時，它就不得不改變。人口必須削減，以挽救這個世界……大地沉陷進一片黑暗中，太陽消失了，老百姓全都挨餓。為了填飽肚子，他們殺子而食。最後老百姓一個個都餓死了……」❻

馬雅人的神聖典籍《波波武經》記載，伴隨洪水而來的是「大量冰雹，漆黑的雨水和濃霧，刺骨的嚴寒」❼。根據這部經書的描述，當時「全世界都被籠罩在漫天烏雲下，一片幽暗……太陽和月亮的臉龐都被遮蓋起來」❽。馬雅人的其他傳說證實，人類遭逢的這場奇異的、可怕的災變是發生在「祖先的時代」。大地陷入黑暗中……奇怪的是，太陽仍舊十分明亮，到了中午整個天地卻突然沉暗下來……❾直到洪水消退後二十六年，太陽才再露臉。」❿

讀者想必還記得，在許多民族的神話中，伴隨大洪水而來的不僅僅是遮天蔽地的黑暗，還有其他異常的天象。例如，南美洲南端火地群島的居民傳說，當時太陽和月亮「從天空墜落」，而在中國，「星體改變運行方向，日月星辰顛倒失序。」[11]印加人相信，「古時候天和地曾經發生戰爭，安地斯山崩裂成兩半。」[12]根據墨西哥北部塔拉胡馬拉族（Tarahumara）印第安人的神話，太陽軌道的改變造成世界的毀滅[13]。非洲剛果河下游的土著流傳這麼一則神話：「很久很久以前，太陽朝月亮臉上扔一把泥巴，使她花容失色，結果引發一場大洪水……」[14]美國加州卡托族（Cahto）印第安人的神話則直截了當地指出：「天空崩塌。」[15]根據古希臘羅馬神話，杜卡里昂遭逢大洪水之前，天上曾出現令人驚懼的景象。描述這些災異最生動的是太陽神之子費頓（Phaeton）的故事。據說，有一次他偷偷駕駛父親的日輪馬車，在天上橫衝直撞起來：

> 拖車的火馬很快就發現，駕禦牠們的是一個生手。牠們舉起前腿，倏地改變方向，脫離了慣常的路途。地上的人紛紛抬頭觀看，發現那平日挺莊嚴、挺和善的太陽，這會兒竟然在天空橫衝直撞起來，有如一顆流星往下墜落。[16]

世界各民族的洪水和其他災異神話，總會提到天象的改變；造成這種現象的原因，並不是本書探討的範圍。我們只想指出：這類神話提及的「天變」，和伊朗《火教經》描述嚴冬降臨人間、冰雪覆蓋大地時提到的天空異象如出一轍。其他相似點也值得一提。例如，火災經常在洪水來臨前後發生。費頓駕駛日輪馬車闖禍的故事中，「草木枯萎，五穀燒焦，森林被熊熊大火吞沒；在烈焰烘烤下，大地崩裂，燒黑的石頭化為粉末。」⑰

火山爆發和地震也經常出現在洪水神話中，尤其是美洲地區的傳說。智利的亞勞克奈雅族（Araucnaians）印第安人明確地指出：「火山爆發和隨之而來的強烈地震，引發一場大洪水。」⑱瓜地馬拉西部高原聖地牙哥·奇馬特南戈（Santiago Chimaltenango）地區的馬姆族（Mam）馬雅人至今仍記得，「燃燒的瀝青形成滾滾洪流」，造成世界的毀滅⑲。在阿根廷大查科地區，馬塔科族（Mataco）印第安人傳說：「洪水發生時，南方出現一堆烏雲，漸漸遮蓋整個天空。剎那間雷聲大作，閃電交加，但從天空降下的卻不是雨，而是火……」⑳

追逐太陽的怪物

在神話中保存最鮮明記憶的古老民族，要數居住在日爾曼地區和斯堪的那維亞半島的條頓人；他們的文化，透過古代北歐吟遊詩人的歌謠，鮮活地呈現在世人眼前。歌謠中講述的故事，根源比一般學者想像的可能更為古老。它運用我們熟悉的意象，結合奇異的象徵技巧與寓言語彙，講述一場驚天動地的大災變：

東方遙遠的森林裡，住著一個年老的女巨人。她把一大窩幼狼帶進這個世界；牠們的父親是一頭名叫芬里爾（Fenrir）的狼。這群怪獸中有一隻試圖捕捉太陽。這場追逐持續很久，一直徒然無功。這隻狼一年年長大，腳步逐漸加快，終於追上太陽。牠把太陽的光線一一撲滅。太陽變成血紅的一團，然後整個消失。

從此，大地被籠罩在漫長的隆冬中。整個世界大雪紛飛。人間處處發生戰爭。兄弟互相仇殺，兒女反叛父母。那時人類如同一群惡狼，只管互相撕咬，拼個你死我活。眼看我們的世界就要沉陷入無底的深淵，萬劫不復。

就在這當口，長年被神祇禁錮的大狼芬里爾終於掙開鎖鏈脫逃。牠抖一抖身上的皮毛，整個世界都跟著顫動。白楊樹「伊格德雷西爾」（Yggdrasil，當時人們心目中的世界軸心）從樹根一直震顫到樹梢。山崩地裂，住在山中洞窟的侏儒驚惶奔竄，找不到洞窟的入口。

被神祇遺棄的人類流離失所，漸漸從地球上消失。地球開始變形。星星在天空飄蕩，紛紛墜落進無底深淵，就像一群燕子經過漫長的飛行後，疲累得一頭栽進海浪中。

巨人蘇爾特（Surt）放一把大火焚燒地球；整個宇宙變成一個大火爐。火焰從石縫中噴出，到處都聽得到水蒸氣發出的嘶嘶聲。地上所有生靈，所有植物，全都被毀滅。大地變成光禿禿，跟天空一樣四處出現裂罅。

這時全世界河水暴漲，海水氾濫。波濤滾滾，洶湧澎湃，逐漸淹沒大地萬物。地球沉陷進海底……所幸，在這一場大災難中還有一些人存活。他們躲藏在白楊樹伊格德雷西爾的林子裡——那場全球大火災燒不死這株白楊樹——逃過一劫，成為未來人類的祖先。在這個避難所，他們每天飲用晨露，維持生命。

於是，從舊世界的廢墟中，一個新世界誕生了。大地漸漸露出水面。群山又矗立在大地上；潺潺流水從山上奔瀉下來。㉑

條頓民族這則神話所描述的新世界，就是我們今天居住的這個世界。當然，就像阿茲特克人和馬雅人的「第五太陽紀」，這個世紀是很久以前創造的，現在已經不「新」了。值得注意的是，中美洲諸多有關「第四紀、第四場洪水」的神話，其中有一則提到，現今人類的始祖並不是像諾亞那樣躲藏在方舟中，而是棲身在一株大樹上——就像條頓民族神話中的那株白楊樹。這難道也是一樁偶然的巧合？「第四紀在洪水中結束。群山全都被淹沒……只有兩個人存活，因為有一位神祇吩咐他們，在一株大樹的樹身上挖一個洞，天空崩塌時鑽進去躲起來，這對男女遵照指示鑽進樹洞，逃過這一劫。他們的子孫使世界又充滿人煙。」㉒

這類象徵語言不斷出現在世界各地的古老神話中。這不是有點匪夷所思嗎？我們如何解釋這個現象，我們面對的是某種大規模、潛意識、跨越文化的「心電感應」，還是遠古時代一群充滿智慧的人，為了某種目的刻意創造出來的神話體系呢？這兩種解釋哪一種比較合理？對於神話之謎，究竟還有沒有其他可能的解釋？

在適當的時機，我們會回頭來探討這些問題。這會兒我們關心的是，我們到底應該如何看待神話中呈現的「末日景象」——大火、冰雪、洪水、火山爆發和地震。這些景象歷歷如繪，時常浮現在我們腦海中，難道是因為它們顯露出我們人類的過去，而這段歷史，我們已經記不清楚，卻又無法完全忘記？

【註釋】

❶摘自祆教《驅魔經》卷一，引述自提拉克《吠陀經中的北極家園》，頁三四〇～三四一。*Vendidad*, Fargard I, cited in Lokamanya Bal Gangadhar Talik, *The Arctic Home in the Vedas*, Tilak Publishers, Poona, 1956, PP.340～341.

❷摘自《驅魔經》卷二，引述自《吠陀經中的北極家園》，頁三〇〇及頁三五三～三五四。

❸摘自《拉路斯最新神話百科全書》，頁三二〇。

❹見魏斯特《巴勒維王朝文獻》，第一部，頁十七。E.W.West, *Pahlavi Texts*, Part I, London, 1980, p.17.

❺摘自《南美洲神話》，頁一四三～一四四。

❻同上，頁一四四。

❼見《波波武經》，頁一七八。

❽同上，頁九三。

❾見《墨西哥與中美洲神話》，頁四一。

⑩見《馬雅人的歷史與宗教》，頁三三三。

⑪見本書第二十四章。

⑫見《國家地理雜誌》，一九六二年六月號，頁八七。

⑬見《墨西哥與中美洲神話》，頁七九。

⑭見《拉路斯最新神話百科全書》，頁四八一。

⑮見《世界各民族神話彙編》，卷十，頁二二二。*The Mythology of All Races*, Cooper Square Publishers Inc., New York, 1964, volume X, p.222.

⑯摘自《古典神話指南繪本》，頁十五～十七。*The Illustrated Guide to Classical Mythology*, 15～17.

⑰同上，頁十七。

⑱見《舊約的民間傳說》，頁一〇一。

⑲見《馬雅人的歷史與宗教》，頁三三六。

⑳見《南美洲神話》，頁一四〇～一四二。

㉑摘自《拉路斯最新神話百科全書》，頁二七五～二七七。

㉒見《馬雅人的歷史與宗教》，頁三三二。

第二十六章 「在地球漫長冬季中誕生的物種」

所謂歷史，是我們對自己作為一個物種的全部記憶，而就我們記憶所及，在整個「歷史」中，人類從不曾面臨徹底的毀滅。在不同的時代、不同的地區，地球上固然出現過可怕的自然災害，然而，在過去五千年中，人類作為一個整體，的確不曾遭逢滅種的危機。

但情況一直是如此嗎？如果我們追溯到更早的年代，我們可不可能發現，在某一個時期，我們的祖先差點就被全部消滅？世界各民族流傳的洪水神話和其他災難故事，焦點對準的似乎就是這麼一個時期。一般學者總是認為，這些神話只不過是古代詩人的幻想而已，不值得當真。學者有沒有可能判斷錯誤呢？說不定，我們的史前祖先確實經歷過一連串重大天災，只有少數人僥倖存活下來，分散世界各地，各自求生。難道完全沒有這個可能嗎？

我們正在尋找一個時代，希望它跟這些神話配合得天衣無縫，就像灰姑娘腳上的鞋子。在這場追尋中，我們不必探究現代人類出現之前的任何時期，因為那樣做顯然毫無意義。我們感興趣的並不是生活在一百多萬年前的「巧能人」（*Homo habilis*）或「直立人」（*Homo erectus*），甚至不是舊石器時代歐洲的「尼安德塔人」（*Homo sapiens neanderthalensis*），而是我們自己所屬的物種——「智慧人」（*Homo sapiens sapiens*），也就是現代的人類。說起來，我們生活在這個世界上的歷史並不算長久。

現代人類究竟何時出現在地球上？對於這個問題，學界至今爭論不休。有些學者聲稱，具有十萬年以上歷史的人類遺骸雖然殘缺不全，但仍可視為「十足的現代人類」。其他學者則認為，三萬五千年到四萬年是比較合理的數字。另有一群學者提出折衷——五萬年。但沒有一位學者拿得出確鑿的證據。一位專家坦承：「『智慧人』這個名稱所代表的充分進化的現代人類，它的起源在古人類學上仍舊是一大謎團。」❶

化石記錄顯示，人類經歷的進化過程，整個說來大約有三百五十萬年之久。為了方便學術研究，一般學者都把一九七四年在東非大裂谷（Great Rift Valley）發現的遺骸，視為人類化石記錄的起始。這副骸骨屬於一個身材矮小、用雙足行走的原始人——學者替她取名為「露西」（Lucy）。腦容量只有四百西西（還不及現代人類平均腦容量的三分之一），露西實在稱不上人類。然而，她也不算是猿猴，因為她具有一些顯著的「似人」特徵，尤其是她那挺直的步姿，及骨盤和後齒的形狀。基於這些和其他理由，她所屬的物種——學術界將之歸類為「天南人猿」（*Australopithecus afarensis*）——被大部分古人類學家認為是我們最早的直系祖先❷。

大約二百萬年前，人類的始祖「巧能人」開始留下頭顱和骨骼化石。隨著時間的推移，這個物種表現出明確的進化徵象，軀體變得愈來愈「苗條優雅」，腦容量逐漸擴大。繼「巧能人」而起的「直立人」，具有九百西西的腦容量（相對於「巧能人」的七百西西）；大約一百六十萬年前，他們開始出現在地球上。往後的一百萬年間，直到大約四十萬年以前，人類似乎沒有經歷重大的進化——至少沒有化石顯示這點。然後，「直立人」開始絕跡；接著，古人類學家所稱的「智慧級」人類開始緩慢地——非常、非常緩慢地——出現在地球上：

> 人類究竟何時開始過渡到比較有智慧的形式，實在很難確定。有些學者認為，這個過渡牽涉到腦容量的擴大和頭蓋骨的變薄，早在四十萬年前就已經開始。可惜的是，這個關鍵時期並未留下足夠的化石，以致我們未能確定這期間究竟發生何事。❸

有一點我們倒是可以確定：會講故事、創造神話的「智慧人」——現今人類所屬的亞種——在四十萬年前根本就還沒有出現。學界公認，「有智慧的人類是從『直立人』演變而來」❹；而且，有證據顯示，四十萬年到十萬年前這段時期，地球上確實出現過一些「古代智慧人類」。可惜的是，至今我們仍無法釐清這些過渡人種和現代人類的關係。上文提到，有些學者認為，可以稱為「智慧人」的第一批人類就是出現在這段時期的末期。可是，他們遺留下的骸骨全部殘缺不全，他們的身分也未獲得學界普遍確認。其中最古老的遺骸——一塊殘缺的頭蓋骨——被推定為西元前十一萬三千年遺留下的現代人類標本❺。就在這個時期，一個具有明顯特徵的亞種，西方人所熟知的「尼安德塔人」（Neanderthal Man，譯註：舊石器時代居住在歐洲的猿人，其遺骸在一八五七年出土於德國尼安德塔谷地）開始出現。

身材魁梧、肌肉結實、額頭高聳、臉龐突出的尼安德塔人，具有比一般現代人還要大的腦容量（一千四百西西，相對於我們的一千三百六十西西）。對這個「聰明的、敏銳的、足智多謀的」人種來說，偌大的腦容量不啻是一筆珍貴的資產。化石記錄顯示，從大約十萬年前開始，直到四萬年前，他們確實是主宰地球的物種。在這段漫長時期的某一個階段，「智慧人」逐漸崛起；從大約四萬年前開始，他們留下化石遺骸，顯示他們確實是現代人類。到了大約三萬五千年前，他們完全取代尼安德塔人，成為地球的主宰❻。

總而言之，長得像我們的人類——如果他們刮掉鬍子，穿上現代衣裳，走在街上，我們絕不會多瞧他們一眼，把他們當作怪物看待——最早出現在地球上的時間，肯定不會超過十一萬五千年前，甚至很可能不會超過五萬年前。我們探討的那些災難神話所反映的，如果確實是人類在某個時期經歷過的地質劇變，那麼，這些災禍必定是發生在過去十一萬五千年間，甚至很可能在過去五萬年間。

灰姑娘的鞋子

在地質學和古人類學中，我們發現一個奇異的現象：最後一次冰河時代的開始與進展，和現代人類的崛起與繁衍，在時間上幾乎不謀而合。同樣令人驚異的是，我們對兩者所知都不多。

在北美洲，最後一次冰河時代被稱為「威斯康辛冰川作用」（Wisconsin Glaciation，地質學家研究威斯康辛州的岩層因而得名）。根據專家推算，它的早期歷史可追溯到十一萬五千年前。此後，冰冠的推進和消退起伏不定，而速度最快的一次冰雪累積，發生在六萬年前和一萬七千年前之間。整個過程在學者所稱的「塔茲威爾大推進」（Tazewell Advance）時達到頂點——大約在西元前一萬五千年，冰川作用擴展到最大的範圍。然而，到了西元前一萬三千年，數百萬平方英里的冰原卻開始消溶（原因至今未明）；到了西元前八千年，「威斯康辛冰川作用」整個消失[7]。

冰河時代的全球性現象，北半球和南半球都受到影響，因此，相似的氣候和地質情況也出現在世界其他許多地區，尤其是亞洲東部、澳洲、紐西蘭和南美洲。當時，歐洲出現大規模冰川作用：冰雪從斯堪的那維亞半島和蘇格蘭向南延伸，一路擴展，涵蓋英國的大部、丹麥、波蘭、俄羅斯、德國許多地區，瑞士全境以及奧地利、義大利、法國的大部。被地質學界稱為「沃姆冰川作用」（Wurm Glaciation）的歐洲冰河時代，大約開始於七萬年前，比美洲冰河時代稍晚，但在同一個時代——一萬七千年前——達到頂點，然後迅速消退，在同一個時期結束❽。

冰河時代的歷史具有幾個關鍵階段：

1.大約六萬年前，「沃姆」、「威斯康辛」和世界其他地區的冰川作用全面展開；

2.大約一萬七千年前，在東半球和西半球，冰原的擴展達到最大的範圍；

3.繼之而來的是長達七千年的冰川消溶時期。

現代人類的崛起，正好是在這段漫長的地質和氣候大變動時期，而這個時期的最大特徵，就是嚴寒的天氣和四處氾濫的洪水。冰原持續擴展的幾千年間，我們的祖先固然飽受驚嚇，但冰川消溶的那七千年，尤其是積雪迅速地、全面地溶化的那些日子，情況想必更可怕。

我們不可妄加猜測，居住在那個動盪不安年代的人類，在社會組織、宗教信仰、科學和心智發展上究竟已經進化到什麼程度。在一般人心目中，他們全都是棲身在山洞的原始人。這個刻板印象可能是錯誤的。事實上，我們對他們瞭解不深，只知道在身心兩方面都跟我們差不多。

在地質大變動那段時期，很可能，他們好幾次面臨徹底的毀滅；而學者們不屑一顧、認為不具歷史價值的那些災難神話，說不定記錄的是真實事件和目擊者的報告。在下一章我們會發現，如果我們想尋找一個時代，希望它跟這些神話配合得天衣無縫，就像灰姑娘腳上的鞋子，那麼，我們尋找的很可能就是地球上的最後一次冰河時代。

【註釋】

❶見羅杰．李文《人類的進化》，頁七四。Roger Lewin, *Human Evolution,* Blackwell Scientific Publications, Oxford, 1984, p.74.

❷見約翰森與艾迪《露西：人類的起源》，頁二八及頁二五九～三一〇。Donald C. Johanson and Maitland C. Eddy, *Lucy: The Beginnings of Mankind,* Paladin, London, 1982, pp.28, 259～310.

❸摘自《人類的進化》，頁七六。

❹見《大英百科全書》，一九九一年版，卷十八，頁八三一。

❺見《人類的進化》，頁七六。

❻同上，頁七三及頁七七。

❼見《大英百科全書》，一九九一年版，卷十二，頁七一二；亦見哈普古德《極地之道》，頁一四六及一五二。C.H. Hapgood, *Path of the Pole,* Chilton Books, New York, 1970, pp.146, 152.

❽見約翰．英柏瑞與凱薩琳．英柏瑞《解開冰河時代之謎》，頁一一及頁一二〇。John Imbrie and Katherine Palmer Imbrie, *Ice Ages: Solving the Mystery,* Enslow Publishers, New Jersey, 1979, PP.11, 120. 亦見《大英百科全書》，卷十二，頁七八三及《人類的進化》，頁七三。

第二十七章 「大地陰暗，黑雨降臨」

在最後一次冰河時代，地球上所有生靈遭逢一連串的災禍。從其他體型較大的物種的下場，我們可以推知這些災禍如何影響到人類。這方面的證據有時令人相當迷惑，誠如達爾文在訪問南美洲後所說的：

> 面對物種絕滅的現象，沒有人比我更感到驚訝了。當我在〔阿根廷〕拉普拉達港（La Plata）發現乳齒象、大地獺、箭齒獸和其他已經絕種的古生物——牠們共同生活在相當晚近的地質時期——所遺留下的骨骸中嵌著一枚馬齒時，我整個人都呆住了。西班牙人把馬匹引進南美洲之後，牠們在曠野中奔騰出沒，繁衍得十分快速，這證明南美洲的地理環境適合馬匹生長，那麼，本地土生土長的馬匹為什麼會在相當晚近的時期滅絕呢？❶

答案當然是冰河時代。它消滅了美洲土生土長的馬匹，也使活躍在這個地區的一些哺乳動物絕種。物種絕滅的現象，不僅僅發生在西半球。世界其他地區，由於不同的原因，在漫長的冰河化過程中，不同的時候也曾經出現過物種滅絕的現象。以整個地球來說，遭逢滅種噩運的許多物種，大部分是在冰河時代的最後七千年滅絕的。這段時期，大約是從西元前一萬五千年~西元前八千年之間。

冰原時而擴展，時而消退，導致動物大量死亡。和冰原活動有關的氣候與地質事件，本質究竟為何，在目前這個階段我們暫且不討論。我們有理由相信，在這場災難中，海嘯、地震、強烈風暴、冰川作用的突然加劇和消滅，都發揮了重大的作用。但更重要的是，不論造成這些現象的真正原因為何，最後一次冰河時代所產生的動亂，導致物種大規模滅絕。

達爾文在《日誌》（*Journal*）中指出，這場動亂動搖了「地球的整個架構」❷。例如，在西半球，從西元前一萬五千年到西元前八千年之間，七十多種大型哺乳動物遭逢滅絕的噩運，包括七個科的所有北美洲成員和所有長鼻類動物。在這段時期，暴斃的動物總數超過四千萬頭，但是，絕大部分是在短短二千年中（西元前一萬一千年~西元前九千年）被滅絕的。相對之下，在此之前的三十萬年中，從地球上消失的動物大約只有二十種。

晚期的、大規模的動物滅絕現象也發生在歐洲和亞洲。連遙遠的澳洲也不能倖免——在相當短的一段時期，澳洲總共喪失了大約十九種大型脊椎動物，有些不是哺乳類。

阿拉斯加與西伯利亞：大地突然凍結

一萬三千年前到一萬一千年前發生的地質劇變中，災情最慘重的地區，要算阿拉斯加和西伯利亞北部。環繞北極圈的「死亡地帶」，散佈著無數大型動物的遺骸，包括許多完整無缺的屍體和大量保存完好的象牙。事實上，在這兩個地區，常常有人將長毛象屍體解凍，割下牠們的肉，餵養拖雪車的狗；在阿拉斯加費爾班克斯市（Fairbanks），餐館的菜單上可以看到「長毛象排」（mammoth steak）這道菜。一位專家指出：「那個時候，成千上萬的動物死亡後就立刻凍僵，此後一直保持冰凍狀態，否則的話，牠們的肉和長牙不會保存那麼完好……造成這場大災難的，一定是某種極為強大的力量。」❸

「北極生物研究所」（Institute of Arctic Biology）的葛斯瑞博士（Dr. Dale Guthrie）提到，西元前一萬一千年，在阿拉斯加生活的動物種類十分繁多：

各種各樣的動物生活在一塊：劍齒貓、駱駝、馬、犀牛、驢、長角鹿、獅子、雪貂、駝羚。想像這情景時，我們難免會對牠們居住的世界感到好奇。這些動物跟我們今天看到的完全不同，因此，我們不得不問：當時的環境應該也不相同吧？❹

埋藏這些動物遺骸的阿拉斯加軟泥，看起來就像一層細緻的、灰黑色的沙土。根據新墨西哥大學奚本教授（Professor Hibben）的觀察，冰凍在這層軟泥中的是：

> 扭曲的動物遺骸和橫七豎八的樹幹，摻雜著結晶的冰塊和一層層泥炭和青苔……美洲野牛、馬、狼、熊、獅子……顯然，在某種力量威迫下整群動物驟然死亡……這一堆堆動物或人類的屍體，絕不可能是尋常的自然力量造成的……。❺

在不同的地層，學者發現，石造手工藝品「冰藏在地下深處，跟冰河時代的動物遺骸放置在一塊。這個現象證明，人類和已經絕種的動物曾經共同生活在阿拉斯加。」❻

在阿拉斯加軟泥中，學者還發現：

> 強烈的大氣騷動所留下的證據。哺乳動物和美洲野牛的屍體支離破碎，扭曲成一團，彷彿被憤怒的天神一掌殛斃似的。在一個地方，我們找到一隻長毛象的前腿和肩膀，焦黑的骨骼上還黏附著一些肌肉、趾甲和毛髮。附近，我們發現一頭野牛的頸項和頭顱，脊柱的筋腱和韌帶依然完好，覆蓋在牛角上的角質素也完整無缺。這些動物身上完全看不到刀痕或其他類似的傷痕（因此，我們可以推斷，牠們絕不是死於獵人之手）。就像稻草人一樣，牠們被撕成碎片，遺骸散佈各處——儘管這些動物有些體重高達好幾噸。跟一堆堆骨骸摻雜在一塊的，是一株株歪七扭八、糾結成一團的樹木。在一層細緻的沙土覆蓋下，這

些骨骸和樹木永遠被冰藏起來。❼

類似的景象，我們在西伯利亞也看得到。約莫在同一個時期，西伯利亞也發生災難性的氣候改變和地質動盪。這裡的冰凍長毛象墳場，自羅馬時代以來，就一直被象牙商人「開採」；據估計，在二十世紀初，十年之間這兒就生產出二萬對象牙。

再一次，我們察覺，某一種神祕的力量似乎隱藏在幕後，主導這些大規模的物種滅絕行動。一般學者認為，皮堅肉厚、渾身毛茸茸的長毛象能夠適應寒冷的天氣，因此，我們在西伯利亞發現牠們的遺骸並不感到詫異。然而，令人百思不解的是，人類的遺骸竟然埋藏在長毛象身邊，此外還有其他根本不適合在寒地生長的物種：

西伯利亞北部的平原曾經養育過大量的犀牛、羚羊、馬、野牛和其他食草動物；牠們是許多種食肉動物——包括劍齒貓——捕食的物件……就像那些長毛象，這些動物活動的範圍遠及西伯利亞北端，直抵北冰洋岸，甚至更往北進入里雅科夫（Lyakhov）和新西伯利亞群島，那兒距離北極只有很短的路程。❽

研究人員證實，西元前一萬一千年大災難發生之前，居住在西伯利亞的三十四種動物，包括奧西普長毛象（Ossip's mammoth）、巨鹿、穴居的土狼和獅子，其中至少有二十八種只適合居住在溫帶地區。這一來，我們就必須面對一個令人困惑的事實：愈往北走，我們就發現愈多長毛象和其他動物的遺骸。這跟我們的預期完全相反。事實上，最早發現新西伯利亞群島（位於北極圈內）的探險家就曾描述，群島中的幾座島嶼，幾乎完全是由長毛象的骨骼和長牙堆疊成的。誠如十九世紀法國動物學家喬治・居維埃（Georges Cuvier，一七六九～一八三二）指出的，這個現象證明：「那些地區的氣候，以往並不那麼寒冷，因為這群動物不可能存活在這樣的低溫下。顯然，這些動物死亡的那一刻，牠們居住的土地就開始凍結。」❾

還有大量證據顯示西元前一萬一千年左右，西伯利亞的氣溫驟降，變得十分寒冷。探勘新西伯利亞群島時，北極探險家愛德華・馮托爾男爵（Baron Eduard von Toll）找到「一隻劍齒虎的遺骸和一株高達七十英尺的果樹。這株倒下的樹木，完好地保藏在永凍層中，樹根和種子都完整無缺。青翠的葉子和成熟的果實仍舊依附在樹枝上……今天，在新西伯利亞群島，唯一生長的樹木只有一英寸高的柳樹。」❿

絕種的動物死亡前所吃的食物，也同樣顯示西伯利亞氣溫驟降所帶來的災難實在非同小可：「在刺骨的嚴寒中，長毛象一頭接一頭暴斃。死亡來得太突然，長毛象吞下的食物來不及消化……我們在長毛象的嘴巴和肚子裡找到野草、風信子、金鳳花、菖蒲和野豆，全都保存完好，一眼就可以辨認出來。」⓫

不必說，在今天的西伯利亞，這些植物是不可能生長的。西元前一萬一千年，它們卻在西伯利亞出現，因此我們不得不承認，在那個時候，西伯利亞的氣候一定相當溫和，甚至溫暖，適合萬物生長。在世界其他地區，冰河時代的結束給大地帶來新的生機，為什麼在西伯利亞這個早期的樂園福地，它卻帶來永恆的冬天？這個問題，且讓我們留待下冊第三部解答。這裡我們只想指出：一萬二千年前到一萬三千年前的這段時期中，嚴寒的天氣突然降臨西伯利亞，很快就把這塊土地變成一片凍原。這使我們回想起伊朗的祆教傳說：原本每年享受七個月夏天的樂土，一夕之間，被轉變成冰雪覆蓋的荒原，每年有十個月是苦寒的冬天。

千座火山一齊爆發

許多災難神話都提到那個氣候酷寒、天空陰暗、含瀝青的熾熱黑雨傾盆而下的時代。一連好幾百年，涵蓋西伯利亞、加拿大育康地區（Yukon）和阿拉斯加大部分土地的「死亡圈」，所呈現的想必就是這樣一幅景象。在這片土地上，「一層層火山灰散佈在軟泥中，覆蓋著成堆的骨骸和象牙。顯然，物種的滅絕和火山的大規模爆發是同時發生的。」⑫

許多證據顯示，威斯康辛冰川消退期間，火山活動格外頻繁⑬。遠離阿拉斯加凍原的南方地區，數以千計的史前動物和植物一齊沉陷在洛杉磯附近有名的拉勃里亞（La Brea）焦油坑中。那兒挖掘出來的動物遺骸包括野牛、馬、駱駝、樹獺、長毛象、乳齒象和至少七百隻劍齒虎。考古學家還找到一整副人類骨骼，關節已經脫落，全身被瀝青包裹，瀝青中摻混著一種已經滅絕的兀鷹留下的骨骸。拉勃里亞地區發現的遺骸，「破碎、扭曲、混雜、糾纏成一團」，顯示這一帶的確發生過一場突然降臨的、災情極為慘重的火山災變[14]。

加州其他兩個地點——卡平特里亞（Carpinteria）和麥基屈克（Mckittrick）——的瀝青坑，也發掘出具有代表性的冰河時代晚期鳥類和哺乳動物遺骸。在聖皮德羅河谷（San Pedro Valley），乳齒象的骨骸被挖掘出來時，四肢仍然挺立著，全身被厚厚的火山灰和泥沙包裹住。在科羅拉多州佛洛里斯坦湖（Lake Floristan）和奧勒岡州約翰戴伊盆地（John Day Basin）發現的化石，也是從成堆的火山灰中挖掘出來的。

在「威斯康辛冰川作用」的末期，毀滅無數物種的火山爆發似乎特別猛烈，然而，在整個冰河時代，火山活動卻持續進行著，不僅發生在北美洲，也出現在中南美洲、北大西洋、亞洲大陸和日本。

我們實在很難想像，生活在那個怪異的、恐怖的時代的人類，面對持續不斷的火山活動，日子到底是怎麼過的。讀者只需回想一下，一九八〇年美國華盛頓州聖海倫斯火山（Mount Saint Helens）爆發時，噴入高層大氣中的花椰菜形狀煙霧，就能夠體會到，當一連串火山在世界各地依序爆發時，受影響的絕不只是本地的生靈，連全球氣候都會遭受嚴重破壞。

據估計，聖海倫斯火山總共噴出一立方公里的熔岩，但比起冰河時代的火山爆發，只能算小巫見大巫。威力比較可觀的是印尼火山克拉卡托亞（Krakatoa）。它在一八八三年爆發時，總共奪走三萬六千條人命，爆炸聲直傳到三千英里外。從巽他海峽（Sunda Strait）的震央捲起的海嘯，高達一百英尺，有如千軍萬馬般洶湧漫過爪哇海和印度洋，把輪船捲進幾英里深的內陸，在遙遠的非洲東部和美洲西海岸引發洪水。十八立方公里的熔岩，以及大量火山灰和塵土被噴進大氣層；往後兩年多，全世界的天空都明顯地陰暗下來，落日變得特別的紅。在這段期間，全球平均氣溫顯著下降，因為火山灰中的粒子把陽光反射回天空。

在火山活動頻繁的冰河時代，地上生靈面對的不只是一座克拉卡托亞火山，而是千百座。一連串火山爆發的結果，首先，冰川作用加劇進行，因為陽光被火山噴出的熾熱煙霧阻隔，使原本就很低的氣溫降到更低。同時，火山將大量二氧化碳噴進大氣中，而二氧化碳是一種會產生溫室效應的氣體，因此，我們可以推測，當火山恢復平靜時，全球氣候會有某種程度的回升。有幾位學者認為，大冰原的持續擴展和消退，肇因於火山活動與氣候之間有如「拉鋸戰」般的互動⓯。

全球大洪水

地質學家大都同意，到了西元前八千年，北美洲的威斯康辛大冰原和歐洲的沃姆大冰原，已經全面消退。冰河時代總算結束了。然而，冰河時代結束之前的七千年，卻是氣候和地質變動最劇烈的時期——劇烈到令人無法想像。少數倖存的人類部落，從一個災禍逃離，馬上又得面對另一場劫難，惶惶不可終日，急急如喪家之犬。偶爾大地恢復寧靜，他們就盼望噩運從此遠離。可是，當大地上的冰川開始溶化時，他們卻又得時時忍受洪水的肆虐。以往被數以十億噸計的冰塊擠壓到「軟流層」（asthenosphere）的地殼，這時趁著冰塊溶化又冒出頭來，有時相當急速，結果引發強烈地震，空氣中充滿可怕的聲響。

有時情況特別糟糕。遭逢滅種噩運的動物，大多死在西元前一萬一千年到西元前九千年之間，而這段時期正是氣候變動最劇烈的時候。誠如地質學家英柏瑞（John Imbrie）指出的：「大約一萬一千年前，地球上發生一場氣候大革命。」[16]沉澱作用加速進行；大西洋表面的海水溫度驟然上升，幅度達攝氏六到十度。

造成物種絕滅的另一個動盪時期，出現在西元前一萬五千年到西元前一萬三千年之間。在上一章我們發現，大約一萬七千年前，「塔茲威爾大推進」將冰原擴展到最大的範圍，接著，在往後不到二千年中，冰原急速地、持續地消溶，使北美洲和歐洲數百萬平方英里的土地徹底非冰河化。

有些地區的情況很特殊：阿拉斯加整個西部、加拿大育康地區、西伯利亞大部（包括今天全世界氣候最寒冷的新西伯利亞群島），直到冰河時代將近結束之前，一直是不被冰原覆蓋的地區。大約一萬二千年前，這些地區才突然變得十分寒冷，結果活活凍死了很多長毛象和其他大型哺乳動物。

別的地區呈現的卻是另一幅景象。當時，歐洲大部分土地被掩埋在二英里厚的冰層下。在北美洲大部分地區情況也是如此。那裡的冰原從位於哈得遜灣（Hudson Bay）附近的中心向外擴展，涵蓋整個加拿大東部、新英格蘭和美國中西部大部分地區，一路延伸到北緯三十七度，直抵密西西比河谷的辛辛那提市南郊，距離赤道也不算太遙遠了。

根據專家估算，在高峰時期（一萬七千年前），覆蓋北半球的冰層總體積達六百萬立方英里。當然，南半球也經歷類似的冰川作用，一如我們在前文提到的。構成無數冰山的水源，由全世界的海洋提供——那時的海平面比現在低四百英尺左右。

就在這個時期，氣候的鐘擺猛然轉向。冰原的全面溶化發生得那麼突然，涵蓋的區域那麼遼闊，以致學者把它稱為「某種奇蹟」[17]。以地質學的術語來說，在歐洲它代表的是溫暖氣候的「波林階段」（Bolling phase），在美洲則是「布雷迪間冰段」（Brady interstadial）。在這兩個地區：

> 需要四萬年時間才逐漸發展完成的冰山，在短短二千年中就消失無蹤。顯然，我們不能用尋常的、逐步發生作用的氣候因素來解釋這個現象（我們通常使用這些因素解釋冰河時代）……冰川的迅速溶化顯示，某種不尋常的因素影響到當時的氣候。根據我們推算，大約一萬六千五百年前，這個因素第一次出現，二千年後，它就摧毀了大部分——數目可

能高達四分之三——的冰川。[18]

此外，證據顯示，冰川的全面溶化，大部分發生在一千年或更短的時間內。

無可避免地，冰川的全面溶化所造成的第一個後果就是海平面急遽上升——上升的幅度可能高達三百五十英尺。島嶼和大陸橋消失在海水中，低窪的海岸線被淹沒。海嘯不時發生，吞沒岸上的高地。海嘯消退後，在陸地上遺留下無可磨滅的痕跡。

在美國，「冰河時代海洋生物的遺骸，出現在密西西比河東邊的墨西哥灣海岸上，有些地點的高度達海拔二百多英尺。」[19]在密西根州，研究人員在散佈著冰河堆積物的沼澤中發現兩隻鯨魚的骨骼。在喬治亞州，海洋堆積物出現在海拔一百六十英尺的陸地上；在佛羅里達州北部則出現在二百四十英尺的高地上。德州的位置，在「威斯康辛冰川作用」所涵蓋的地區的南邊，但在這裡的海洋堆積物中，研究人員卻找到冰河時代的陸地哺乳動物遺骸。另一組海洋堆積物，包含海象、海豹和至少五種鯨魚的遺骸，散佈在加拿大東北各省和北極海岸。在北美洲太平洋海岸的許多地區，冰河時代海洋堆積物擴散到「二百多英里的內陸」[20]。安大略湖北岸，海拔大約四百四十英尺的陸地上，研究人員發現一隻鯨魚的骨骼；在佛蒙特州海拔五百多英尺的地點，他們找到另一隻鯨魚的遺骸；在加拿大蒙特婁——魁北克海拔六百英尺的地區，他們又發現一隻鯨魚。

世界各地流傳的洪水神話一再提及，人類和動物逃到高山上，躲避不斷高漲的浪潮。

化石記錄證實，冰原消溶時這種情況的確發生過，但是，逃到山上的生靈卻往往不能倖免於難。例如，法國中部孤立的山丘頂端，岩石的裂縫中塞滿地質學家所說的「含骨角礫巖」（osseous breccia），裡頭包含長毛象、長毛犀牛和其他動物的破碎骨骼。法國東部勃艮地（Burgundy）吉奈山（Mount Genay）高達一千四百三十英尺的山巔上，「散佈著角礫巖，裡頭包含長毛象、馴鹿、馬和其他動物的遺骸。」在歐洲南端的直布羅陀，研究人員「在動物的骨骸中，找到一顆人類臼齒和舊石器人類使用的燧石。」[21]

英吉利海峽岸邊的普里茅斯市（Plymouth）附近，研究人員在長毛象、犀牛、馬、熊、野牛、狼和獅子的遺骸中找到一隻河馬的骨骼。西西里島巴勒摩市（Palermo）周遭的山丘上，學者發現「大量的河馬骨骸，場面有如古希臘羅馬的『百牛大祭祀』。」[22]在這些和其他證據的基礎上，牛津大學前地質學教授約瑟．普萊斯崔治（Joseph Prestwich）做出這樣的論斷：冰原迅速消溶期間，歐洲中部、英格蘭以及地中海的島嶼科西嘉、薩丁尼亞和西西里，好幾次被大水淹沒。根據他的推論：

> 洪水逼臨時，成群動物撤退到深山中，後來卻發現自己被大水圍困，脫身不得……無數動物擠成一團，闖進附近的洞窟，後來被洪水追上，葬身水中……山坡上的砂礫和大塊大塊的岩石被水流沖刷下來，將動物的骨骸砸得粉碎……早期人類的某些部族一定也經歷過這場大災難。[23]

同一時期，中國似乎也發生類似的大水災，在北京附近的山洞中，研究人員發現，長毛象和水牛的骨骼跟人類的遺骸堆聚在一起[24]。有幾位學者認為，在西伯利亞，長毛象的屍骨和碎裂的樹木混雜在一塊，是因為「一場大海嘯將樹木連根拔起，把糾纏成一團的動物屍體掩埋在泥沙中。在北極地區，這些遺骸凍結得非常堅實，因此，直到今天，仍然完好地保藏在永凍層中。」[25]

南美洲各地，研究人員也挖掘出冰河時代的化石：「平日不相往來的動物（食肉動物和食草動物）跟人類的遺骸混雜地堆聚在一起。同樣值得注意的是，在範圍遼闊的區域內，陸地和海洋生物的化石摻混在一塊，埋藏在同一個地層中。」[26]

在洪水肆虐下，北美洲的災情也十分慘重。威斯康辛大冰原消溶時，在地上創造出巨大的、短暫的湖泊；洪水迅速湧入湖中，一路上淹死不知多少生物，然後才徐徐退去，幾百年後整個湖泊才乾涸。例如，西半球最大的冰河湖泊亞格西茲湖（Lake Agassiz），面積一度廣達十一萬平方英里，涵蓋今天加拿大曼尼托巴省（Manitoba）、安大略省和薩克斯其萬省（Saskatchewan），以及美國北達科塔州和明尼蘇達州的部分地區。值得注意的是，這個湖泊維持不到一千年。它的存在顯示，冰原突然溶化，帶來一場災難性的大洪水後，大地又恢復安寧。

袪除成見，正視歷史

長久以來，學界一直認為，大約一萬一千年前人類才開始移居西半球，但近來的考古發現卻顯示，這段歷史比我們想像的長遠得多。在阿拉斯加育康地區的「老烏鴉盆地」（Old Crow Basin），加拿大研究人員找到二萬五千年前遺留下的石製器具。在南美洲南部的祕魯和火地群島發現的人類骸骨和遺物，經專家鑑定，歷史可追溯到西元前一萬二千年；研究人員在南美洲發現的另一批遺物，經考證，則是西元前一萬九千年到西元前二萬三千年之間遺留下來的。在這些和其他證據的基礎上，「我們可以合理地推斷，人類移居美洲，至少在三萬五千年前就已經開始，隨之而來的是一波接一波的移民潮。」[27]

冰河時代移居美洲的人類，從西伯利亞出發，渡過連接東西半球的白令陸橋，在一萬七千年前到一萬年前之間，遭逢到最可怕的情況。那時，威斯康辛冰川驟然溶解，使全球海平面上升三百五十英尺，引發前所未見的氣候和地質劇變。一連七千年，地震、火山爆發、大洪水和詭異的、間歇出現的寧靜，主導西半球人類的日常生活。也許就是為了這個緣故，他們的神話一再講述大火、洪水、黑暗時期、太陽的創造與毀滅。

此外，一如前文提到的，在這方面西半球的神話並不孤立；它和東半球的神話有某種關聯。世界各地的傳說提到「大洪水」、「大寒」、「大動亂的時代」這類經驗時，呈現出一些顯著的共同點。同樣的經驗被一再講述。這點不足為奇——冰河時代和它產生的效應畢竟是全球現象。更耐人尋味的是，同樣的象徵和題旨不斷出現在這些神話中：一個好人和他的家庭，神靈的開示，地上所有生物的種子，漂流在洪水上的船，抵禦酷寒的圍場，讓未來人類的祖先躲藏的樹洞，洪水消退後被放出去尋找陸地的鳥兒和其他動物……等等。同樣值得注意的是，許多神話都提到「奎札科特爾」和「維拉科查」這類人物。據說，他們是在洪水消退後的黑暗時代來到這個世界，向劫後餘生、驚魂甫定的民眾傳授建築、天文、科技和法律的知識。

給人類帶來文明和教化的這些英雄究竟是誰？難道，他們只是先民透過想像力捏造出來的人物？他們到底是神還是人？如果他們是人，有沒有可能，他們以某種方式介入這些神話，把它轉變成一種保藏知識、留傳後代的工具？

這些想法表面看來荒誕不經。然而，在本書第五部我們會發現，異常精確、合乎科學標準的天文資料和數據，一再顯現於某些神話中，而這些神話跟大洪水的傳說同樣古老、同樣廣為流傳。

他們的科學知識究竟來自何方？

【註釋】

❶摘自達爾文《物種源始》，企鵝版，頁三二一。Charles Darwin, *The Origin of Species*, Penguin, London, 1985, P.322.

❷見達爾文《搭乘皇家海軍兵艦「獵犬號」環遊世界從事博物學與地質學研究之日誌》，一八三四年一月九日的記載。Charles Darwin, *Journal of Researches into the Natural History and Geology of Countries Visited during the Voyage of HMS Beagle Round the World*, entry for 9 January 1834.

❸見《極地之道》，頁二五八。

❹摘自大衛．霍普金斯等《貝林吉亞史前生態學》，頁三〇九。David M. Hopkins, et al; *The Palaeoecology of Beringia*, Academic Press, New York, 1982, p. 309.

❺摘自法蘭克．奚本〈失落的美洲人〉，引述自《極地之道》，頁二七五及其後各頁。Frank C. Hibben, *The Lost Americans*, cited in *The Path of the Pole*, p. 275ff.

❻見雷尼〈阿拉斯加中部地區考古研究〉，《古代美洲》卷五，頁三〇七。F. Rainey, "*Archaeological Investigations in Central Alaska*," *American Antiquity*, volume V, 1940, p. 307.

❼摘自《極地之道》，頁二七五及其後各頁。

❽同上，頁二五五。

❾見喬治．居維埃《地球歷史上的變革和災難》，一八二九年版。Georges Cuvier, *Revolutions and Catastrophes in the History of the Earth*, 1829.

❿見《極地之道》，頁二五六。

⓫見伊凡．桑德遜〈急速冰凍的巨象之謎〉，《星期六晚郵報》週刊，一九六〇年一月十六日，頁八二。Ivan T. Sanderson, "*Riddle of the Quick-Frozen Giants*," *Saturday Evening Post.*

⓬見《極地之道》，頁二七七。

⑬同上，頁一三二。

⑭見普萊斯《新地質學》，頁五七九。G.M. Price, *The New Geology,* 1932, p. 579.

⑮見《極地之道》，頁一三二～一三五。

⑯見《解開冰河時代之謎》，頁一二九。

⑰見《極地之道》，頁一五〇。

⑱同上，頁一四八～一四九。

⑲見傅林特《冰河地質學與洪積世》，頁二九四～二九五。R.F. Flint, *Glacial Geology and the Pleistocene Epoch,* 1947, pp.294～295.

⑳同上，頁三六二。

㉑見約瑟．普萊斯崔治《論最後地質時期結束時的某些現象及其對洪水傳説的影響》，頁三六及頁四八。Joseph Prestwich, *On Certain Phenomena Belonging to the Close of the Last Geological Period and on Their Bearing upon the Tradition of the Flood,* Macmillan, London, 1895, pp.36, 48.

㉒同上，頁五十。

㉓同上，頁五一～五二。

㉔見李氏《中國地質研究》，頁三七〇。J.S. Lee, *The Geology of China,* London, 1939, p.370.

㉕見《極地遷徙與大陸漂流》，「經濟化石學與礦物學」學會專刊第十號，頁一六五。*Polar Wandering and Continental Drift,* Society of Economic Paleontologists and Mineralogists, Special Publication No, 10, Tulsa, 1953, p. 165.

㉖見狄萊爾與歐普〈南美洲物種滅絕的證據〉，收錄於《極地之道》，頁二九二。J.B. Delair and E.F. Oppe, "The Evidence of Violent Extinction in South America," in *Path of the Pole,* p.292.

㉗見《人類的進化》，頁九二。

第五部

神話之謎 II

天文密碼

第二十八章

「天空的機制」

雖然現代讀者並不期望，一篇討論天體力學的文章讀起來有如搖籃曲一般淺顯易懂，但是，他們相信，他們能夠立刻理解神話「意象」，因為在他們的觀念中，只有那些長達一頁的近似值公式和類似的東西才是「科學的」。

他們沒想到，同樣深奧的知識以往也可能透過日常語言來表達。這個可能性，他們從未考慮過，儘管古代文化一些顯而易見的成就——諸如金字塔和冶金術——足以證明，當時有一群認真的、聰明的人在幕後主導這一切，而這些人肯定懂得使用科技語言……。❶

這段文字引自麻省理工學院已故科學史教授桑提拉納（Giorgio de Santillana）的著作。在以下數章中，我們將探討他對古代神話所做的革命性研究。簡單地說，他的論點是這樣的：遠古時代，一群認真的、聰明的人設計出一套方法，把先進的天文學所使用的專門術語，隱藏在神話的日常語言背後。

桑提拉納的看法正確嗎？如果正確，那麼，這些聰明認真的人——在史前的舞台後面默默工作的天文學家和科學家——究竟是誰呢？讓我們從一些最基本的事實開始。

天空的熱舞

每二十四小時，地球繞著自己的軸旋轉一周；它的赤道周長二四九〇二點四五英里。因此，當一個人一動也不動站立在赤道上時，事實上他是在移動中，以大約每小時一千英里的速度跟隨地球旋轉。從外太空俯瞰北極，我們會發現，地球的自轉是反時針方向的。

地球每天繞著自己的軸旋轉，同時也繞著太陽運行（同樣也是反時針方

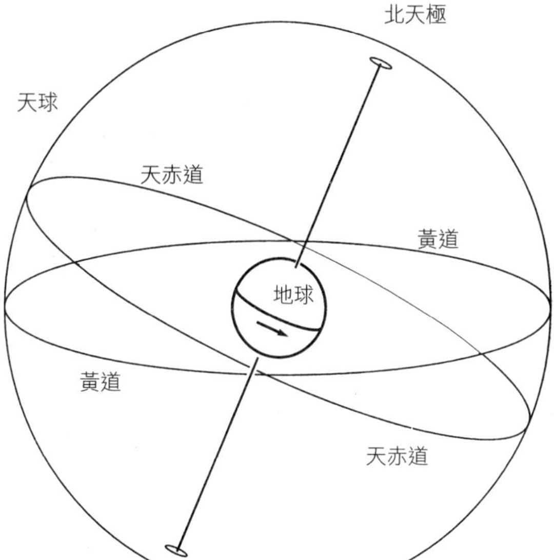

天球圖

向）；它的軌道略呈橢圓，而不是完整的圓形。地球以驚人的速度環繞太陽軌道，每小時運行六萬六千六百英里，約莫相當於一般駕駛人在六年中開車的里數。換言之，我們是以每秒鐘十八點五英里的速度飛馳在太空中，這比任何子彈都快得多。您讀完這一小段文字時，我們已經沿著地球繞太陽運行的軌道航行了大約五百五十英里。

地球環繞太陽一周需要一年時間，因此，我們唯有透過四季的緩慢變化，才能察覺到我們參與的這一場驚人的太空軌道賽跑。在四季的循環更迭中，我們可以看出一股奇妙的、公正的力量在運作，把春、夏、秋、冬平均分配給世界各個地區，對南半球和北半球一視同仁，不偏不倚，年年如此，從未發生過偏差。

相對於軌道面，地球的自轉軸略為傾斜（大約和垂直線成二十三點五度角）。這個傾斜造成季節的變化：每年六個月，它將北極和整個北半球引離太陽，讓南半球享受溫暖的夏季，然後在剩下的六個月中，將南極和南半球引離太陽，讓北半球度過夏天。陽光照射到地球表面任何一個地點的角度每年一次的變化，以及那個地點接受陽光的時數在一年中的變易，是造成季節循環更迭的原因。

在天文學中，地球的傾斜被稱為「斜交」（obliquity）；它的軌道面向外延伸在天球中形成一個大圓圈，則被稱為「黃道」（ecliptic）。天文學家常提到的「天赤道」（celestial equator），是將地球的赤道延伸到天球。今天，天赤道和黃道之間大約成二十三點五度角，因為地球的自轉軸和垂直線之間成二十三點五度角。被稱為「黃赤交

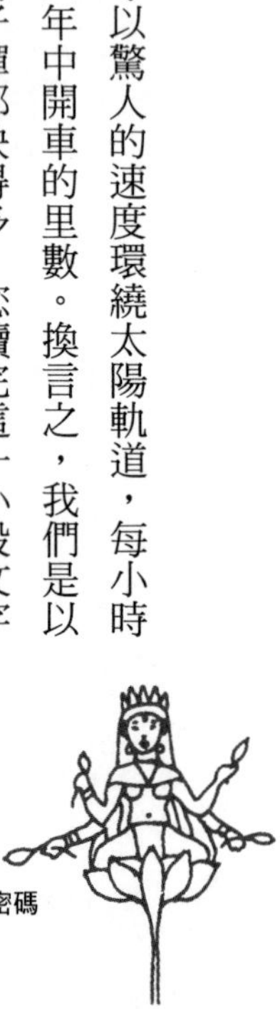

角」（obliquity of the ecliptic）的這個角度並不是一成不變的。一如我們在本書第十一章討論安地斯山帝華納科城興建日期時提到的，在漫長的歲月中，黃赤交角不斷地改變，雖然速度極為緩慢，而改變的幅度也從未超過三度——最接近垂直線時是二十二點一度，離垂直線最遠時是二十四點五度。整個週期，從二十四點五度到二十二點一度，然後又回到二十四點五度，總共需要大約四萬一千年的時間才能完成❷。

就這樣，我們脆弱的地球在沿著軌道環繞太陽快速運行時，還得一面旋轉，一面擺盪。運行一圈費時一年，自轉一周只消一天工夫，完成擺盪的週期則需要四萬一千年。一場狂

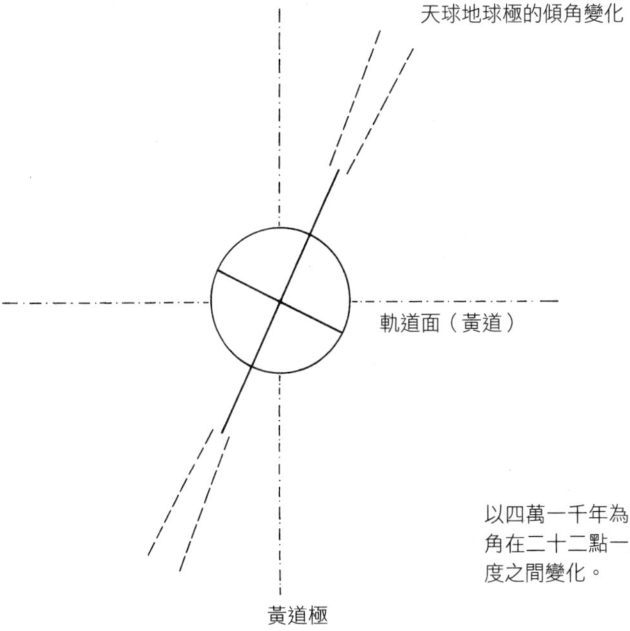

以四萬一千年為一週期，黃赤交角在二十二點一度和二十四點五度之間變化。

熱的舞蹈仿佛在太空中進行；我們不斷跳躍旋轉，飄過永恆的時空，時時刻刻感受到兩種相反的欲望在心中交戰——有時我們渴望投入太陽的懷抱，有時卻想逃遁入外太空的黑暗中。

玄祕的影響

現在我們知道，太陽的引力範圍延伸到太空中廣達十五兆英里，幾乎是前往最近的恒星的一半路程，而地球就是被困在這個引力範圍的內圈。因此，它對我們這個行星的吸力大得不得了。同時影響我們的，還有太陽系其他行星的地心吸力。這些星體競相發揮吸引力，試圖將地球導離它環繞太陽運行的正常軌道。由於這些行星大小不等，繞太陽運行的速度也不同，它們發揮的共同引力，會以複雜但可預測的方式隨著時間改變，而地球繞行太陽的軌道也會不斷改變形狀，作為回應。軌道是橢圓形，因此，這些改變影響到它的伸長程度——這在天文學上稱為「離心率」（eccentricity）。離心率有時低到近乎零（當軌道的形狀接近完整的圓形時），有時高達百分之六（這時軌道的形狀顯得最修長，最像橢圓形）。

此外，地球還得遭受其他形式的星體影響。學者指出，當木星、土星和火星排成一列時，地球上的短波無線電周率就會受到干擾，但原因至今不明❸。關於這個現象，我們已

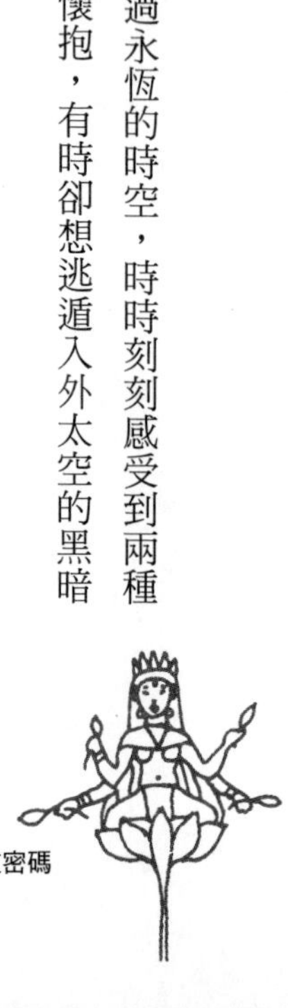

經掌握有明確的證據：

> 木星、土星和火星繞太陽運行時的位置，與電波在地球高層大氣所遭受的強烈干擾之間，顯然存在著某種奇異的、出人意料的關聯。這似乎顯示，行星和太陽共用一個宇宙性的、從太陽系中心向外延伸十億英里的電子平衡體系。這樣的一種平衡，在目前的天體物理學理論中還找不到解釋。❹

撰寫這篇報導的《紐約時報》記者，並未深入探討這個現象的意義。他們也許不曉得，上述這段文字聽起來很像西元前三世紀巴比倫歷史家、天文學家與預言家貝羅蘇士（Berosus）說過的話。他對世界末日來臨之前出現的預兆，做過深刻的研究。他的結論是：「我，貝羅蘇士，貝魯斯（Bellus）的詮釋者，在此鄭重宣告：當第五顆行星聚集在巨蟹宮，整整齊齊排列成一直線時，地球上的生靈和萬物都將燬於大火。」❺

五顆行星的串連，預料將產生強大的引力作用；據說，這個天文事件將發生在西元二〇〇〇年五月五日，屆時海王星、天王星、金星、水星和火星將聯合地球，在太陽另一邊排成一列，展開一場宇宙性的拔河比賽。值得注意的是，對馬雅人預言的「第五太陽紀」結束日期素有研究的現代占星家指出，在那一天，行星將以極為奇特的形式排列——奇特到「四萬五千二百年中只會發生一次……我們可以預期，這種不尋常的排列肯定會產生不

尋常的效果。」❻

精神正常的人難免會對這種預言抱持懷疑的態度。但是，無可否認的，各種各樣的影響力——其中有很多我們到現在還不完全理解——在太陽系中競相發揮作用。

這些影響力，最強勁的要數我們自己的衛星：月亮。例如，地震通常發生在（一）滿月的時候，或地球位於太陽和月亮之間的時候；（二）新月的時候，或月亮位於太陽和地球之間的時候；（三）月亮穿過受影響地區子午線的時候；（四）月亮在運行的軌道上最接近地球的時候❼。第四種情況出現時——學者管它叫「近地點」（perigee）——月亮對地球的引力作用增強約百分之六。每隔二十七又三分之

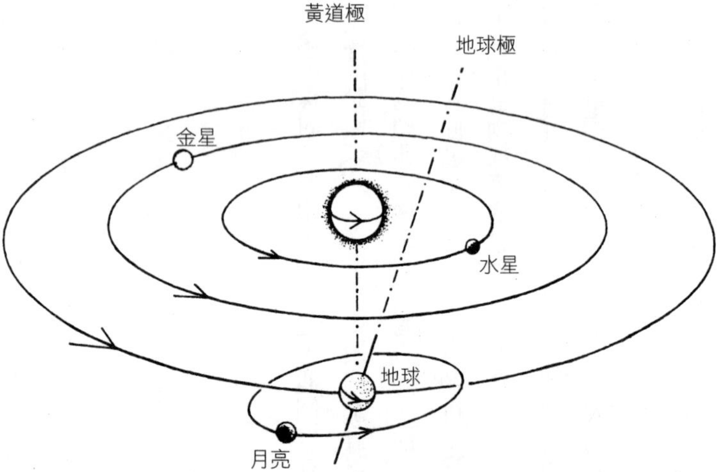

太陽系的內行星

一天，這種情況就會發生一次。在這個時候，月亮產生的潮汐作用不僅影響到地球海洋的起伏，也影響到禁錮在脆弱地殼內的熾熱岩漿的動靜。（有位學者形容，地殼就像「一個紙袋，裡頭裝滿蜂蜜或糖蜜，以赤道旋轉的一千多英里時速，加上地球繞太陽運行的六萬六千多英里時速，一路擺盪前行。」）❽

一顆畸形行星的擺盪

這種圓周運動當然會產生強大的離心力，使得地球的「紙袋」在赤道部位向外膨脹，一如牛頓在十七世紀證明的。其必然結果就是兩極的扁平化。故此，我們的地球實在不算是一個完整渾圓的球體；嚴格說，它應該被稱為「扁球」（oblate spheroid）。地球的赤道半徑是三九六三點三七四英里，比兩極半徑（三九四九點九二一英里）多出約十四英里。

多少億年以來，地球扁平的兩極和膨脹的赤道，就一直跟奇妙的引力展開一場隱祕的數學互動。一位專家解釋：「由於地球是扁平的，月亮的引力總是把地球的軸引到一邊，使它傾斜，與月亮的軌道形成一直角。在較小的程度上，太陽也發揮類似的作用。」❾

同時，赤道的膨脹──赤道周邊地區體積的增加──促使地球穩定在自身的軸上，如同迴旋器（gyroscope）的邊緣所發揮的作用一樣。

年復一年，在星際互動中，這種迴旋器效應防止太陽和月亮之間的「拔河」劇烈改變地球自轉軸的方向。然而，這兩個星體共同發揮的引力作用畢竟相當強大，足以迫使地球的軸「進動」（to precess）——在天文學上，這意味著地球的軸以順時針方向緩慢地擺盪前進，與地球的旋轉方向相反。

這樣的一種運行，是地球在太陽系中所表現的特徵。玩過陀螺的人不難理解這點；陀螺畢竟只是另一種迴旋器。充分地、持續不斷地旋轉時，陀螺是直立的。可是，一旦它的軸偏離垂直方向，它立刻就表現出第二種行為：繞著一個大圈子緩慢地、固執地反向擺盪。這種擺盪——天文學上稱為「歲差」（precession）——改變地球的軸所指的方向，同時使它新近取得的傾斜角度保持穩定。

第二種比喻方式略為不同，但也許能進一步幫助讀者理解這個複雜深奧的天文現象：

1. 想像地球漂浮在太空中，略為傾斜，和垂直線形成大約二十三點五度角，每二十四小時繞著自己的軸旋轉一次。
2. 把地球的軸想像成一根粗大堅實的樞軸（pivot）或輪軸（axle）：它穿過地球的中心，兩端從地球的南極和北極凸出來，一路延伸進太空中。
3. 把你自己想像成一個巨人，肩負特殊的使命，跨著大步走過太陽系。
4. 想像你朝著傾斜的地球走過去（由於你是一個巨人，在你眼中，地球這個行星比水車的輪子大不了多少）。

5. 想像你伸出兩隻手，抓住那根軸子凸出的兩端。

6. 接著，在你想像中，你開始緩慢地旋轉軸子的兩端：一隻手推軸子的一端，另一隻手拉軸子的另一端。

7. 你抵達時，地球自身已經在轉動中。

8. 你的任務並不是干擾地球自身的旋轉，而是賦予它另一種運動：被稱為「歲差」的緩慢、順時針方向的擺盪。

9. 為了完成這個任務，你必須把軸子的北端往上推，在北半球繞著一個大圈子旋轉，同時，把軸子的南端往下拉，在南半球繞著同樣大的一個圈子旋轉。你必須使用雙手和肩膀，完成這個緩慢的迴旋動作。

10. 提醒你：在你這個巨人眼中，地球雖然只不過是一只「水車輪」，但它比你想像的要沉重得多——事實上，它是那麼的沉重，你必須花二萬五千七百七十六年時間，轉動地球軸子的兩端，完成一個「歲差週期」。（任務完成時，你會發現，軸子的兩端在天球中所指的方向，跟你抵達時一模一樣。）

11. 哦，順便一提，既然你已經開始執行你的任務，我們最好跟你說清楚：你永遠不得離開工作崗位，因為當一個歲差週期結束時，另一個週期必須馬上開始，然後另一個……另一個……直到永遠永遠。

12. 你可以把這一切看成太陽系的基本運作機制之一，也可以將它視為上帝的旨意。隨

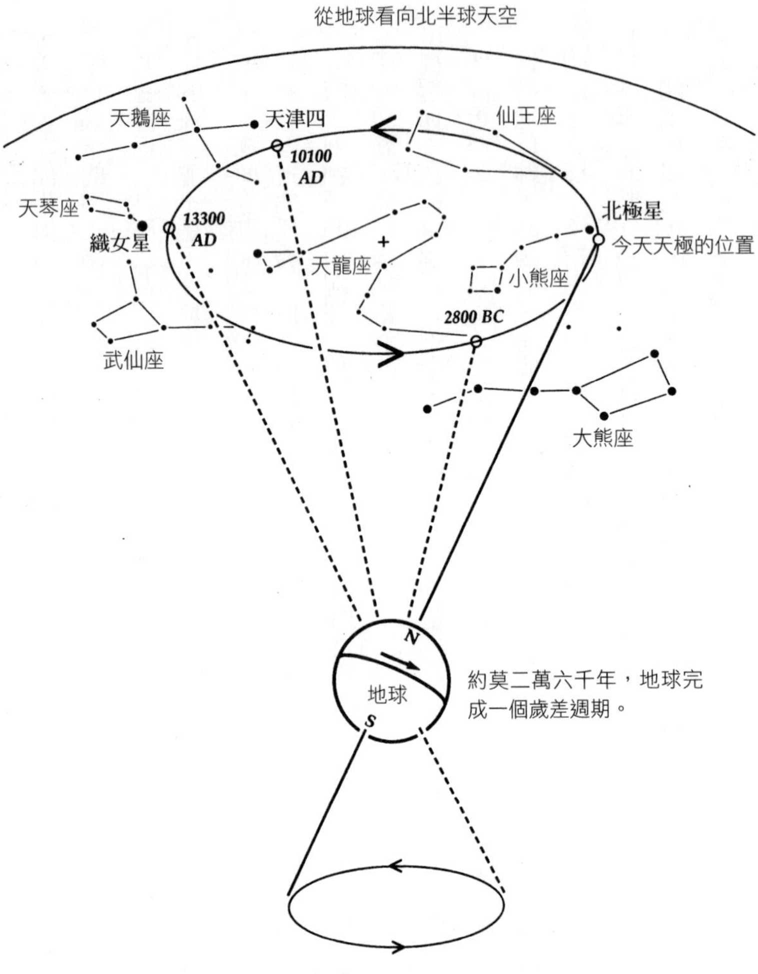
從地球看向北半球天空
天鵝座
天津四
仙王座
10100
AD
天琴座
13300
AD
北極星
織女星
今天天極的位置
天龍座
小熊座
2800 BC
武仙座
大熊座
N
地球
S
約莫二萬六千年，地球完
成一個歲差週期。

歲差運動

你便。

在整個過程中，當你緩慢地繞著天空推動地球的軸子時，它的南端會順序指向圍繞南天極的不同星體（有時候，當然會指向空無一物的太空），北端會順序指向圍繞北天極的不同星體。

這種情況有點像孩子們玩的「大風吹」遊戲。使一切不斷移動的，是地球的軸向歲差（axial precession）——巨大的引力和迴旋力造成的運動，具有規律性，利用現代儀器很容易推測出來。例如，現在的北極星（polaris）是小熊座α型星（alpha Ursae Minoris），但是，透過電腦我們可以精確計算出，西元三千年時占據北極位置的卻是天龍座α型星（alpha Draconis）。在古希臘時代，北極星是小熊座β型星（beta Ursae Minoris）；到了西元一萬四千年，它將變成織女星（Vega）。

往昔的一大祕密

關於地球在太空中運行和定位的一些基本資料，我們不妨重溫一下：

・球軸略為傾斜，和垂直線大約成二十三點五度角。在四萬一千年的週期中，角度的改變每一邊可達一點五度。

・每二萬五千七百七十六年，地球完成一個歲差週期。

・每二十四小時，地球繞軸自轉一次。每三百六十五天（實際是三百六十五點二四二二天），地球繞太陽運行一次。

・影響地球季節最大的是，地球沿著軌道運行時，太陽光線在不同的軌道點照射到地面上的角度。

我們也必須記住，每一年有四個關鍵性的天文時刻，正式宣告春、夏、秋、冬季開始。這些時刻（或稱「基點」）是冬至、夏至、春分、秋分，對古時候的人十分重要。在北半球，冬至在十二月二十一日來臨，是一年中白晝最短的一天，夏至則在六月二十一日出現，是一年中白晝最長的一天。南半球正好相反：冬季從六月二十一日開始，夏季在十二月二十一日來臨。

春分和秋分則是一年中全球各地白晝和黑夜等長的兩天。一如夏至和冬至，北半球春季來臨之日（三月二十日）正好是南半球秋季的第一天；北半球秋季的第一天（九月二十二日），南半球的春季正好開始。

如同季節的微妙變化，這一切都是地球的傾斜角度造成的。地球沿著軌道，運行到北極直接對準太陽時，北半球的夏至就來臨；六個月後，當北極背向太陽時，北半球的冬至

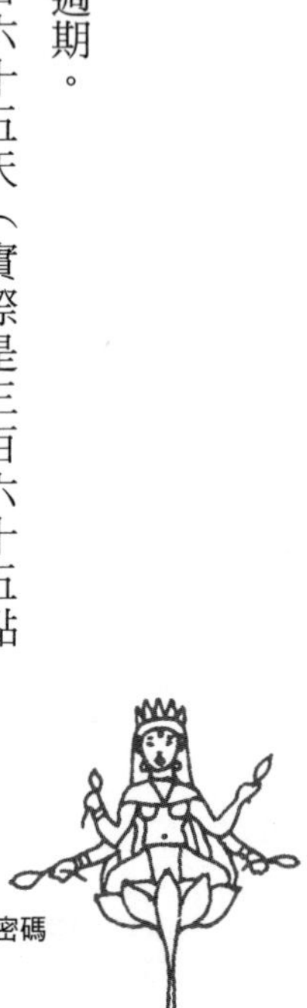

就出現。春分和秋分這兩天，全球各地白晝和黑夜長度相等，因為地球沿著軌道運行到這個階段，它的自轉軸正好側向太陽。

現在，讓我們看一看天體力學的一個奇妙現象。

這個現象被稱為「分點歲差」（the precession of the equinoxes）。它具有嚴謹的、一再重複的數學特質，可以精確地加以分析和預測。然而，若是缺乏精密的儀器，我們就很難觀察它，更不用說精確地加以測量了。

解開歷史一大謎團的線索，也許在這裡可以找得到。

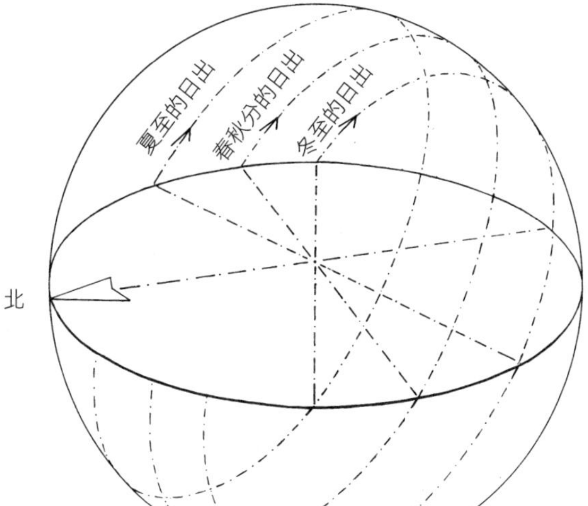

春秋分和夏冬至

【註釋】

❶摘自桑提拉納與戴程德《哈姆雷特的石磨》，頁五七～五八。Giorgio de Santillana and Hertha von Dechend, *Hamlet's Mill,* David R. Godine, Boston, 1992, pp. 57～58.

❷見海斯、英柏端與沙克登〈地球軌道的變化：冰河時代的進程〉，《科學》，第一九四卷第四二七〇期，頁一一二五。J.D. Hays, John Imbrie and N.J. Shackton, *"Variations in the Earth's Orbit, Pacemaker of the Ice Ages,"* *Science,* volume 194, No.4270, 10 December 1976, p.1125.

❸見伊曼紐爾．維里科夫斯基《劇變中的地球》，頁二六六。Immanuel Velikovsky, *Earth in Upheaval,* Pocket Books, New York, 1977, P.266.

❹摘自《紐約時報》，一九五一年四月十五日。

❺見貝羅蘇士殘篇。

❻見羅伯妲．史克洛華〈預測行星位置〉，附錄於法蘭克．華特斯《墨西哥祕術》，頁二八五及其後各頁。Roberta S. Sklower, *"Predicting Planetary Positions,"* appendix to Frank Waters, *Mexico Mystique,* Sage Books, Chicago, 1975, p. 285ff.

❼見《劇變中的地球》，頁一三八。

❽見唐納．派登《聖經洪水與冰河時代：科學史的一項研究》，頁四九。Donald W. Patten, *The Biblical Flood and the Ice Epoch: A Study in Scientific History,* Pacific Merdian Publishing Co., Seattle, 1966, p.49.

❾見《大英百科全書》，一九九一年版，卷二七，頁五三〇。

地球的軌道面向外投射，在天球中形成一個大圓圈——這在天文學上稱為「黃道」（ecliptic）。環繞著黃道的是一條群星密佈的帶子，向南北各展開約七度，匯集著「黃道帶十二宮」（twelve constellations of the zodiac）：白羊座、金牛座、雙子座、巨蟹座、獅子座、處女座、天秤座、天蠍座、射手座、摩羯座、寶瓶座和雙魚座。這些星座大小、形狀和分佈範圍都不盡相同，然而（機緣巧合？）它們沿著黃道邊線各據一宮，間隔十分均勻，賦予每天的日出日落一種嚴謹的宇宙秩序。為了更清晰地呈現這幅景象，請讀者拿出紙筆：（一）在空白的紙張中央畫一個圓點；（二）環繞著圓點畫一個圓圈，距離圓點大約半英寸；（三）環繞著這個圓圈，在外圍畫一個更大的圓圈。

圓點代表太陽。兩個同心圓中較小的一個則代表地球繞太陽運行的軌道。較大的圓圈代表的是黃道的邊緣。環繞著這個較大圓圈的周邊，你必須畫上十二個間隔均勻的格子，代表黃道帶的十二個星座。一個圓圈有三百六十度，因此，我們可以設想，每一個星座在黃道上占據三十度空間。圓點是太陽；兩個同心圓較靠近太陽的一個是地球的軌道。我們都知道，地球是以反時針方向在軌道上運行，從西邊運行到東邊；我們也曉得，每二十四小時，地球繞軸自轉一次（也是從西到東）。這兩個行動，使地面上的人們產生兩種幻覺：

1.每天，當地球從西到東自轉時，太陽看起來好像從東到西「移動」過天空，而事實上太陽是一個固定點。

2.大約每三十天，當旋轉中的地球沿著軌道環繞太陽運行時，太陽看起來好像慢慢「通過」黃道帶上十二個星座（它們也是固定點）——一個星座接一個星座地通過，從東邊「移動」到西邊。

在一年中的任何一天（對應我們圖中代表地球軌道的圓圈上的任何一點），很明顯地，太陽都會出現在地面觀測者和其中一個星座之間。在這一天，如果這個觀測者黎明之前就起床，他會看見太陽從東邊升起，而升起的位置就在那個星座所占據的那部分天空。

我們可以設想，在古代世界清澄的、毫無污染的天空下，人們看到天體如此有規律地運行時，心中一定感到很欣慰。我們也很容易理解，為什麼一年中的四個基點——春分和秋分、冬至和夏至——會受到世界各地人類的特別重視。尤其受到重視的是，這些基點和

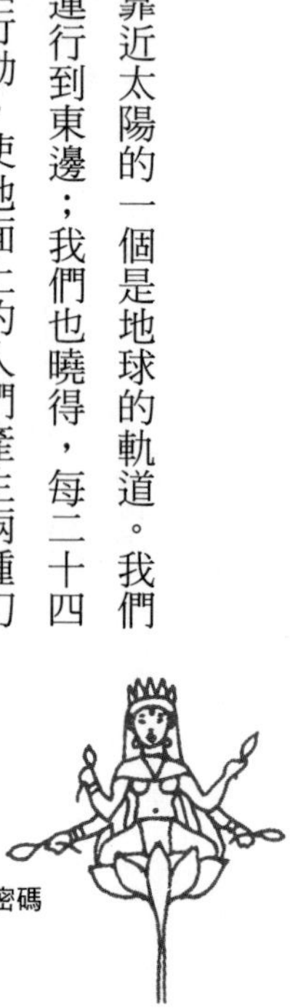

黃道帶星座的連結。而最最受到重視的，是在春分（spring equinox，或稱vernal equinox）早晨，太陽升起的位置所在的那個星座。由於地球軸向歲差的關係，人類自古就發現，這個星座並不是永遠固定不變的；在春分那一天「招待」和「接送」太陽的任務，由黃道帶十二個星座輪流承擔，而輪流的過程非常、非常緩慢。

誠如桑提拉納教授所說的：「春分時節，太陽在黃道帶十二星座中的位置，有如時鐘的指標一般，指出歲差週期的『時刻』，而這個時刻是非常漫長的——春分太陽在每一個黃道帶星座進駐的時間，長達幾乎二千二百年。」❶地球的軸向歲差是以順時針方向（從東到西）進行的，因此，跟地球繞太陽運行的方向正好相反。這種情況，牽涉到固定在太空中的黃道帶星座時，就會產生一個現象：春分的起點，「沿著黃道持續移動，方向剛好跟太陽每年的行程相反，也就是說，反黃道帶十二宮的『正確』順序而行（金牛座→白羊座→雙魚座→寶瓶座，而不是寶瓶座→雙魚座→白羊座→金牛座）。」❷

簡言之，這就是「分點歲差」（precession of the equinoxes）的含義。音樂劇《毛髮》（Hair）有名的台詞「寶瓶座的時代來臨了」，就是分點歲差的最佳寫照。它提到一個天文事實：在過去二千年間，每年春分，太陽都是從雙魚座升起，然而，雙魚座的時代如今快要結束了，不久之後，春分的太陽就會離開雙魚宮，進駐隔壁的寶瓶宮，開始從那兒升起。

二萬五千七百七十六年一次的歲差週期，是推動這個壯觀的天文現象在天空中循環不已的力量。歲差究竟如何推動春分點，從雙魚座進入寶瓶座，然後沿著黃道帶繼續移動，

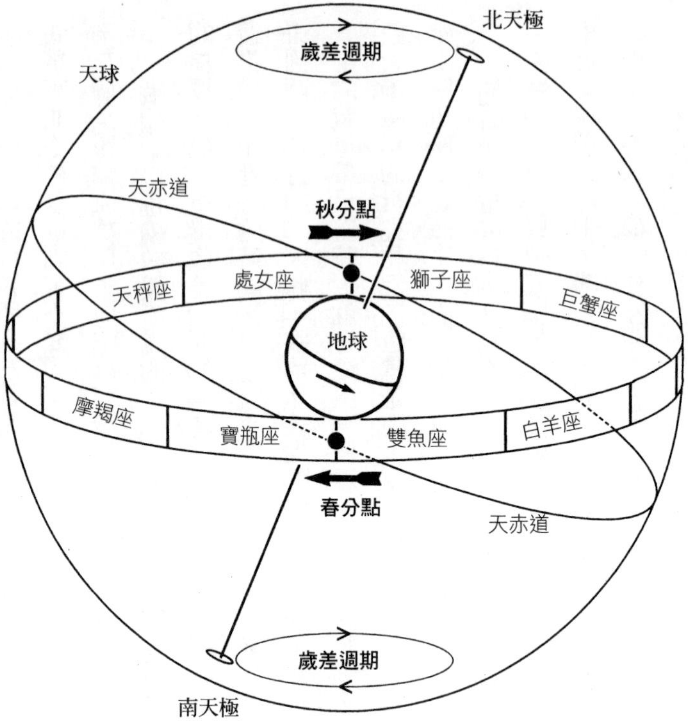

每一年從年初到年尾，地球沿著軌道的運行使我們看到的日出天空上的星座，月月都在改變：寶瓶座→雙魚座→白羊座→金牛座→雙子座→巨蟹座→獅子座等等。目前，每年春分來臨時，太陽從正東方升起，位置在雙魚座和寶瓶座之間。由於歲差的效應，「春分點」每年都在地球運行的初期抵達，因此它以非常緩慢的速度逐漸移動，穿過黃道帶全部十二個星座，在每一個星座「駐留」二千一百六十年，必須花二萬五千九百二十年的時間，才能完成一個週期。和每年的「太陽行程」相反，「歲差移動」的方向是：獅子座→巨蟹座→雙子座→金牛座→白羊座→雙魚座→寶瓶座。例如，「獅子座時代」（春分太陽從獅子座升起的二千一百六十年）是從西元前一萬零九百七十年開始，到西元前八千八百一十年結束。我們現在是活在占星學的真空地帶：「雙魚座時代」已經結束，寶瓶座的「新時代」正待開始。傳統上，介於兩個時代之間的過渡時期，總是被認為不祥的。

也值得我們注意。

上文提到，每一年，春分和秋分只在兩個日子出現：地球傾斜的軸正好側向太陽時。這兩天中，世界各地太陽都從正東方升起，白晝和黑夜一樣長。由於地球的軸緩慢地、持續地產生歲差，方向正好和它的軌道相反，它側向太陽的點必須在每年運行的初期出現。這些每年都發生的改變，微小到幾乎察覺不出——沿著黃道移動一度（相當於一個人把小指伸向地平線的寬度），需要大約七十二年時間。然而，根據桑提拉納教授的推算，這些微小的改變累積起來，不到二千二百年就會形成一條三十度通道，穿過黃道帶一個星座，而不到二萬六千年，就能形成一條三百六十度通道，穿過一個完整的歲差週期。

古代人何時第一次計算出歲差？

這個問題的答案隱藏著人類歷史的一大祕密。解開這個謎團之前，我們不妨先瞭解一下學術界的「官方」看法。《大英百科全書》是貯藏正統歷史知識的一大寶庫。根據它的記載，發現「歲差」這個天文現象的，是古希臘學者希巴克斯（Hipparchus）：

希巴克斯，名字亦拼作HIPPARCHOS，出生於俾斯尼亞國（Bithynia）尼西亞城（Nicaea），西元前一二七年前後逝於羅德斯島（Rhodes）。他是希臘天文學家暨數學家，發現「分點歲差」天文現象……這一重大發現，是運用敏銳的心智長期觀察天象的成果。希巴克斯觀測星體的位置，然後將他的觀察結果，和一百五十年前亞歷山大港學者提摩卡里斯（Timocharis）及更早對巴比倫天文學家的觀測做一比較。他發現，天球經度出現差異，而這一差異超出觀測誤差的範圍。因此，他提出「歲差」的理論，以解釋這個天文現象。他提供的每年歲差值四十五秒或四十六秒（秒是一度的三千六百分之一），跟現代天文學界接受的數字——五十點二七四秒——極為接近。❸

這裡，我們得將術語解釋一下。「秒」是弧度的最小計算單位。地球繞太陽運行一周的軌道總共有三百六十度，每一度有六十分，每一分有六十秒。每年改變五十點二七四秒，還不到一度的六十分之一，因此，春分太陽沿著黃道遷移一度大約需要七十二年時間（相當於人的一生）。觀察這種極為緩慢的改變，在當時非常困難，所以希巴克斯在西元前二世紀提出的歲差值，會被《大英百科全書》推崇為「重大發現」。

如果這項發現只是「重新發現」，它還會顯得那麼「重大」嗎？如果我們能夠證明，早在希巴克斯出生之前好幾千年，天文學家就已經接受艱巨的挑戰，對「歲差」進行觀測，希臘人的數學和天文成就還會顯得那麼輝煌嗎？有沒有可能，在現代科學興起之前的遠古時代，人類就已經對這個長達幾乎二萬六千年的天象週期，進行精確的、科學的探究？

尋求這些問題的答案，我們必須掌握確鑿的、禁得起嚴格檢驗的證據。上文提到，希

巴克斯計算出的每年歲差值是弧度的四十五秒或四十六秒。因此，除非我們能在更古老的資料中找到更精確的資料，我們不能隨便否定希巴克斯的成就和地位。他畢竟是學術界公認的「歲差發現者」。值得發掘的資料當然很多。不過，為了簡明起見，這裡我們必須把探索的範圍局限在世界各地的神話。其中一組神話（本書第四部論述的洪水和其他災異傳說），我們已經詳加探討；我們發現，這些神話具有若干耐人尋味的共同特徵：

1. 毫無疑問，這些神話都極為古老。以美索不達米亞地區的洪水傳說為例。這個故事的一些版本，鐫刻在西元前三千年（蘇美古國最早的時代）遺留下的泥板上。這些泥板鐫刻時，人類剛開始有文字記載的歷史。它明確地顯示，即使在那個時代，世界大洪水的傳說也已經非常古老，因此，它的根源應該遠在人類有文字歷史之前。我們不知道它究竟有多古老。事實上，沒有學者能夠鑑定任何一則神話的創作年代，更不用說這些流傳廣遠的古老神話了。毫不誇張地說，它們一直流傳在這個世界上，成為人類文化永恆的一部分。
2. 環繞這些神話的古老氛圍可並不是幻覺。一如前文提到的，許多災異神話顯然是精確的目擊報告，記錄最後一次冰河時代人類經歷的真實情景。因此，理論上，這些神話的起源和現代人類的起源，可能在同一個時期，也就是約莫五萬年前。不過，地質學上的證據所顯示的起源時期卻稍晚一些，而我們在上文也曾指出，西元前一萬五千年到西元前八千年是最可能的時期。在人類的整個生存經驗中，只有那個時期，地球上出現急速的、劇烈的氣候變化，如同神話栩栩如生的描述一般。

3. 冰河時代的終結所造成的動亂是全球的現象。難怪，儘管災異神話散佈世界各地，彼此之間卻顯現出高度的一致性，可謂殊途同歸。

4. 令人驚異的倒是，神話不僅描述共同經驗，同時也運用共同的象徵語言來陳述這些經驗。全球各地的神話，不斷出現相同的「題旨」，相同的「道具」，讓人覺得似曾相識的相同角色和情節。

根據桑提拉納教授的看法，這種一致性顯示，幕後有一隻手在操控這些神話。他和法蘭克福大學科學史教授戴程德（Hertha von Dechend）合著的《哈姆雷特的石磨》（*Hamlet's Mill*），是探討古代神話極有創見的一部著作。其中他指出：

> 運用得宜的話，普遍性（universality）可當作一種試金石。例如，在中國發現的某種資料也出現在巴比倫的占星文件時，我們就必須做這樣的推斷：如果它所顯露的一組不尋常意象，無人能證明是分頭、獨自產生的，我們就應該假定兩者之間存在著某種關聯。以音樂的起源為例。音樂鼻祖奧菲斯（Orpheus）的慘死，也許是出自不同地區詩人的想像力。但是，當神話中吹笛子（而不是像奧菲斯那樣彈奏七弦琴）的主角，由於各種荒誕的

理由被活生生剝皮處死，而他的悲慘下場在世界各地不斷上演時，我們就可以推斷，這些故事之間存在著某種外在關聯。吹笛人這個角色，出現在德國的漢姆林城（Hamelin）傳說，也出現在哥倫布之前的墨西哥神話，而且兩者之間具有某些共同意象，例如「紅」這種顏色。這應該不是偶然的巧合吧……同樣地，當我們發現「一〇八」或「九乘十三」這類數字，一再出現於印度《吠陀經》、高棉吳哥窟、巴比倫古蹟、古希臘哲人赫拉克利特斯（Heraclitus）的哀歌和北歐神話中的英靈殿，我們怎能把它看成意外的巧合。❹

是不是真有一隻古老的、至今仍未被辨認出的手，在幕後操控這些所謂的「巧合」和「意外」，將世界各地的災異神話串連在一起？如果答案是肯定的，那麼，在最後一次冰河時代期間和結束之後，繪製本書第一部所探討的那些高度精確、技術先進的世界地圖的，會不會就是這一隻手？同樣的一隻手，有沒有可能在另一組世界神話——神祇死亡和復活的神話、地球和天堂環繞大樹運轉的神話、漩渦和石磨之類旋轉意象不斷出現的神話——遺留下詭祕的指紋？

根據桑提拉納和戴程德的說法，這些意象全都指涉天文事件，而且，是透過非常古老但「高度精煉」的天文和數學語言這麼做：「這種語言超越地方信仰和教派。它專注於數目、物體的移動、量度、整體架構、圖表——換言之，專注於數字結構和幾何學。」❺

這樣的語言到底從何而來？《哈姆雷特的石磨》是一部複雜的、傑出的學術著作，但有時卻刻意閃爍其辭；對於上面這個問題，作者並未提出明確的答案。不過，作者卻隨處留下一些耐人尋味的線索。例如，在書中某一處，作者說，他們在神話中發現的科學語言或「密碼」，歷史「古老得嚇人」❻。在另一處，他們將這種語言比較明確地鎖定為八千年的產物——至少在「羅馬詩人維吉爾（Virgil）出生前六千年」❼。

我們已知的文明中，究竟哪一個能在八千多年前發展、運用如此精煉的科技語言？說實話，答案是「沒有」。我們不妨坦白承認，在史前時代，地球上可能曾經出現一個科技高度發展的文明，如今已經被遺忘。碰到問題的關鍵，桑提拉納和戴程德又開始閃爍其辭；他們含糊地說，這套科技語言是「第一個敢於使用數目、量度和計重法探尋世界真相的某個神奇古文明」留給我們的遺產❽。這樁遺產，顯然跟科學思考方式和複雜的數學知識有關。它的歷史實在太古老，禁不起時間的沖刷，已經逐漸流失：

> 希臘人崛起時，世界各地的偉大古建築已經蒙上好幾個世紀的塵土，整個被塵封起來。然而，這個文化的某一部分，依舊保藏在傳統儀式和我們已經不瞭解的神話和童話中……我們看到的是一個整體文化遺留下的一鱗半爪，格外能激起我們的好奇心。它使我們想起中國畫家擅長的山水畫：這兒畫一塊石頭，那兒畫一堵山形牆，那兒又畫一株樹的樹梢，其餘則讓觀者自己去想像。縱使我們能破解他們的密碼，縱使我們能理解他們的科技，我們也無法探測這群古老祖先的思維，因為它是隱蔽在特有的象徵中，而創造這些象

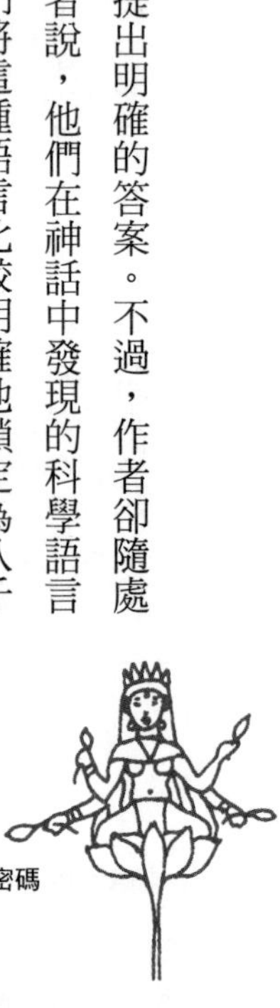

徵的心靈早已消失無蹤。❾

兩位任教於大西洋兩岸著名學府的科學史專家，在著作中宣稱，他們已經發現一套密碼式科技語言的殘餘，而這套語言比學界公認的最早文明古老好幾千年。更有趣的是，治學極為嚴謹的桑提拉納教授和戴程德教授，聲稱他們已經「破解一部分密碼」❿。對兩位嚴肅的學者而言，這可是驚人之論。

【註釋】

❶見《哈姆雷特的石磨》，頁五九。
❷同上，頁五八。
❸摘自《大英百科全書》一九九一年版，卷五，頁九三七～九三八。
❹摘自《哈姆雷特的石磨》，頁七。
❺同上，頁三四五。
❻同上，頁四一八。
❼同上，頁二四五。
❽同上，頁一三二。
❾同上，頁四～五及頁三四八。
❿同上，頁五。

第三十章 「宇宙樹和諸神的石磨」

在他們合著的一部博大精深的巨著《哈姆雷特的石磨》中，桑提拉納和戴程德兩位教授提出一連串神話和圖像學證據，試圖證明一個奇異的事實。由於某種神祕的原因，在歷史上的某個時期，流傳在世界各地的一些古老神話被「推選」出來，作為一種媒介，以傳達一組繁複的、有關分點歲差的天文數據資料（「推選」是挺耐人尋味的說法）。一位研究古代測量制度的專家指出，這項驚人的理論勢必在學術界「掀起一場哥白尼式的革命，改變目前我們對人類文化發展的看法」❶。

《哈姆雷特的石磨》出版於一九六九年；二十多年後的今天（編註：《上帝的指紋》一書於一九九五年發行），這場革命卻還沒有發生。在這段時期，這部著作既未廣泛發行，也未受到研究遠古文化的學者應有的重視。造成這種現象的，並不是著作本身的問題或缺點。誠如康乃爾大學公共行政教授柏納爾（Martin Bernal）指出的，真正的原因是：「很少考古學家、埃及學家和古代史學者具有充分的時間、心力和知識，探究桑提拉納提

出的非常專業的論點。」❷

桑提拉納的論點，主要牽涉到世界各地古代神話中反覆地、持續不斷地傳達出來的「歲差訊息」。詭譎的是，這些神話中一再出現的許多關鍵意象和象徵——尤其是跟「天堂的失序」有關的那些——也出現在本書第二十四、二十五章所探討的古代世界大浩劫傳說中。

例如，在北歐神話中，我們看到被諸神禁錮的惡狼芬里爾（Fenrir）終於掙開鎖鏈脫逃：「牠抖一抖身上的皮毛，整個世界都跟著顫動。白楊樹『伊格德雷西爾』（Yggdrasil）從樹根一直震顫到樹梢。山崩地裂……地球開始變形。星星在天空飄蕩。」

桑提拉納和戴程德認為，這則神話揉合兩個主題：一是大家耳熟能詳的「災變」主題，一是表面看來毫不相干的「歲差」主題。一方面，我們看到地球上發生一場大災難，其嚴重程度甚至超過《聖經》中的洪水；另一方面，我們發現天堂也陷入騷亂中：飄蕩在天空的星星「紛紛墜落進無底深淵。」❸

這類天文意象，一再出現於世界各地的神話，彼此之間差異極為微小。《哈姆雷特的石磨》的兩位作者認為，這種神話「可不是尋常說書人講述的那種故事」❹。北歐的神話描述惡狼芬里爾的脫逃和白楊樹的搖晃之後，接下來就是向我們報告，諸神分成兩個陣營，展開一場《聖經》啟示錄式的最後決戰。在這場驚天動地的慘烈戰鬥中，代表「秩序」的一方從英靈殿（Valhalla）出征：

我看到，英靈殿牆上
裝設著五百四十座門；
八百壯士穿過每一座門，
開拔到前線跟惡狼決戰。❺

輕描淡寫的四句詩，卻具有一種幽祕的魅力。我們讀到這裡，忍不住停頓下來，仔細數一數從英靈殿每一座門開拔到戰場的壯士：540×800＝432,000。這就是英靈殿全部出征戰士的總數。在本書第三十一章中我們會發現，在數學上，這個數目和「歲差」這個天文現象有關。它出現在北歐神話中，不太可能是偶然的巧合，尤其是在舉出這個數目之前，詩人剛提到「天堂的失序」——星星脫離它們在天空中的位置，開始四處飄蕩。

要瞭解這究竟是怎麼回事，我們得先弄清楚，桑提拉納和戴程德發現的古老「訊息」所使用的基本意象。這個意象，將天球的光亮圓頂轉化成一部龐大的、錯綜複雜的機器。就像一個水車輪、攪拌器、漩渦或圓石磨，這部機器不斷地旋轉，無休無止。太陽隨時校正它的運轉；在一年的行程中，太陽是輪流在黃道帶十二星座中升起的。

一年的四個基點是春分、秋分、夏至、冬至。在不同的基點，我們看到的太陽是在不同的星座中升起（以目前為例，春分時節太陽在雙魚座中升起，秋分在處女座中升起，冬

至在雙子座，夏至在射手座）。過去二千年間，每年這四個時節，太陽都是在那四個星座中升起，從不曾改變過。上文提到，由於「分點歲差」的關係，在不久的將來，春分點會從雙魚座轉移到寶瓶座。這個現象發生時，代表其他三個基點的星座也會跟著改變（從處女座、雙子座和射手座轉移到獅子座、金牛座和天蠍座）。這種情況就仿佛一部龐大的宇宙機器笨重地換檔一般。

桑提拉納和戴程德解釋，北歐神話中那株名為「伊格德雷西爾」的白楊樹，就像一個石磨的輪軸；在古代的科學語言中，它「代表世界的軸心」——這根軸子從地球向外延伸（對北半球的觀測者而言），一直通到天球的北極：

> 一般人會直覺地以為，這個軸子是一根直立的支柱……這樣的想法未免太過簡化。在神話的體系中，我們最好不要把軸子看成單獨的一根直線，而應該連同它的框架在內，把它視為一個整體……一看到半徑，我們會立刻想到圓圈；同樣地，這根軸子會讓我們聯想到天球表面的兩個關鍵性的大圓圈——天文學上所謂的二分圈（equinoctial colure）和二至圈（solstitial colure）。❻

二分圈和二至圈是天文學家假想的圓圈，在天球北極相交，連結地球繞太陽軌道上的兩個分點（即它在每年三月二十日和九月二十二日所在的位置），以及兩個至點（六月二十一日和十二月二十一日）。這就意味：「極軸的旋軸絕不能脫離跟隨它在天空中移動的兩個大圓圈。框架和軸心是結合成一體的。」❼

桑提拉納和戴程德提醒我們，這樣的一幅天象圖所呈現的並不是一種信念，而是一種寓言。他們一再指出，古代天文學家並不真的把宇宙看成這個模樣——兩個相交的圓圈組成天球框架，從一根軸子上懸吊下來。它只是一種「思維工具」；聰明的人透過它就可以破解神話中暗藏的密碼，找出裡頭蘊含的分點歲差天文訊息。

就是這麼一種思維工具，以各種不同的形式，不斷從世界各地的古老神話中冒出來。

磨坊的奴隸

中美洲流傳的一則神話提供我們另一個例證，顯示歲差神話和災異神話之間的確存在著奇異的、象徵的「交疊」現象。十六世紀西班牙學者狄亞哥・迪蘭達（Diego De Landa）轉述這則神話：

> 這個民族〔馬雅人〕奉祀的諸多神祇中，有四位被他們稱為巴卡布（Bacab）。根據他們的說法，上帝創造世界時，把這四個兄弟安置在地球的四個角落，讓他們支撐起天空，防止它崩塌。他們說，世界被洪水淹沒後，巴卡布兄弟趁機脫逃。❽

桑提拉納和戴程德指出，馬雅族的天文學家兼祭司根本不相信地球是扁平的，具有四個角落的。他們認為，四個巴卡布神的故事，是被用來當作一種科技寓言，藉以探討「分點歲差」這個天文現象。簡言之，巴卡布四兄弟代表的是占星時代的座標體系。他們象徵天文中的二分圈和二至圈，將四個星座連結在一起，而這四個星座，正是二千二百年週期中，每年春、秋分和夏、冬至太陽升起的地方。

當然，大家都知道，每當宇宙星體的運轉「換檔」時，舊的時代會崩潰，新的時代會誕生。這些都是我們經常在神話中看到的歲差意象。比較特別的是，馬雅人的神話將這個天文意象和地球上的一場災難——巴卡布四兄弟逃過的那場洪水——明確地連結在一起。此外，值得一提的是，墨西哥奇琴伊察古城的浮雕所描繪的巴卡布四兄弟，很明顯地蓄著鬍子，具有歐洲人的五官和外貌。總之，巴卡布意象（一向被誤解為代表「天空的四個角落」、「四邊形的地球」等等）只是神話中提供的許多思維工具之一，而這種工具的作用，是讓我們破解天文中的歲差之謎。這類思維工具，最典型的莫過於桑提拉納那部著作《哈姆雷特的石磨》中的「石磨」。

莎士比亞創造的這個悲劇人物——西方文學中「第一個具有現代氣質的、不快樂的知識份子」——事實上是古老神話傳統的產物，擁有一個充滿傳奇色彩的過去。在許多次轉世投胎中，他一直保持獨特的個性。這個人物最初出現在冰島的傳說，名字叫做安姆洛迪

（Amlodhi），有時也叫做安姆雷斯（Amleth），跟哈姆雷特一樣，「個性憂鬱，才高八斗。他也是一心一意為父報仇。他說話隱晦，卻蘊含高深的道理。他是命運的使者，行蹤飄忽不定；一旦完成使命，就得從人間消失……」❾

在意象粗糙而鮮明的北歐神話中，安姆洛迪擁有一個神奇的石磨——一種手推的圓形石磨，據說每天都能碾出大量黃金和各種珍寶。根據許多傳說記載，兩位女巨人，芬妮雅（Fenja）和梅妮雅（Menja）受雇擔任推磨的工作，因為這口石磨實在過於龐大沉重，尋常人推動不了。不知為了什麼緣故，兩位女巨人被逼日夜幹活，主人不讓她們歇息：

她們被帶到石磨旁的長凳，
推動那塊灰色的石頭；
他不讓她們停下來歇口氣，
一逕豎起耳朵傾聽磨子的輾軋聲。
她們的歌聲有如鬼哭神號，
打破夜晚的寂靜；
「卸下貯穀箱，減輕石磨的重量吧！」
他卻命令她們繼續磨。❿

芬妮雅和梅妮雅忍無可忍，於是，有一晚趁大夥兒都睡著了，她們開始大發雌威，發

瘋似的使勁轉動石磨，把它那幾根用鐵皮包紮的支柱砸得粉碎。整座磨坊頓時陷入一片混亂中。一個名叫麥辛格（Mysinger）的海盜王趁機偷走石磨，連同兩位女巨人一齊送到船上。麥辛格命令她們推磨，但這回碾出的卻是鹽。磨到半夜三更，她們問麥辛格，他真的需要那麼多鹽嗎？但他喝令她們繼續磨。她們又磨了一會，船卻突然沉了：

粗大的石磨支柱飛離貯穀箱，
鐵鉸釘紛紛爆裂，
磨柄顫抖不停，
貯穀箱砰然墜落。⓫

沉入海底之後，石磨繼續轉動，但這回碾出的卻是石頭和沙礫，形成一個巨大的漩渦，據說就是今天挪威西北部海上那個危險的大漩渦（Maelstrom）。

桑提拉納和戴程德聲稱，這些意象所顯示的就是天文中的「分點歲差」現象。石磨的軸子和「鐵支柱」代表的是：

天球的一個座標體系，反映出一個世界週期的架構。事實上，界定一個世界週期的就是這個架構。由於天球的極軸和分至圈構成一個肉眼看不見的整體，因此，當其中一部

分脫離時，整個架構就會分崩離析。一旦這種情況發生，具有合適的分至圈的一顆新北極星，就會取代過時的那顆。⓬

桑提拉納和戴程德進一步闡釋「大漩渦」所蘊含的象徵意義：

〔這個意象〕經常出現在古代寓言中。在荷馬史詩《奧德賽》（*Odyssey*）中，它現身為墨西拿海峽（Straits of Messina）的卡里布底斯大漩渦（Charybdis）；它也出現在印度洋和太平洋地區的神話。耐人尋味的是，在這類神話中，總會有一株枝葉亭亭的無花果樹，讓遭遇海難的英雄攀附它的樹枝，不管這位英雄是印度神話中的薩提雅夫拉達（Satyavrata），抑或是東加群島的凱伊（Kae）……這些意象一再出現於世界各地的神話，不可能是某一位詩人憑空捏造的。自古以來，這類故事一直就是宇宙誌的一部分。⓭

荷馬的《奧德賽》是彙集三千年前的希臘神話寫成的。漩渦的意象出現在那兒並不值得我們驚訝，因為冰島神話中的那個大石磨也出現在這部希臘史詩，而且，出現的情況也頗為相似。故事發生在決戰前的那一晚。一心想報仇的奧迪修斯已經回到家鄉綺色佳（Ithaca）；在女神雅典娜施展的魔法掩護下，家裡沒有一個人認得出他。在現身面對仇人之前，奧迪修斯向天神宙斯祈禱，請求祂發出一個鼓勵的信號：

> 宙斯立刻從光輝燦爛的奧林帕斯山上發出雷電……正直的奧迪修斯，他一看頓時放了心。這時，鄰近的一棟屋子裡傳出一位婦人的悲號聲。這間屋子是島主的磨坊，雇有十二名女工。她們推動磨子，將大麥和小麥磨成食糧，供養男人。這會兒所有女工都就寢了，因為她們已經做完份內的工作，只剩下這位身體孱弱的婦人還沒歇息。她停下磨子，開始祈禱……「讓今天成為（奧迪修斯的仇人）在他家的大廳飲宴作樂的最後日子！強迫我日夜幹活，替他們磨大麥的這幫傢伙，讓今晚這一餐成為他們最後一餐！」[14]

桑提拉納和戴程德指出，「如同石磨一般旋轉，時時惡作劇的天球」[15]意象，也出現在《聖經》中有關大力士參孫（Samson）的傳說。那時的參孫「雙目皆盲，和一群奴隸在磨坊幹活」。有一天，他的仇人解開他身上的鎖鏈，把他帶進廟堂，要他在他們面前「戲耍」；參孫伸出雙手抱住神殿中央兩根柱子，奮力一搖，偌大的建築物登時倒塌下來，把仇人全都壓死[16]。一如北歐神話中的芬妮雅和梅妮雅，參孫終於報仇雪恨。

同樣的主題也出現在日本、中美洲和紐西蘭毛利族的傳說。在北歐芬蘭的神話中，這個「哈姆雷特／參孫」人物被稱為庫勒沃（Kullervo），石磨也有一個特別的名字：參波（Sampo）。如同芬妮雅和梅妮雅的石磨，它後來也被偷走，送上一艘船，最後破裂成碎片[17]。

根據學者考證，Sampo這個字源自梵文skambha，意指「柱子或軸子」⑱。在北印度文學最古老的作品《呪文吠陀》（*Atharvaveda*）中，我們找到一首讚美skambha的頌歌：

> 它撐起地球和大氣，它撐起天空，讓火、月亮、太陽和風謹守各自的位置……它同時支撐天空和地界；它支撐遼闊的大氣；它支撐廣大的六方；它支撐宇宙萬物。

將這首頌歌（《呪文吠陀》第十卷第七章）譯成英文的惠特尼（William Dwight Whitney，一八二七～一八九四）卻感到大惑不解：「skambha意指支柱、支撐物、柱子，在這首頌歌中竟然被用來描述宇宙的架構。」⑲然而，只要我們瞭解連結宇宙石磨、漩渦、世界樹之類神話意象的那套複雜觀念，這段古老的吠陀經文就不會顯得那麼怪異。一如其他神話寓言，這首頌歌呈現的是「世界週期的架構」——以二千多年為一週期的天文運作，其間太陽一直從相同的四個基點升起，然後漸漸將這四個天空座標轉移到四個新的星座，展開另一個為時二千多年的週期。

因此，在這些神話中石磨常會破裂，支柱會脫離，鉸釘會爆開，磨柄會搖晃。這些意象所顯露的是天文中的「分點歲差」現象；每隔一段漫長的時期，分點歲差的效應就會改變——甚至摧毀——整個天球的穩定座標。

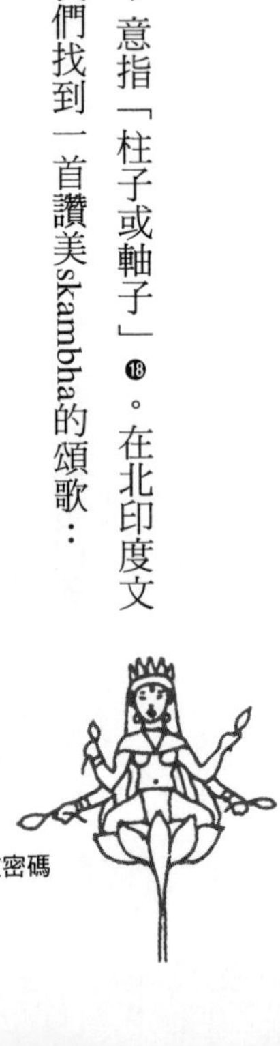

值得注意的是，作為宇宙機制的一個象徵，石磨不斷出現在世界各地的神話中，即使有些傳說已經殘缺不全。誠如桑提拉納和戴程德指出的，神話是否保存完整並不重要。他們認為：「神話術語的一大功能，就是讓講述故事和寓言的人，透過它將某些知識紮實地、獨立地流傳下去。」[20]換言之，在代代相傳，重複講述的過程中，基本的意象會被保留下來，繼續流傳下去，儘管後人講述的故事可能已經偏離原有的情節。

這種偏離並不妨礙基本意象和訊息的保存，例證之一是北美洲契洛基族（Cherokees）印第安人的神話。他們管「銀河」（我們的星群）叫「狗兒逃跑的地方」。根據契洛基族的傳說，古時候「南方的人有一座玉米磨坊」，經常失竊，後來主人發現小偷竟是一隻狗兒。行跡敗露後，這隻狗兒「號叫著逃回北方的家鄉，一面跑，一面從嘴巴滴下玉米粉，在路上留下一條白色的痕跡，那就是我們今天看到的銀河了。至今契洛基人還管它叫……『狗兒逃跑的地方』。」[21]

在中美洲，講述奎札科特爾事蹟的諸多神話中，有一則記載大洪水氾濫全世界，導致「第四太陽紀」結束，他展開救亡工作，促使人類復興。根據這則神話，奎札科特爾帶領一個夥伴——狗頭人身的索洛特爾（Xolotl）——進入陰間，取回死難民眾的屍骨。他哄騙死神米克蘭迭朱特里（Miclantechutli），讓他把骨骸帶回陽間一個名叫塔摩安禪（Tamoanchan）的地方。在那兒，他用一口石磨把骨骸磨成粉末，就像碾磨五穀一樣。接著，諸神把鮮血灑在骨粉上，創造出現今人類的始祖㉒。

桑提拉納和戴程德認為，狗出現在這兩則變異的宇宙石磨神話，不太可能是偶然的巧合。他們指出，庫勒沃——芬蘭神話中的哈姆雷特——也有一隻名為穆斯迪（Musti）的黑狗。奧迪修斯回到綺色佳的家園時，第一個認出他的就是他那隻忠心耿耿的狗兒。熟讀《聖經》的人都知道，參孫的事蹟牽涉到狐狸（總共三百隻㉓），而狐狸是犬科動物。丹麥版的安姆雷斯／哈姆雷特傳說記載：「安姆雷斯在矮樹叢中趕路，一隻狼攔在路上。」更耐人尋味的是，在芬蘭庫勒沃傳奇的一個修訂版中，男主角「被遣送到愛沙尼亞，站在籬笆下學狗吠；他就這樣吠了一整年……」㉔

桑提拉納和戴程德指出，神話中充斥的「犬味」（doggishness）是有作用的：它是至今猶未被破解的古代天文密碼的一部分，在世界各地不斷發出訊號。神話中還有很多其他的犬類象徵。桑提拉納把這些象徵歸類為「語形學標記」（morpho logical markers）——透過這些標記，我們可以找到古代神話中蘊藏的分點歲差天文訊息㉕。標記本身也許有意義，也許只是一個符號，提醒神話的讀者注意，一個重大的天文資料即將在故事中揭露。有趣的是，這些標記有時也扮演「開路者」的角色，引導初學者從一個神話進入另一個神話，追尋裡頭蘊藏的科學訊息。

因此，儘管我們沒看到熟悉的石磨和漩渦意象，但是，當故事中提到希臘神話的偉大獵人奧里安（Orion）擁有一隻狗時，我們最好保持警覺。根據神話記載，有一次奧里

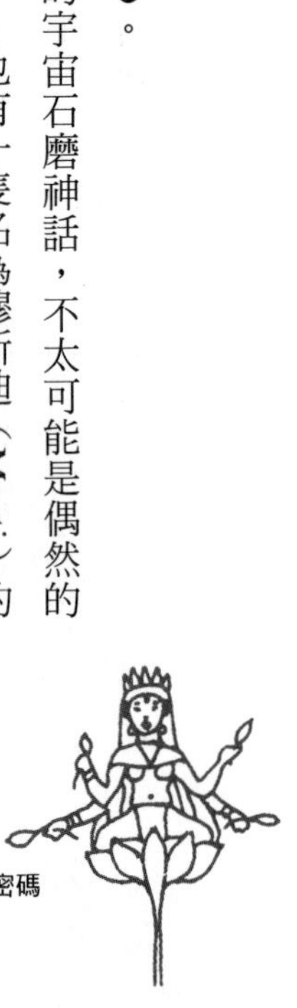

安試圖淫辱守身如玉的女神亞特米絲（Artemis）；她從地上召喚一隻蠍子，把奧里安和他的狗螫斃。奧里安的靈魂飛昇上天，成為「獵戶星座」，而他那隻狗也變成「天狼星」（Sirius）——西方人心目中的「狗星」（Dog Star）[26]。

對於天狼星的來歷，古代埃及人也有類似的說法；在他們的神話中，獵戶星座和埃及主神歐西里斯（Osiris）關係密切。古代埃及賦予忠誠的天狗最完整、最明確的神話色彩和意義——他們管牠叫烏普奧特（Upuaut），意思是「開路神」。如果我們追隨這位狼首人身的神祇來到埃及，抬頭眺望天上的獵戶星座，進入歐西里斯的悲壯神話，我們會發現我們被一群熟悉的象徵所環繞。

讀者想必記得，根據埃及神話的記載，歐西里斯死於一場陰謀（見本書第九章）。謀害他的奸人把他禁錮在一口密封的箱子中，讓他漂流在尼羅河上。在這一點上，他是不是很像烏納皮施汀、諾亞、柯克斯柯克斯特里（見本書第二十四章）以及其他躲藏在方舟（或箱櫃）中，逃過世界大浩劫的洪水英雄？

歐西里斯神話中另一個大家熟悉的象徵，是「世界樹和／或房屋樑柱」（在這個故事中兩者互相結合）。這個象徵是典型的天文歲差意象。神話告訴我們，被禁閉在箱櫃中的歐西里斯順流而下，進入大海，最後被海浪沖刷到中東地區的畢布羅斯港（Byblos）。箱櫃擱淺在一株赤楊樹的枝葉間。這株樹迅速成長，變得十分高大茂盛，把箱櫃環繞在樹身中。當地的君王看上這株赤楊樹，下令將它砍伐，把隱藏歐西里斯的那一部分鋸下，製成一根樑柱，裝飾他的宮殿。後來，歐西里斯的妻子愛瑟絲從樑柱中挖出丈夫的屍骨，帶回埃及，設法使他復活[27]。

這則歐西里斯神話還包含一些關鍵數字。不管是出於巧合還是刻意安排，這些數字將引領我們進入古代的天文「科學」，讓我們一探歲差現象之謎。這將是我們在下一章探討的課題。

【註釋】

❶見《大金字塔的祕密》，頁三八一～三八二。

❷見馬汀・柏納爾《黑色雅典娜：古典文明的亞非根源》，頁二七六。Martin Bernal, *Black Athena: The Afroasiatic Roots of Classical Civilization*, Vintage Books, London, 1991, p.276.

❸參見本書第二十五章。

❹見《哈姆雷特的石磨》，頁七。

❺摘自《古冰島詩集》，頁九三，引述自《哈姆雷特的石磨》，頁一六二。

❻摘自《哈姆雷特的石磨》，頁二三二～二三三。

❼同上，頁二三一。

❽摘自《西班牙人入侵前後的猶加敦半島》，頁八二。

❾見《哈姆雷特的石磨》，頁二。

❿摘自〈石磨之歌〉，引述自艾爾薩・提契奈爾《歐丁的面具》，頁一九八。*"The Song of the Mill,"* in Elsa B.

Titchenell, *The Masks of Odin*, Theosophical University Press, Pasadena, 1988, p. 198.

⓫ 摘自〈石磨之歌〉，引述自《哈姆雷特的石磨》，頁八九～九〇。

⓬ 摘自《哈姆雷特的石磨》，頁二三二。

⓭ 同上，頁二〇四。

⓮ 摘自《奧德賽》（勞斯英譯本），第二十卷第一〇三～一一九行。*Odyssey*（Rouse translation）, 20:103～119.

⓯ 見羅馬諷刺作家彼脫羅尼亞（Petronius）語，引述自《哈姆雷特的石磨》，頁一三七。

⓰ 見舊約〈士師記〉，第十六章，第二十五～三十節。

⓱ 見《哈姆雷特的石磨》，頁一〇四～一〇八。

⓲ 同上，頁一一一。

⓳ 同上，頁二三三。

⓴ 同上，頁三一二。

㉑ 同上，頁二四九及頁三八九。亦見門羅與威廉遜《空中飛舞：美洲原住民的星辰神話》，頁一一七～一一八。Jean Guard Monroe and Ray A. Willamson, *They Dance In the Sky: Native American Star Myths*, Houghton Mifflin Co., Boston, 1987, pp.117-118.

㉒ 見《古代墨西哥和馬雅人的神祇與象徵》，頁七〇。

㉓ 見舊約〈士師記〉，第十五章第四節。

㉔ 見《哈姆雷特的石磨》，頁十三及頁三一。

㉕ 同上，頁七及頁三一。

㉖ 見《世界神話》，頁一三九。值得注意的是，和參孫一樣，奧里安是個瞎子——星座神話中唯一的瞎子人物。亦見《哈姆雷特的石磨》，頁一七七～一七八。

㉗ 見《埃及亡靈書》，導言，頁五十。

第三十一章 「歐西里斯數字」

考古天文學家珍・謝勒斯（Jane B. Sellers）在芝加哥大學東方研究所研究埃及古物學。每年冬天，她都在緬因州波特蘭市（Portland）度過，夏天則「朝東走」，前往坐落在緬因州岩石海岸的十九世紀小鎮黎普里頸（Ripley Neck）。她說：「那兒的夜空清澄得有如沙漠的天空；興致來時，你向海鷗大聲朗誦古埃及金字塔經文，也不會有人覺得奇怪……」❶

只有少數學者驗證過桑提拉納和戴程德在《哈姆雷特的石磨》一書中提出的理論，而謝勒斯正是其中的一位。她的努力獲得部分學者肯定❷。她認為，研究古埃及文明和宗教必須使用天文學，尤其是歲差的觀念。她指出：「一般考古學者並不瞭解歲差現象。這方面的缺失難免影響到他們對古代神話、古代神祇、古代神殿結構的研究和結論……對天文學家來說，歲差是一個已經被確認的天文事實；研究古代人類文明的學者，必須趕緊掌握這方面的知識。」❸

謝勒斯的論點，呈現在她的著作《古埃及神祇之死》（*The Death of Gods in Ancient Egypt*）中。她認為，埃及的歐西里斯神話可能刻意隱藏著一組關鍵數字，而這些數字在故事情節上也許是「多餘的」，但卻能提供我們一套永恆的計算方法；根據這套方法，我們可以精確地計算出以下的值：

1. 地球緩慢的進動（precessional wobble）促使春分日出的位置沿著黃道移動一度所需的時間（和黃道帶星座相關）；
2. 太陽穿越過一整個黃道帶宮（三十度）所需的時間；
3. 太陽穿越過兩個黃道帶宮（總共六十度）所需的時間；
4. 太陽沿著黃道移動三百六十度，完成一個歲差週期或「大年」——即所謂的「大回轉」（Great Return）❹——所需的時間。

計算「大回轉」

謝勒斯在歐西里斯神話中發掘出的關鍵性歲差數字是360、72、3O、12。這些數字，大部分出現在神話中講述各個角色出身來歷的那一部分。大英博物館埃及文物部門前任主管布奇（E.A. Wallis Budge）簡述這段神話：

大地之神葛布（Geb）愛上太陽神雷（Ra）的妻子——女神奴特（Nut）。雷發現這椿姦情，大為震怒；他詛咒妻子，不管哪一年、哪一月，都不得生養兒女。知識與魔法之神索斯（Thoth）也愛上奴特。他跟月神賭一把，從她手上贏來五個整天。索斯在當時每年的三百天之上增加這五天。在這五天的頭一天，奴特生下歐西里斯；他出世的那一刻，人們聽到有個聲音宣佈：造物主已經降生。❺

歐西里斯神話也曾提到，當時一年三百六十天，分成「十二個月，每個月三十天」❻。謝勒斯指出，大體上，歐西里斯神話在關鍵處會使用「一些特定詞語，促使讀者注意其中包含的數字，並做簡單的心算」❼。

到目前為止，謝勒斯已經提供我們三個歲差數字：360、12、30。第四個數字稍後才出現，但卻是最重要的。在本書第九章我們提到，邪惡的神賽特唆使一群奸人，謀害歐西里斯。參與這椿陰謀的總共有七十二人。

掌握最後的關鍵數字後，我們就可以依照謝勒斯的指示做一番運算，如同操作一台古代電腦：

12＝黃道帶星座的數目；

30＝沿著黃道，每一個黃道帶星座所占的度數；

72＝春分太陽沿著黃道，完成一度的歲差移動所需的時間，即七十二年；

360＝黃道的總度數；

72×30＝2160（太陽沿著黃道移動三十度，穿越過一整個黃道帶星座所需的時間，即二千一百六十年）；

2160×12（或360×72）＝25920（完成一個歲差週期或「大年」所需的時間，即二萬五千九百二十年，也就是「大回轉」總共所需的年數）。

其他數字和數字組合也會出現，例如：

36＝春分太陽沿著黃道，完成半度的歲差移動所需的時間，即三十六年；

4320＝春分太陽完成六十度的歲差移動，穿越兩個黃道帶星座所需的時間，即四千三百二十年。

謝勒斯認為，這就是一再出現於古代神話和神殿的天文歲差密碼的基本成分。一如玄祕的命理學（numerology，譯註：依據出生年月日及其他數字測定命運之學），這套密碼允許人們隨意向左或向右移動小數點；人們也可以運用密碼中的基本數字（全部跟分點歲差率有關）從事幾乎任何組合、排列、乘除。

密碼中最重要的數字是72。古代神話常在這個數字上加36，使成108，然後乘以100，得10800，或除以2，得54，再乘以10，得540（54000，540000，5400000等等）。另一個關鍵數字是2160（春分太陽穿越一個黃道帶星座所需的年數）。古代神話有時將這個數字乘以10或10的因數，得216000，2160000等等；有時乘以2，變成4320，43200，432000，4320000，無窮無盡。

比希巴克斯更精確

謝勒斯認為，這些數字的演算是被刻意轉變成密碼，隱藏在歐西里斯神話中，以便將天文歲差資訊傳達給初入門的人。如果謝勒斯的假設是正確的，我們就得面對一個耐人尋味的、反常的現象。這些數字如果真的牽涉到天文歲差，它們在古代出現，委實是不可思議的現象，因為這些數字所包含的科學知識太過先進，並不是古代任何已知的文明能夠演算出來的。

我們不要忘記，保存這些數字的神話，在古埃及人發明文字之初就已經存在（事實上，西元前二四五〇年左右寫成的金字塔經文，包含有歐西里斯神話的一些成分，而根據上、下文我們可以判斷，即使在那個時候，這些成分已經非常古老）❽。被正統學界公認

為「歲差發現者」的希臘天文學家希巴克斯，活在西元前二世紀。根據他的推算，一年的歲差移動是四十五或四十六弧秒，也就是說，春分太陽沿著黃道移動一度，需要八十年時間（以每年移動四十五弧秒計算）或七十八點二六年（以每年移動四十六弧秒計算）。二十世紀天文學運用現代科學方法，計算出來的正確數字是七十一點六年。如果謝勒斯的推論正確，那麼，「歐西里斯數字」所提供的值——七十二年，就顯然比希巴克斯的數字精確得多。由於敘事結構的限制，出現在神話中的數字通常是整數，因此，即使古代神話作者掌握更精確的數字，也只好捨棄它而改用七十二這個整數——你總不能在故事中說，謀害歐西里斯的奸人一共是七十一點六人呀。

根據這個整數，歐西里斯神話能夠推算出，春分太陽穿越一個黃道帶星座需要二千一百六十年。現代天文學家計算出的正確數字是二千一百四十八年。希巴克斯的數字分別是二千四百年和二千三百四十七點八年。此外，依據歐西里斯數字，我們可以推算出，春分太陽穿越黃道帶所有十二個星座，完成一個歲差週期，需要二萬五千九百二十年。希巴克斯的數字則是二萬八千八百年或二萬八千一百七十三點六年。根據今天的估算，正確的數字是二萬五千七百七十六年。因此，希巴克斯計算的「大回轉」時間，誤差達三千年左右。歐西里斯神話的計算只誤差一百四十四年。若不是由於敘事結構的限制，神話作者被迫捨棄七十一點六，改用七十二作為基數，恐怕連這點誤差也不會出現。

我們做出以上的推論，是假定謝勒斯的看法正確：360、72、30、12這四個關鍵數字出現在歐西里斯神話中，並不是偶然的巧合，而是一群瞭解——並且精確測量過——天文歲差的人刻意安排的。

謝勒斯有沒有弄錯？

衰微的時代

將歲差演算程式隱藏在故事裡頭的神話，不僅僅是埃及的歐西里斯神話而已。相關數字以各種形式、倍數和組合，不斷出現在古代世界各個地區的傳說。

在本書第二十三章，我們已經看到一個例證：北歐神話記載，四十三萬二千名戰士從英靈殿出發，開拔到前線和「大狼」決戰。現在回頭再看一看這則神話，我們就會發現，這個數字隱藏著「歲差數碼」的好幾種排列組合。

同樣地，在第二十四章我們發現，保存中國古代大洪水傳說的那部典籍，據說擁有四千三百二十卷。

數千英里外的巴比倫，根據西元前三世紀歷史家貝羅蘇士（Berossus）的記載，大洪水發生之前，一群神話君王先後統治蘇美古國，時間長達四十三萬二千年。這難道是一個巧合？貝羅蘇士還指出，「從天地初創到世界消失」，人類總共經歷二百一十六萬年❾。這難道也是一個偶然的巧合？

古代美洲印第安民族，諸如馬雅人，他們的神話也包含72、2160、4320之類的數字嗎？我們無從得知，因為中美洲的傳統文物，絕大部分已經被西班牙征服者和天主教傳教士銷毀。不過，我們可以確定，相關數字大量出現在馬雅人的「長算」曆法中。這套曆法的細節，我們已經在第二十一章探討過。推算歲差所需的數字，保藏在以下的公式中：

一卡盾（Katun）＝七千二百天
一盾（Tun）＝三百六十天
二盾＝七百二十天
五巴克盾（Baktun）＝七十二萬天
五卡盾＝三萬六千天
六卡盾＝四萬三千二百天
六盾＝二千一百六十天
十五卡盾＝二百一十六萬天[10]

謝勒斯發現的「密碼」，並不僅僅存在於神話。矗立在柬埔寨叢林中的吳哥窟遺跡，當初興建時顯然經過一番精心設計，以反映天文中的歲差現象。例如，整個遺址總共有五座大門，每一座門前面有一條道路，跨越鱷魚出沒的護城河。道路兩旁樹立著一排巨大的石雕像（每條道路一〇八尊雕像，每一邊五十四尊，五條馬路總共五百四十尊雕像），而每一排雕像手中都托著一條大蛇。桑提拉納和戴程德在《哈姆雷特的石磨》一書中指出，雕像手中並不是「托著」大蛇，而是「拉扯」牠，顯示這五百四十尊雕像「正在攪動銀河」。整個吳哥窟神殿群，「是以典型的印度教怪誕玄想建立起的一個巨大模型」，用來表現天文中的歲差觀念⓫。

由七十二座鐘形浮圖組成的爪哇波羅布度神廟（Borobudur），在整體配置上也似乎反映出歲差現象。同樣的情況，顯現在黎巴嫩巴爾貝克（Baalbeck）古城的巨石碑——據說是全世界最大的人工切割石塊。這些石碑的歷史，比古城中的希臘和羅馬建築古老得多。其中三塊石碑組成所謂的「三石塔」（Trilithion），約莫和五層樓房等高，每一塊重達六百多噸。第四塊石碑長八十英尺，重一千一百噸。不可思議的是，這些人工切割、形狀完美的巨石，是從好幾英里外的採石場運送到巴爾貝克城。當時的工匠以嫻熟的技巧，將這些巨石嵌進一座大神殿的牆壁，距離地面相當高。整座神殿被五十四根高大的圓柱環繞。

在印度次大陸，獵戶星座被稱為卡爾—普魯什（Kal-Purush），意思是「時間—人」⓬。我們在那兒發現，謝勒斯的歐西里斯數字透過各種媒介傳遞的方式，愈來愈不像偶然的巧合。例如，印度人的火葬台是由一〇八〇〇塊磚頭築成。吠陀經典中年代最古老，蒐羅印度神話最豐富的《詩篇吠陀》（*Rigveda*），總共一萬零八百節。每一節詩由四十個

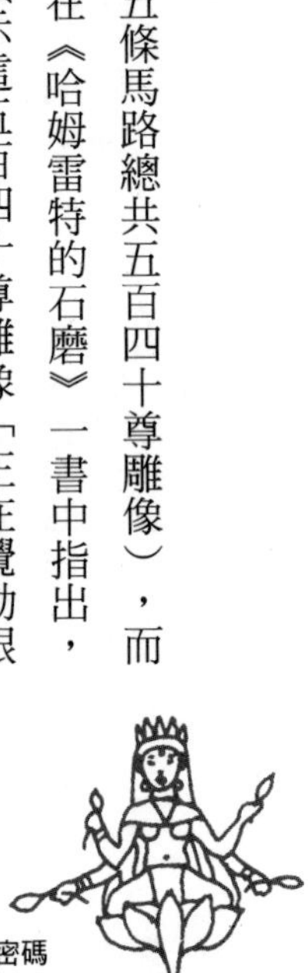

「攪動銀河」——我們在古代神話中發現的歲差「思維工具」之一。

音節組成，因此，整部作品總計四十三萬二千音節，不多不少⑬。值得一提的是，在《詩篇吠陀》第一篇第一六四節有一句詩：「火神的七百二十個兒子，被安頓在十二輻的輪子中。」⑭

猶太教的卡巴拉祕法（Cabala）有七十二位天使；據說，知道他們的名字和號碼的人，可以透過他們接觸或召喚神靈。美國的祕密宗教團體「玫瑰十字教團」（Rosicrucian Order）相信所謂的「一百零八年週期」（七十二加三十六），並借此發揮他們的影響力。七十二這個數字和它的各種排列組合，對古代華人的祕密會社「三合會」（Triads）也具有重大的意義。據說，根據古禮，入會的人必須繳交一筆費用，包括「衣裝費三百六十錢，荷包費一百零八錢，敬師費七十二錢以及處決『叛徒』的費用三十六錢」⑮。這裡的「錢」（cash）指的是古時通行中國的方孔銅錢，現在當然已經不再流通，但是，經由祕密幫派儀式流傳下來的「數字」，至今依舊保留。在現代的新加坡，加入三合會的人可依經濟能力付出一筆入會費，但這筆錢必須是$1.80、$3.60、$7.20、$10.80的倍數，也就是$18、$36、$72、$108、$360、$720、$1080等等⑯。

全世界的祕密幫派中，最神祕、最古老的要數中國的「洪門」（Hung League）——西方學者稱其為「中國古老宗教的寶庫」⑰。洪門入幫儀式包含一段問答：

問：你在路上看見什麼？

答：兩個盆子和一根紅色竹竿。
問：盆子裡有幾種花草？
答：一個盆子有三十六種，另一個盆子有七十二種，總數是一百零八。
問：你有沒有帶一些回去啊？
答：有啊，我帶一百零八種花草回家去。
問：你怎麼證明呢？
答：我可以吟一首詩。
問：這首詩怎麼講？
答：羊城紅竹奇又奇，
其數三六與七二。
誰人能解箇中謎？
入得門來自知曉。

這段對話所呈現的詭祕氣氛，正是中國古代洪門幫行事隱密的一貫作風。在許多方面，這個組織很像中古世紀歐洲的「聖殿騎士團」和現代美國的「共濟會」（Freemasonry，譯註：一種國際性祕密互助團體，正式譯名為「美生會」），但這不是本書探討的範圍⓲。我們只想提醒讀者，中國字「洪」是由「水」和「共」組成，意思就是氾濫成災的大水——洪水。

最後，讓我們回到印度，看看那部名為《普拉納斯》（*Puranas*）的神聖典籍。它提到四個「地紀」（Yugas，意即「地球上的時期」）；據說，這四個時期總共涵蓋一萬二千「天年」。以「天年」計算，四個時期的長度分別是：克里達紀（Krita Yuga）四千八百天年；特雷達紀（Treta Yuga）三千六百天年；達夫帕拉紀（Davpara Yuga）二千四百天年；卡里紀（Kali Yuga）一千二百天年。

這部經書告訴我們：「凡人的一年等於神祇的一天。」[19]我們發現，一如埃及的歐西里斯神話，這部印度典籍刻意把人間和天上每一年的天數設定為三百六十天，因此，天上的一年等於人間的三百六十年。

以此推算，涵蓋一千二百「天年」的卡里紀，長度相當於四十三萬二千「人年」。一個大紀（Mahayuga）包含四個小紀，涵蓋一萬二千「天年」，相當於四百三十二萬「人年」。一千個大紀構成一個梵天日（Kalpa），長達四十三億二千萬「人年」——這個數字提供我們的，正是計算天文歲差必須具備的數碼。這部印度經書還告訴我們，「一個曼梵達拉期（Manvantara）包含四個地紀的大約七十一個體系」[20]。讀者想必還記得，春分太陽沿著黃道完成一度的歲差移動，需要七十一點六年時間。這個數字在印度可以簡化為整數「大約七十二」，一如在古代埃及可以簡化為七十二。

順便一提，涵蓋四十三萬二千「人年」的卡里紀，正是現今人類所屬的一個時期。印

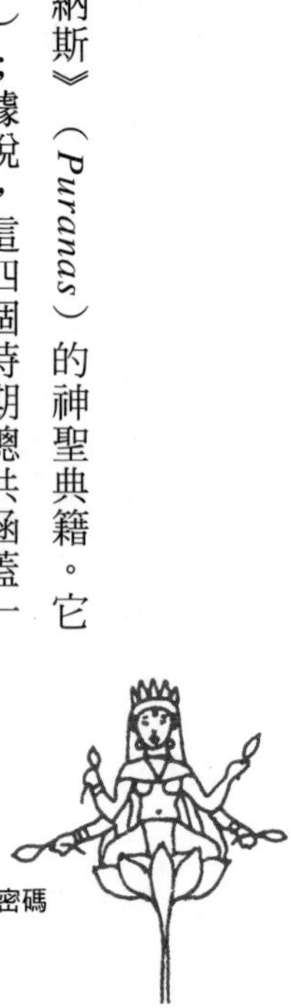

度經書提醒我們：「在卡里紀時期，文明將開始衰微，人類一步一步走向毀滅。」㉑

狗、叔父、報仇

是一隻狗兒把我們帶到衰微的時代。

我們經由天狼星——西方人心目中的「狗星」——來到歷史的這個階段。它緊緊挨在壯闊的獵戶星座腳旁，閃爍在埃及的天空，俯瞰著埃及的土地。我們知道，在古埃及，獵戶星座是死亡與復活之神歐西里斯的化身，而他的數字——也許出於巧合——是12、30、72、360。但是，這些和其他牽涉到天文歲差的關鍵性整數，卻一再出現於世界各地的神話（表面看來，彼此之間毫無關聯），也不斷顯現在那些堅實的、持久的、傳達古人訊息的媒介，諸如曆法體系和建築作品。這個事實難道也是出於偶然的巧合？

桑提拉納、戴程德、謝勒斯和愈來愈多的學者，拒絕承認這種現象是巧合造成的；他們聲稱，關鍵細節的一再浮現，顯示幕後有一隻手在操控這一切。

如果他們的看法是錯的，我們就得另外找些理由，解釋下面這個問題：這些明確的、相互關聯的數字（唯一明顯的功能是計算天文歲差），如何能夠僅僅憑著巧合，在世界各地的人類文化烙下不可磨滅的銘記？

但是，萬一這群學者的看法是正確的呢？如果真的有一隻手在幕後操控這一切，我們又該如何看待整個事情？

當你獨坐燈下，展讀桑提拉納和戴程德蒐集的神話，進入那個幽祕的世界時，你幾乎感覺得到那隻手的存在……就拿那隻狗兒（或胡狼，或豺狼，或狐狸）來說吧。這隻行蹤詭祕的犬科動物，靜悄悄地從一則神話潛行到另一則神話，一路上不住挑逗你，蠱惑你，引誘你跟隨牠往前探索。

確實，我們就是跟隨這隻狗兒，從北歐傳說中的安姆洛迪磨坊，來到埃及的歐西里斯神話世界。一路上，我們遵循古代聖哲的指引（如果謝勒斯、桑提拉納和戴程德的看法正確的話），首先在心中構築天球的明晰影像，然後，透過神話提供的機械模型，想像天文中「分點歲差」對天球所有座標定期產生的重大影響。最後，在「狗星」（天狼星）引領下，我們終於取得計算歲差必須具備的數碼。

永遠依偎在獵戶星座腳旁的天狼星，並不是歐西里斯神話中唯一的犬類角色。本書第十一章提到，女神愛瑟絲（她就是歐西里斯的妻子，也是他的妹妹）在丈夫被賽特（他是歐西里斯和愛瑟絲的兄弟）謀害後，到處尋找丈夫的屍首。根據古老的傳說，在搜尋的過程中一直有好幾隻狗兒（另有一說是胡狼）陪伴在她身旁，幫助她。此外，埃及歷史上各個時期的神話和宗教典籍都指出，歐西里斯死後，看護他的靈魂，引導他進入陰間的就是「胡狼神」阿努比斯（Anubis）。（在現存的一些小故事中，阿努比斯的外貌和「開路神」天狗烏普奧特幾乎一模一樣。）

最後，我們也莫忘記，根據神話記載，歐西里斯化身為狼，從陰間返回人世，幫助兒子荷羅斯（Horus）對賽特展開最後決戰。

探索這一類神話資料，有時難免會讓人感到毛骨悚然，總覺得有一位古代神靈伸出一隻手，穿越過遙遠的時空觸摸我們，擺佈我們；為了某種原因，它在神話中留下一個大謎團，讓我們去破解。

如果神話中不斷蹦跳出來的只是一群狗兒，我們雖然覺得詭異，但也不會感到太過驚訝。畢竟，這個現象可能真的只是一種巧合。可是，神話中一再出現的並不只是狗兒。

兩則迥然不同的神話——埃及的歐西里斯和北歐的安姆洛迪石磨——除了包含有關天文歲差的精確資料外，彼此之間還具有一個奇異的共同因數。兩個故事都牽涉到家庭關係。安姆洛迪／安姆雷斯／哈姆雷特這個人物，在歐洲各地的傳說中，都是一心為父報仇的孝子；他設下圈套引誘仇人入彀，終於得報殺父之仇，而仇人正是他父親的同胞兄弟，他自己的親叔叔。

這也正是歐西里斯神話呈現的家庭人倫慘劇。歐西里斯和賽特是一母所生。賽特謀害歐西里斯。歐西里斯的兒子荷羅斯對親叔叔展開報復。

另一個耐人尋味的現象是，在北歐神話中，哈姆雷特這個角色總是跟他的同胞妹妹維持某種亂倫關係[22]。例如，芬蘭神話中的哈姆雷特式人物庫勒沃，離家多年後返回故鄉，在樹林裡邂逅一位採摘草莓的姑娘。兩情相悅，這對年輕人就在林子裡繾綣起來。事後，他們才發現他們是親兄妹。姑娘立刻投水自盡。在「黑狗穆斯迪」跟隨下，庫勒沃走進樹林，拔劍自殺。

埃及的歐西里斯神話雖然沒有自殺場面，卻有亂倫的情節。歐西里斯和愛瑟絲是親兄妹。他們生下的兒子荷羅斯，長大後殺死叔父為父親報仇。

面對這些神話，我們不得不問：這到底怎麼回事？為什麼會有那麼多明顯的關聯？古時候的世界，為什麼會出現「一連串」神話，表面上講的是不同的故事，卻都能夠以各自的方式呈現天文中的分點歲差現象？為什麼，在這些神話中，總會有狗兒四處出沒，總會有一些角色在搞亂倫關係，或犯下弒兄的罪行，或一盡人子之責為父報仇？如果我們只是把這些相似點看成單純的巧合，認為那只不過是相同的文學技巧而已，那就未免過於武斷了。

如果不是出於巧合，那麼，創造這個繁複的、巧妙的神話網路的人究竟是誰呢？到底是誰設計這個大謎團，而他們的動機又是什麼？

遠古科學家的訊息

不管這幫人究竟是誰，有一點我們可以確定：他們非常聰明——聰明到能夠察覺出春分太陽沿著黃道極緩慢、極微小的移動，並且能夠計算出歲差率，精確到連現代天文學家

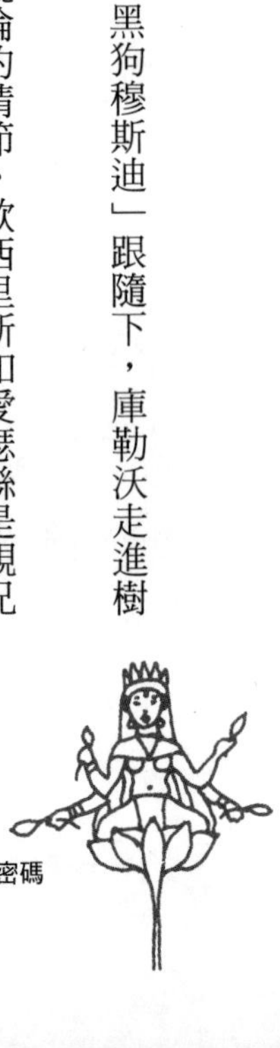

也不得不佩服。

因此，我們可以推斷，這幫人一定是高度文明的人類，甚至有資格被稱為科學家，而且，他們一定是活在極為古遠的時代，因為我們現在已經確知，大西洋兩岸的歲差神話，不可能是在有歷史記載的時期創作和傳播的。證據顯示，當我們所稱的歷史在大約五千年前開始時，這些神話已經「垂垂老矣」[23]。

古代神話具有獨特的魅力：它沒有版權，世世代代的人都可以隨意使用和改編；它像一隻變色龍，靈巧機警，隨著周圍的環境改變身上的顏色。在不同的時代，不同的地區，這些古老的神話不斷被講述、不斷被竄改，但一直都保留最根本的象徵體系，繼續傳送一開始就被納入故事中的密碼化天文歲差資料。

但是，究竟為了什麼目的呢？

下一章我們會發現，漫長的、緩慢的歲差週期所造成的效應，絕不僅僅是天空景觀的改變而已。地球的軸向擺動所產生的這個天文現象，對地球本身也造成直接的影響。事實上，它顯然是促使冰河時代突然來臨、突然衰退的主要相關因素之一。

【註釋】

❶見珍・謝勒斯《古埃及神祇之死》，作者小傳。Jane B. Sellers, *The Death of Gods in Ancient Egypt*, author biography, Penguin, London, 1992.

❷例如，羅伯・布法爾在《獵戶星座之謎》，頁一四四～一四五，對謝勒斯的評論。Robert Bauval, *The Orion Mystery*, Wm. Heinemann, London, 1994, pp. 144～145.

❸見《古埃及神祇之死》，頁一七四。

❹這個名詞是珍・謝勒斯創造的。她在埃及的歐西里斯神話中發現隱藏的歲差數據。

❺摘自《埃及亡靈書》，導言，頁四九。

❻見《古埃及神祇之死》，頁二〇四。

❼同上。

❽同上，頁一二五～一二六頁及其後各頁。

❾同上，頁一九六。

❿見安東尼・艾維尼《古代墨西哥的天象觀測者》，頁一四三。Anthony F. Aveni, *Skywatchers of Ancient Mexico*, University of Texas Press, 1900, p. 143.

⓫見《哈姆雷特的石磨》，頁一六二～一六三；亦見《祕境的地圖》，頁一六八～一七〇。

⓬見庫瑪拉斯旺米與尼維迪達《印度教和佛教神話》，頁三八四。Ananda K. Coomaraswamy and Sister Nivedita, *Myths of the Hindus and Buddhists*, George G. Harrap, London, 1913, p.384.

⓭見《哈姆雷特的石磨》，頁一六二。

⓮見《詩篇吠陀》，第一篇第一六四節，引述自《吠陀經中的北極家園》，頁一六八。

⓯見里昂・康伯爾《馬來亞華人祕密會社的神祕傳統》，頁五二。Leon Comber, *The Traditional Mysteries of the Chinese Secret Societies in Malaya*, Eastern Universities Press, Singapore, 1961, p. 52.

⑯同上，頁五三。

⑰見葛斯塔夫·施勒格爾《洪門》，導言，三七頁。Gustav Schlegel, *The Hung League*, Tynron Press, 1991, Introduction, p.XXXVII.

⑱有興趣的讀者可參閱《洪門》及華德《洪門幫》三卷。J.S.M. Ward, *The Hung Society*, Baskerville Press, London, 1925（in three volumes）.

⑲見魏金斯《印度教神話：吠陀經與普拉納斯經的傳統》，頁三五三。W.J. Wilkins, *Hindu Mythology: Vedic and Puranic*, Heritage Publishers, New Delhi, 1991, p.353.

⑳同上，頁三五四。

㉑同上，頁二四七。

㉒見《哈姆雷特的石磨》，頁三三一～三三四。

㉓同上，頁一一九。

第三十二章

「向後世子孫發出警訊」

古代世界各個地區遺留下來的大量神話，以無比鮮明的細節，描述地質劇變所造成的浩劫。這個現象不難理解。畢竟，人類經歷過最後一次冰河時代的苦難；西元前一萬五千年到西元前八千年之間，各地冰原的全面溶解所帶來的氣候變化和地質動亂，很自然地形成各種有關洪水、寒流、火山爆發和地震的傳說。冰原的消溶，促使全球海平面上升三百到四百英尺，而這一切都發生在有文字記載時期開始之前數千年。難怪，人類的早期文明對這場驚天動地、嚇壞他們祖先的全球地質劇變，都保存鮮明的記憶。

比較難解釋的現象是，記載這場大浩劫的神話，似乎都烙印著一個奇異但卻十分清晰的銘記，彷彿幕後有一隻手在操控這些傳說。事實上，這些古老傳說之間具有太多共同點，以致於我們不得不懷疑，它們全都是出自同一個「作者」的手筆。

這位作者，跟許多神話提到的那位悲天憫人的神祇（或「超人」）有關係嗎？傳說中，地球上發生地質大災難後，這位神祇來到瘡痍滿目、哀鴻遍野的人間，撫慰倖存的生

靈，幫助他們建立新的文明。

皮膚白皙、滿臉鬍鬚的歐西里斯，是這位神祇在埃及的化身；值得注意的是，根據神話記載，他在埃及推行的第一項德政，就是革除尼羅河谷原始民族食人肉的陋習。在南美洲，據說在大洪水消退之後，維拉科查立刻展開普施教化、重建文明的工作；在中美洲，發現玉蜀黍的奎札科特爾在「第四太陽紀」被洪水摧毀後，將農耕、數學和天文知識帶到墨西哥，建立一個精緻文化。

這些奇異的神話所記錄的，是不是那些逃過冰河時代的浩劫，散居世界各地的舊石器時代人類，跟一個神祕的高級文明之間的接觸？

而這些神話，是不是一種溝通工具？

貯存在時間瓶子裡的一項訊息

義大利天文學家伽利略（Galileo Galilei，一五六四～一六四二）曾說：

在所有重大的發明中，最了不起的莫過於創造出一套方法，將個人最隱祕的思維，傳送給另外一個人，儘管這個人遠在另一個時空——遠在東印度群島，或遠在一個還沒有來臨，數千甚至數萬年後的世界。還有比這更了不起的發明嗎？何況，這套溝通方法跟在一

張紙上排列組合二十四個記號同樣容易。毫無疑問，這是人類所有發明的巔峰。❶

桑提拉納、戴程德和謝勒斯等學者在神話中發現的「歲差訊息」密碼，如果確實是某個失落的文明煞費苦心設計出來的溝通工具，那麼，為什麼他們不乾脆使用文字把訊息書寫下來，留待後人去發現？這樣做，不是比將訊息譯成密碼，隱藏在神話中省事得多嗎？也許吧。

可是，萬一經過數千年後，用文字書寫下來的訊息流失了，或被歲月摧毀了，那豈不是前功盡棄？即使不曾散佚，萬一訊息所使用的文字被後世遺忘殆盡，那也等於白費苦心（就像印度河流域的古文字，雖經學者專家半個世紀的研究，但至今無人能解）。顯然，在這種情況下，遺留給後世子孫一部無解的天書也沒多大意思。

因此，我們需要的是一種「永恆語言」——任何一個時代（即使一千或一萬年以後）任何一個科技先進的社會都能理解的語言。這種語言很少，但數學是其中之一——墨西哥古城特奧蒂瓦坎，正是一個古文明用數學的永恆語言書寫的一張名片。

測定地球形狀和面積，精確標出地理方位的測地學數據，效力可以維持好幾萬年，因此也是一種上乘的永恆語言。最適合表現這種語言的，莫過於地圖的繪製（或巨大建築物的興建，諸如埃及大金字塔）。

我們太陽系的另一個「常數」是時間語言：極為緩慢的歲差移動所校準的，漫長的、

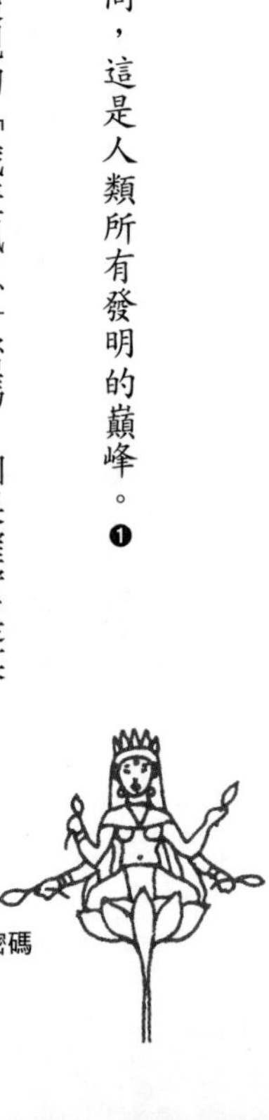

有規律的時間週期。今天，或者一萬年以後，當一個訊息傳來72、2160、4320、25920這類數字時，任何一個文明都能理解——只要它具有起碼的數學知識，能夠察覺和測量太陽沿著黃道緩慢穿越過黃道帶星座的歲差移動（七十一點六年移動一度，二千一百四十八年移動三十度，等等）。

還有一個因素，加強古代神話之間的相互關聯。這個因素雖然不像《詩篇吠陀》的音節數目那樣紮實、那樣明確，但是，我們還是可以察覺到它的作用。透過相似的敘事風格和共同的象徵體系，描述世界災難的神話和呈現天文歲差的神話經常交織在一起。這兩種傳說之間，存在著綿密的內在關聯，處處顯露出精心設計的痕跡。因此，很自然地，我們會追問：天文歲差和世界災難之間，究竟有沒有重大的關聯？

帶來苦難的石磨

雖然這個問題牽涉到種種不同的天文和地質運作，而這些機制我們至今猶未充分理解，但是，有一點我們可以確定：歲差週期確實關係到冰河時代的肇始和終結，而這種關係非常密切。

這有個前提：幾個相關因素必須湊合在一起，以激發一連串連鎖反應。因此，並不是每一次從一個天文週期轉換到另一個週期都會給地球帶來災難。儘管如此，大多數學者還是認為，每隔一段漫長的時期，天文歲差就會對地球的冰川化和非冰川化產生一定的影響。歲差在這方面的作用，直到一九七〇年代末期才被現代學術界確認❷。然而，神話中所蘊含的證據顯示，同一層次的天文知識，在最後一次冰河時代就已經被一個祕密的文明所掌握。這些神話告訴我們：故事中描述的洪水、大火和冰雪等天災，跟天球座標沿著黃道帶大圓圈的緩慢移動，彼此之間存在著某種因果關係。桑提拉納和戴程德指出：「古代人相信，諸神的石磨不停地、慢慢地轉動，而碾磨出來的往往是災禍。」❸

學者現在大多認為，冰河時代的肇始和終結（連同伴隨急速結凍和溶解而來的各種災變）牽涉到三個主要因素。這些因素，全都跟地球軌道的幾何變化有關：

1. 黃赤交角（即地球自轉軸的傾斜角度，亦即天球赤道和黃道之間的角度）。前文提到，在極為漫長的週期中，這個交角在二十二點一度（地球自轉軸最接近垂直線之點）和二十四點五度（地球自轉軸偏離垂直線最遠之點）之間變化。
2. 軌道離心率（即在一個特定時期內，地球繞太陽運行的橢圓形軌道是否拉長，距離太陽是否更遠）。
3. 軸向歲差，促使地球軌道上的四個基點——春分、秋分、冬至、夏至——緩緩地、反向地環繞著軌道移動。

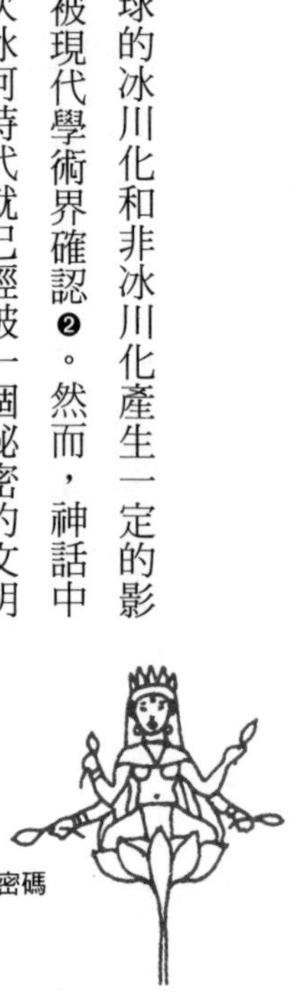

這裡，我們觸及的是專門的、深奧的科學知識，而這並不是本書探討的範圍。有興趣的讀者可參閱美國國家科學基金會CLIMAP計畫的研究報告，尤其是海斯（J.D. Hays）和英柏瑞（John Imbrie）兩位教授提出的論文〈地球軌道的變化：冰河時代的進程〉（Variations in the Earth's Orbit: Pacemaker of the Ice Ages）❹。

簡單地說，海斯、英柏瑞和其他學者的研究證實，當下面三種天球週期產生不祥的接合時，地球上的冰河時代就會開始：（一）離心率擴大到極限，把地球帶到「遠日點」（aphelion，即地球在軌道上距離太陽最遠之點），使地球和太陽之間的距離比平常多出好幾百萬英里；（二）黃赤交角縮小到最低限度（地球的自轉軸，以及它的北極和南極，比平常更接近垂直線）；（三）分點歲差在循環過程中，終於使北半球或南半球的冬季，在地球抵達「近日點」（perihelion，即地球在軌道上距離太陽最近之點）時開始；這意味，夏季出現在「遠日點」，因此特別寒冷，以至於冬天累積的冰雪在來年夏天無法消溶，結果就造成地球的冰河化❺。

在地球軌道變化的影響下，「地球的游離」——在任何一個特定時期，地球各個緯度所接受的日光在數量和強度上的不同——可能是促使地球冰河化的一個重要因素。

古代神話的作者，將大地遭受的災變和天堂石磨的緩慢轉動，緊密地連接在一起。他們是不是想借此向我們發出警訊，促請我們注意即將來臨的災禍？

這個問題，在適當的時機我們會加以探討。這裡我們只想指出：古代一個神祕文明的科學家，探索出地球軌道變化對地面氣候和人類福祉的重大影響；他們將這方面的資訊，結合精確計算出的天文歲差率，透過神話吸引我們注意——他們似乎找到一個途徑，跨越歲月的鴻溝，直接跟我們溝通。

他們帶來的訊息，我們究竟聽不聽得進去呢？那當然得瞧我們自己了。

【註釋】

❶摘自伽利略語，引述自《哈姆雷特的石磨》，頁十。

❷見約翰．英柏瑞等〈地球軌道的變化：冰河時代的進程〉，《科學》，第一九四卷第四二七〇期，一九七六年十二月十日。John Imbrie et al., *"Variations in the Earth's Orbit: Pacemaker of the Ice Ages,"* Science, Volume 194, No. 4270, 10 December 1976.

❸見《哈姆雷特的石磨》，頁一三八～一三九。

❹同註❷。

❺同上。

Fantastic 15

上帝的指紋**暢銷紀念版**㊤

原著書名／Fingerprints of the Gods: The Quest Continues
作　　者／葛瑞姆・漢卡克 Graham Hancock & 桑莎・法伊亞 Santha Faiia
譯　　者／李永平
企劃選書／劉枚瑛
責任編輯／劉枚瑛

版　　權／黃淑敏、翁靜如、吳亭儀
行銷業務／張媖茜、闕睿甫、黃崇華
總 編 輯／何宜珍
總 經 理／彭之琬
發 行 人／何飛鵬
法律顧問／元禾法律事務所 王子文律師
出　　版／商周出版
　　台北市104中山區民生東路二段141號9樓
　　電話：(02) 2500-7008　傳真：(02) 2500-7759
　　E-mail：bwp.service@cite.com.tw
　　Blog：http://bwp25007008.pixnet.net./blog
發　　行／英屬蓋曼群島商家庭傳媒股份有限公司城邦分公司
　　台北市104中山區民生東路二段141號2樓
　　書虫客服專線：(02)2500-7718、(02) 2500-7719
　　服務時間：週一至週五上午09:30-12:00；下午13:30-17:00
　　24小時傳真專線：(02) 2500-1990；(02) 2500-1991
　　劃撥帳號：19863813　戶名：書虫股份有限公司
　　讀者服務信箱：service@readingclub.com.tw
　　城邦讀書花園：www.cite.com.tw
香港發行所／城邦(香港)出版集團有限公司
　　香港灣仔駱克道193號超商業中心1樓
　　電話：(852) 25086231傳真：(852) 25789337
　　E-mailL：hkcite@biznetvigator.com
馬新發行所／城邦(馬新)出版集團【Cité (M) Sdn. Bhd】
　　41, Jalan Radin Anum, Bandar Baru Sri Petaling,
　　57000 Kuala Lumpur, Malaysia.
　　電話：(603)90 578822　傳真：(603)90576622
　　E-mail：cite@cite.com.my

封面設計／COPY
版型設計及排版／林家琪
印　　刷／卡樂彩色製版有限公司
總 經 銷／聯合發行股份有限公司　電話：(02)2917-8022　傳真：(02)2915-6275

■2012年（民101）01月初版
■2018年（民107）06月05日2版
■2024年（民113）02月01日2版5刷
定價／380元

ISBN 978-986-477-461-6

Printed in Taiwan
城邦讀書花園
www.cite.com.tw

國家圖書館出版品預行編目(CIP)資料

上帝的指紋 / 葛瑞姆.漢卡克(Graham Hancock), 桑莎.法伊亞(Santha Faiia)著 ; 李永平譯. -- 2版. -- 臺北市 : 商周出版 : 家庭傳媒城邦分公司發行, 民107.06
上冊 ; 14.8*21公分. -- (Fantastic ; 15-16)
暢銷紀念版 譯自 : Fingerprints of the gods : the quest continues
ISBN 978-986-477-461-6(上冊 : 平裝). --
1.文明史 2.古代史
713.1　　107006778